Theodor Storm — Eduard Mörike
Theodor Storm — Margarethe Mörike

Briefwechsel

mit Storms

„Meine Erinnerungen an Eduard Mörike"

Kritische Ausgabe

In Verbindung mit der Theodor-Storm-Gesellschaft herausgegeben von

Hildburg und Werner Kohlschmidt

ERICH SCHMIDT VERLAG

CIP-Kurztitelaufnahme der Deutschen Bibliothek

Storm, Theodor
[Sammlung]
Briefwechsel / Theodor Storm — Eduard Mörike ;
Theodor Storm — Margarethe Mörike. Mit Storms
„Meine Erinnerungen an Eduard Mörike“ . Krit.
Ausg. / [Gesamtwerk] in Verbindung mit d.
Theodor-Storm-Ges. hrsg. von Hildburg u. Werner
Kohlschmidt. 1. Aufl. — Berlin : E. Schmidt, 1978.

ISBN 3-503-01254-0

NE: Mörike, Eduard: [Sammlung] ; Mörike,
Margarethe : [Sammlung]

ISBN 3 503 01254 0

Druck: Vereinigte Druckereien Chmielorz & A. W. Hayn's Erben, 1 Berlin 44
Printed in Germany

Gestaltung von Schutzumschlag, Bucheinband und Titelseite durch Willem Hölter

Wolfgang Mohr

dem alten Freunde seit den gemeinsamen Jahren in Kiel

zum 70. Geburtstage

Inhaltsverzeichnis

Bildnachweis

Für die Druckgenehmigung zur Wiedergabe der Fotos von Eduard und Margarethe Mörike sowie der Seiten aus den Briefen Storms an Eduard und Margarethe Mörike danken wir dem Deutschen Literaturarchiv (Schiller-Nationalmuseum) in Marbach; für die Wiedergabe der Seiten aus den Briefen Eduard und Margarethe Mörikes an Storm und des „Spiegelverses" danken wir der Schleswig-Holsteinischen Landesbibliothek in Kiel; die Erlaubnis zur Wiedergabe des Ölgemäldes und des Fotos von Storm sowie der drei Silhouetten gab uns die Theodor-Storm-Gesellschaft in Husum.

Zur Textherstellung

Die hier abgedruckten Brieftexte gehen im allgemeinen auf die Originalhandschriften zurück. In den wenigen Fällen, in denen andere Vorlagen benutzt werden mußten, wird ausdrücklich darauf verwiesen. Die Originale werden wortwörtlich und buchstabengetreu wiedergegeben, auch in Schreibeigenarten, z. B. in der Schreibung von Komposita wie „GartenSaal", „KirchenReparatur" (Ed. Mörike, S. 27 und 38). Verschreibungen, die den Sinn des Textes entstellen, werden an Ort und Stelle eingeklammert und durch die richtige Form ersetzt (z. B. I[i]hnen, S[s]ie); Doppelungen, die hs. durch einen Strich über den Buchstaben gekennzeichnet sind, wie häufig bei Eduard Mörike, sind ausgeschrieben (also hs. kom̄en ist aufgelöst in: kommen). Zwischenräume, wie sie besonders Margarethe Mörike benutzt, um Absätze zu markieren, werden als solche wiedergegeben. Unterstrichene Wörter sind kursiv gedruckt. Spitze Klammern ⟨...⟩ kennzeichnen Textergänzungen, eckige Klammern [...] Zusätze bzw. Erläuterungen der Herausgeber.

Einführung

1. Eigenart der Briefbeziehung zwischen Storm und Mörike

Die menschliche und sachliche Beziehung zwischen beiden Dichtern unterscheidet sich schon auf den ersten Blick von dem Briefwechsel Storms mit Heyse, der in drei Bänden in kritischer Ausgabe vorliegt.[1] Heyse, ein äußerst fruchtbarer Briefschreiber, dem das Wort so leicht in die Feder floß wie bei seiner immensen (und sehr ungleichartigen) Werkproduktion, stieß in Storm auf einen ihm hierin nicht unverwandten Partner. Heyse lebte in den Brennpunkten des damaligen literarischen Lebens in Berlin und München. Dem dezidierten Kleinstädter Storm war das nur in der kurzen Zeit seiner „Verbannung" nach Potsdam vergönnt; eine Zeit, auf die zudem der Schatten eines erzwungenen Aufenthaltes in der Fremde fiel. Nach Theodor Fontanes Schilderung war Storm daher auch im „Tunnel" ein eher gehemmter Gast. Der großstädtische Literaturbetrieb lag dem Husumer nicht, der gewohnt war, von seinem Neste aus und von diesem geschützt, wohl recht eifrig den literarischen Markt zu verfolgen, aber nicht, sich in ihm wie der Fisch im Wasser zu bewegen, wie es für Heyse gilt. Gerade diese seine innere und äußere Situation aus der Geborgenheit der kleinen Heimatstadt heraus machte Storm beredt, manchmal in außergewöhnlichem Maße. Mit Heyse, der auch nicht zurückhielt, ergab sich daher ein wirklicher Austausch, ebenso wie denkwürdigerweise mit dem sonst so zurückhaltenden Gottfried Keller.

Von einem solchen „Austausch" kann aber nun bei der brieflichen Beziehung zu Mörike und von diesem zu Storm keinesfalls die Rede sein. Warum — vielleicht — soll im folgenden kurz beleuchtet werden.

Die Briefbeziehung setzt ein mit einer herzlichen Hinwendung Storms zu dem Schwaben, voller Verehrung für dessen dichterische Eigenart und Größe. Diese zugleich sehr persönliche Ansprache von 1850 findet über mehr als zwei Jahre hin keine Antwort.

Ob Mörike in Storms beigelegten frühen Novellen das Hervortreten des Idyllischen zu begrenzt für das, was er als Dichtung ansah, erschienen sein mag und ob er möglicherweise gleich von Anfang an spürte, daß Storm ihn in

---

[1] Theodor Storm — Paul Heyse, Briefwechsel, Kritische Ausgabe, hrsg. von Cl. A. Bernd, Berlin: Erich Schmidt Verlag, 1. Bd. 1967, 2. Bd. 1970, 3. Bd. 1974.

ähnlicher Richtung seinerseits interpretierte? Ob er sich also auf „Früh wann die Hähne krähn“ und den „alten Turmhahn“ nicht gleich von vornherein festlegen zu lassen bedacht war? Man weiß es nicht. Jedenfalls konnte Mörike andern gegenüber nicht so wortkarg sein, wenngleich er im Ganzen ein säumiger Briefschreiber war. Hartlaub, Kurz, Mayer und Schwind bilden die Ausnahme. Es ist natürlich auch möglich, daß es einfach ein Akt der Vergeßlichkeit oder der Verstörung durch die mit seiner Eheschließung verbundene Problematik war. Dem sei, wie ihm wolle. Es mag auch sein, daß Mörike der Verdacht, sich durch Storm allzusehr auf seine idyllische Seite angesprochen zu sehen, erst im Laufe der sich dann von 1853 an anbahnenden Beziehung, vor allem nach dem Besuch Storms bei ihm, 1855, aufgestiegen ist.

Dieser Besuch könnte entscheidend gewesen sein für den Tenor der ganzen künftigen Beziehung. Es liegen von Wilhelm Hartlaub kritische Äußerungen über ihn und Storms Person vor, die man vielleicht nicht unterschätzen darf, wenn man sie auch nicht überschätzen soll. Jedenfalls bleibt es schwer erklärlich, daß von Mörikes Seite nach diesem Sich-Kennenlernen nur noch ein einziger Brief an Storm geht, und der ist der absolut unvermeidliche Kondolenzbrief nach der Mitteilung vom Tode Constanzens. Es ist daher kaum übertrieben, wenn Clifford Bernd formuliert, daß Mörike von seiner Seite den Briefwechsel hätte „einfrieren“ lassen.[2] Man kann es in der Tat kaum anders bezeichnen. Storm selber muß eine distanzierende Wirkung des Besuchs völlig unbewußt geblieben sein. Er führt den Briefwechsel auch ohne Echo von seiten des Partners arglos weiter, und seine „Erinnerungen an Mörike“, die er anderthalb Jahrzehnte später konzipiert, wie auch der ausführliche Brief an Brinkmann, der noch unmittelbar an das Erlebnis anschließt, bestätigen durchaus Storms Ahnungslosigkeit gegenüber einer möglichen negativen Auswirkung der persönlichen Bekanntschaft. Auch ermuntert er 1858 seinen „Tunnel“-Freund Friedrich Eggers, sichtlich ohne jede Nebengedanken, zu einem erneuten Besuch bei Mörike und bittet ihn, Mörike mit „Kind und Kegel“ für einige Ferienwochen nach Heiligenstadt einzuladen.[3] Dies trotz damals bereits dreijährigem

---

[2] Von einem eigentlichen Abbruch kann man in der Tat erst seit dem Condolenzbrief reden.

[3] Bei Seidel, S. 59 (Brief vom 11. und 12. 1. 1858): „Ja lieber Freund, gehen Sie zu Mörike, bringen Sie ihm unsern Neujahrsgruß und lassen sich von ihm seine kleine Fanny zeigen; sie ist eben so alt wie Lisbeth. Bei der Gelegenheit werden Sie denn auch wohl die Mutter und Tante Clärchen sehen, und dann berichten Sie mir bitte, ganz genau über alle diese lieben Personen. Mörike aber fragen Sie, ob die Angelika sein Herz von mir abgewandt, und ob der Hinzelmeyer mir es nicht ein wenig wieder zugewandt habe. Und endlich legen Sie ihm die Bitte vor und verlangen, daß er durchaus darauf antworte, ob er nicht zum Herbst mit Kind und Kegel einige Wochen Ferien bei uns in

Schweigen Mörikes. Storm hatte eine solche Einladung schon vorher selber an Mörike gerichtet. Er kann also von dem Eindruck, den er im Stuttgarter Kreise hinterlassen hatte, schwerlich auch nur etwas geahnt haben. Dieser Eindruck geht auf eine briefliche Äußerung Hartlaubs (im Mörike-Archiv des Schiller-Nationalmuseums in Marbach) vom 25. 10. 1855 zurück: „Dem Storm werde ich wohl nicht selber schreiben müssen — und in diesem vorausgesetzten Fall ist der l. Ed. so gut, Dank und Gruß in meinem Namen in seinem Brief aufzunehmen." (An Clärchen.) Storm hatte Hartlaub wie Mörike seine Gedichte geschenkt. Die Reaktion des Schwaben ist fast ruppig distanziert. Diese ablehnende Haltung Hartlaubs hat sich nicht geändert. Noch am 6. 8. 1877 erwähnt er gegenüber Clärchen, die die „Erinnerungen" „nicht mit Wohlgefallen gelesen" hatte: „Wir hatten ja dazumalen, als Storm bei euch war, Zerschiedentliches gegen diesen Mann, und haben es heute noch. Doch hat mich manches innig geweckt . . ." Rath, der diese Briefstelle zuerst veröffentlicht hat[4], bringt sie als Beleg für seine Vermutung, der Besuch habe menschliche Verschiedenheiten sichtbar gemacht. Welche, sagt er nicht. Er deutet aber an, daß der „scheue Schwabe" Gegensätze in Storms Charakter gespürt haben möge. Dies dürfte auch richtig sein. Denn Storms ungehemmtes Geplauder über die Verhältnisse in seiner Kleinstadt, in der Sippe und seiner Familie wirkt schon in den Briefen als Mangel an Distanz. Geht man von der ausgezeichneten Charakteristik des Briefschreibers Mörike durch Gerhard Storz aus, so stößt man aber gerade auf den Willen zur Distanz, und das auch gegenüber wirklichen Freunden wie F. Th. Vischer, Strauß und Kurz. „Indessen nach längerem Umgang mit Mörikes Briefen bemerkt man, daß sie so sehr persönlich, so ganz unmittelbar gar nicht sind, wie es zunächst scheint: werden doch wesentliche Ereignisse im Leben des Dichters von den Briefen nicht berührt." Storz nennt die Krise um das Pfarramt, die Auflösung des Verlöbnisses mit Luise Rau und die „auffällige Kargheit", mit der er sich über das eigene Werk äußert: „niemals auch nur eine Spur von Sendungsbewußtsein oder von Geltungsanspruch"[5]. Nun ist aber dieser Mangel Th. Storms hervortretende Eigenschaft nicht. Er kommentiert in seinen Briefen an Mörike diesem zugesandte eigene Werke nicht nur bis zu den ihnen zugrunde liegenden Familiendetails, sondern beschäftigt sich auch mit deren Rezensionen wie überhaupt mit dem, was auf der

---

Heiligenstadt halten will. Die Gegend ist hier dann außerordentlich schön, und für die Mußestunden zu Hause besitze ich was deutsche Literatur seit Lessing oder namentlich seit Göthe betrifft eine kleine Bibliothek wie sie wenige Privatleute aufzuweisen haben, stellen Sie es ihm recht beweglich vor, wie gut es sich neben mir und meiner Frau eine Zeit lang leben läßt." Vgl. den Brief jetzt auch bei Goldammer, Briefe I, S. 334.

[4] Bei Rath, S. 120.

Bühne der literarischen Welt und ihrer Unternehmungen vor sich geht, an denen Mörike wieder so gut wie kein Interesse nahm. Zudem nörgelte er so viel am „Nolten" herum. Eben deswegen blieben Storms Expektorationen schließlich ohne Echo, und zwar am auffälligsten n a c h Storms Besuch. In Mörikes Briefen vor der Stuttgarter Reise Storms fehlt dabei nicht ein manchmal sogar herzliches Eingehen auf den norddeutschen Partner. Aber Storm muß nicht gemerkt haben, daß der andere auf seine eigentliche Existenz so gut wie gar nicht eingeht, daß beredte Intimität nicht auf der gleichen Ebene erwidert wird. Er hat es wohl auch nicht gemerkt, daß Mörike in seinem längsten Brief an Storm vom April 1854 das Geschenk der Schriften von Ludwig Bauer gleichsam vorschiebt, um eine bedeutungsvolle Bemerkung anzubringen. Er nimmt nämlich die nachgelassenen Schriften Bauers zunächst als „ein Stück Leben von mir und meinem Kreis... da ich so schwer dazu komme, Ihren liebreichen Wunsch in dieser Hinsicht selber zu befriedigen." Dann aber fährt er deutlicher fort: „Ich glaube, die Versuchung mehr zu sagen, als wir Beide wollen, ist es vornehmlich, was ich dabei fürchte." Storm fürchtete das durchaus nicht, und er nahm den Wink nicht auf.

Man muß den Ton, in dem Mörike einem wirklichen Freunde begegnet, mit dem vergleichen, der in den nachfolgenden Briefen an Storm erkennbar ist. Dieser Freund ist Hartlaub, dem Mörike im August 1840 geschrieben hat: „Ich weiß neben Bruder und Schwester kein anderes Menschen Kind, verlange auch nach keinem, bei dem ich mich wie bei Dir daheim befände, d. h. so innig in mir selber bleiben könnte. Du mutest mir nichts zu, was meinem Wesen nicht entspricht..." Eben das aber mutete Storm in seinen Briefen und Gesprächen Mörike durchaus zu, und dies mag die deutliche Distanzierung nach Storms Besuch in Stuttgart mit erklären.

Dabei kann keineswegs gelten, daß sowohl Mörikes wenige wie Storms viele Briefe sich etwa nur auf der Oberfläche bewegten. Das wäre schon deswegen unwahrscheinlich, weil beide, mindestens bis 1855, im anderen den Partner sahen und deswegen auch aus sich herausgehen. Das spürt man auch an der sprachlichen Form von beiden Seiten. Storm hat sich von vornherein gegeben, so wie er war, und war in der Sprache, die für ihn charakteristisch ist, dazu auch sorgfältig auf Stilisierung bedacht.

Ließ er auch um 1870 von dem Bemühen ab, den schweigsamen Partner wieder zum Reden zu bringen, so kann er das doch nicht im Bewußtsein oder auch nur in der Ahnung getan haben, daß so etwas wie ein Bruch der Beziehung von Mörikes Seite hätte gemeint sein können. Sonst hätte er schwerlich den in

[5] Bei Storz, S. 12.

Tübingen studierenden Sohn noch 1870/71 zu Mörike geschickt.[6] Das beweisen fernerhin nicht nur seine „Erinnerungen an Mörike“, sondern auch die Briefe, die er aus eigener und treuer Initiative an dessen Witwe über lange Jahre hin richtete. Sie konnten nicht das enthalten, was den Dichterbriefwechsel selber auszeichnete. Dazu war Margarethe Mörike eine viel zu einfache Natur. Als Storm sich an sie wandte, wie früher auch mit Zuwendungen aus seiner eigenen Werkstatt, bezeugte sie sofort eine freudige Überraschung, als ob ihr das nicht zukomme. Doch nahm sie Storms Treue dankbar auf und erwies sich dabei als offen sich aussprechender Partner. Daß der Inhalt dieses Briefwechsels in erster Linie Nachklang war, Pflege der Erinnerung an den Verstorbenen, mußte sich von selbst ergeben. In zweiter Linie diente er Storm zur Aussprache seiner vielverzweigten Familienverhältnisse, die ihm stets ein Bedürfnis war. Übrigens sprach doch auch eine Art Neugier mit, vielleicht etwas über die Irrungen und Wirrungen der Mörikeschen Ehe aus Gretchens Sicht zu erfahren. Daß ihm daran lag, sich das Rätsel der letzten Lebensjahre des einstigen Freundes zu erhellen, zeigt sein Eingehen auf die Zuträgerei, daß Mörike zuletzt zum Trinker geworden sei. Natürlich konnte er darauf der Witwe gegenüber nicht anspielen.

Dagegen drängte er immer wieder darauf, daß Mörikes Briefe gesammelt erscheinen möchten[7], was Margarethe Mörike damals noch ablehnte. Die Zeit war auch noch kaum reif dafür, da ein Teil der Empfänger noch lebte und eine authentische Sammlung des gesamten Briefwerkes nicht möglich gewesen wäre. Auch was Jakob Bächtold noch zu Lebzeiten der Witwe begann, konnte nur auf die Herausgabe vereinzelter Briefwechsel hinauslaufen.

---

6 Vgl. die folgenden Briefstellen aus der Briefsammlung Gertrud Storms „Theodor Storm, Briefe an seine Kinder“ (Berlin: Curtius 1916):

Am 21. 12. 70 an Lisbeth: „Ernst ... wollte ... in den Festtagen E. Mörike in Nürtingen wieder einmal besuchen, was dicht bei ist und was er nach Michaelis zu seiner großen Genugtuung schon einmal getan“ (S. 196).

Am 22. 4. 71 an Ernst: „Wo bleibt Dein Brief an Großvater, wo Dein Bericht über die Mörike-Fahrt?“ (S. 132).

Am 22. 5. 71 an Ernst: „Beiläufig — die letzte Möriksche Spukgeschichte gefällt mir noch am besten; dieser unflätige Geist ist wirklich exzellent; und wahrhaft unheimlich das Zuschmettern der nicht mehr existenten Tür“ (S. 136).

Am 21. 6. 71 an Ernst: „Nett, daß Du wieder bei Mörikes warst. Seine Einwendungen in puncto Hausbuch sind bis auf die Pfarrers Woche, die zwar harte, nachlässige Verse enthält, aber doch trefflich herauskommt, wohl gegründet. Was mag er zu Merkels ‚Postillionsnacht‘ sagen? Es ist vielleicht des Idyllischen ein bißchen viel im Buch. Übrigens bleibt nach diesen Ausstellungen doch noch genug übrig“ (S. 137).

7 Vgl. Storms Brief an Margarethe Mörike vom 1. und 5. 9. 77 (Nr. 23): „Die Hauptsache aber sind die Briefe“ und Margarethes Antwort vom 12. 1. 78 (Nr. 24): „Jedenfalls *für jetzt* noch nicht.“

2. Die Ausgaben

Den Mörike-Storm-Briefwechsel hat zum ersten Mal Jakob Bächtold 1889 in der Deutschen Rundschau (58) und 1891 in Stuttgart beim Verlage Göschen herausgegeben. Das Material hat er noch von Storm[8] und Margarethe Mörike selber erhalten. Die Texte sind ungekürzt und mit knappen Anmerkungen unter dem Text ausgestattet. Diese reichen bei weitem nicht an die in der späteren Ausgabe von Rath in den Text eingestreuten Erläuterungen heran. Die Texte sind nicht im Sinne eines diplomatischen Abdrucks des Originalmanuskripts behandelt. Sie sind maßvoll normalisiert in Interpunktion und Orthographie. Die Briefe an Mörike erhielt er in Abschriften, die, obwohl von Storm durchgesehen, nicht ganz fehlerfrei sind.

Der Band enthält die Briefe Mörikes an Storm und die von Storm an Mörike bis zu dem vom 6. Juli 1865; also nicht alles, was heute bekannt ist. Auf den Briefwechsel Storms mit Margarethe Mörike ist verzichtet. Als Erstpublikation hat die Ausgabe Bächtolds ihren historischen Wert. Sie ist aber nach Text wie nach Apparat heute überholt, wie der Vergleich mit der späteren Ausgabe ohne weiteres erweist.

Nach der ersten Ausgabe der Briefe durch Jakob Bächtold erschien 1919 eine sehr viel umfassendere und besser dokumentierte in Stuttgart: „Briefwechsel zwischen Theodor Storm und Eduard Mörike" (Verlag von Julius Hoffmann) mit 25 bisher unveröffentlichten Bildnissen herausgegeben von Hanns Wolfgang Rath. In ihr ist mit Bienenfleiß und der zähen Energie, die nur die Begeisterung für den Gegenstand aufzubringen vermag, das bis dahin greifbare Material zusammengetragen und kommentiert. Die Texte sind zwar leise modernisiert, aber nur was die Interpunktion und Orthographie angeht. Die Brieftexte selber blieben unangetastet und auch ungekürzt. Das gleiche gilt allerdings nicht von der ohnehin nur eine Auswahl darstellenden Korrespondenz zwischen Storm und Margarethe Mörike. Was aber die Briefe der beiden Dichter selber angeht, so besteht ein Textproblem, wie es sich Clifford Bernd gegenüber der ersten Ausgabe des Heyse-Briefwechsels von Plottke stellte[9], für den Mörike-Briefwechsel nicht. Es waren auch bei Rath keine persönlichen und literarischen, ebenfalls keine verlegerischen Interessen im Spiel. Daher müssen wir die bei Rath gebrachten Textpublikationen als recht zuverlässig ansprechen (einige Kleinigkeiten ausgenommen), und jede neue Ausgabe dieses Briefwechsels wird sich weitgehend auf sie stützen müssen.

---

[8] Vgl. den Brief Storms an Erich Schmidt vom 17. 10. 1885 und Anm. 125, 17 (bei Laage II, S. 114 ff. und S. 230).

[9] Bei Bernd I, S. 10—15.

Gibt man sich indessen über die Rathsche Edition als Ganzes Rechenschaft, so wird man doch eingestehen müssen, daß sie, bei voller Wahrung der Rechte des Liebhabers, noch nicht den Charakter einer wissenschaftlichen Ausgabe im eigentlichen Sinn hat. Das zeigt sich nicht nur an der Sprache der Einführung, die das Pathos des alten Oberlehrers hat („ein Gedicht von perlenhaftem Leuchtglanz", „Das hehre Glockentonmeer" usw.). Es zeigt sich auch an der Anlage. Zwar gibt es ein alphabetisches Personen- und Werkregister, aber zum Beispiel kein Standortverzeichnis für die Abbildungen und keine Handschriftennachweise. Die Anmerkungen, eher Kommentare zum Text, sind höchst störend eckig eingeklammert mitten in die Texte gesetzt, so daß der Leser, da sie teilweise recht lang sind, immer erst eine Anstrengung machen muß, um das Authentische vom Kommentierenden zu unterscheiden. Das gleiche geschieht mit Erscheinungsdaten und Jahreszahlen, die natürlich der Text nicht enthält. Auch die Handschriftennachweise für die einzelnen Briefe fehlen. Goldammer bemerkt zudem, daß Rath die Texte nach Bächtold kollationiert habe. Das alles sucht die hier vorgelegte neue Ausgabe zurechtzurücken und nach wissenschaftlichen Maßstäben umzudisponieren und zu ergänzen. Die Dankbarkeit gegenüber dem höchst verdienstvollen früheren Herausgeber soll die Einsicht in diese Notwendigkeit nicht schmälern. Denn Rath war ein erfolgreicher Handschriftenentdecker. Er hat mehr als 30 der zwischen Mörike und Schwind gewechselten Briefe wiedergefunden und auch diesen damit vervollständigten Briefwechsel ediert[10], die meisten Stücke der reichen Bildausstattung aus seiner eigenen Mörike-Sammlung beigesteuert. Es wäre also falsch, in diesem Falle den Enthusiasten und Sammler von der Wissenschaftlichkeit auszuschließen. Auf Raths Arbeit hat man aufzubauen.

Zwei Drittel der Briefe Storms an Mörike enthält die zweibändige Auswahl-Ausgabe „Theodor Storm. Briefe", Berlin und Weimar, Aufbau-Verlag 1972, herausgegeben von Peter Goldammer. Diese Storm-Briefe sind, obwohl Auswahl, hier doch unter den Editionen zu erwähnen. Auch Goldammer gibt nichts Gekürztes und die Texte selber auf Grund der handschriftlichen Überlieferung, soweit Originalmanuskripte vorhanden waren. Er normalisiert aber wiederum den Text in Richtung auf die moderne Orthographie und verzichtet damit auf Buchstabentreue, was er am Ende des ersten Bandes auch ausführlich begründet. Zuverlässig und Früheres mannigfach ergänzend, stellt sich der Anmerkungsapparat dar. Gerade durch ihn gehört die Ausgabe mit in die Editionsgeschichte der Briefe Storms an Mörike.

---

10 Briefwechsel zwischen Eduard Mörike und Moriz von Schwind, hrsg. von Hanns Wolfgang Rath, Stuttgart 1919.

Gegenüber allen diesen Ausgaben bringt die vorliegende die Texte ohne orthographische und Satzzeichen-Normalisierung diplomatisch zum Abdruck. Ebenso bringt sie den Briefwechsel mit Margarethe Mörike zum ersten Mal vollständig, soweit erhalten, und Storms „Erinnerungen an Mörike“ mit den neu hervorgetretenen handschriftlichen Entwürfen.

Fontane, unbestechlicher und den Wert des Wortes wägender Kritiker, hat zweimal die Briefschreiber, um die es sich in dieser Ausgabe handelt, mit der ganzen Autorität seines Urteils nahe aneinandergestellt; einmal in der Skizze „Theodor Storm“ 1853 und ein anderes Mal 36 Jahre später in der Antwort auf eine Umfrage „Über die besten Bücher“.[11] 1853 sagte er von Storms Muse im Zusammenhang einer Bemerkung über die Auswanderung deutscher Musen von Süden nach Norden (bis an die Eider): „Dahin hat denn auch eine der Ausgewanderten (sie kam direkt aus dem Pfarrhause Mörikes) ihren Weg genommen ...“ Der alte Fontane dann beantwortet das Stichwort Storm in dem Fragebogen über die besten Bücher so: „Th. Storm, alles, besonders die Gedichte; dem Besten ebenbürtig, das wir haben. Ganz Seitenstück zu Mörike, aber in seiner Totalität bedeutender.“

Man mag diese letzte literarische Wertung mit einem Fragezeichen versehen. Doch belegen beide Stellen von so großem zeitlichen Abstand, daß eine auch kritische Kapazität wie Fontane an der Nähe beider Dichter festhielt, bei hoher Bewertung beider, insbesondere in Storm eine Art norddeutschen Mörike sah.

3. Zum Briefwechsel Theodor Storms mit Margarethe Mörike

Der nachfolgende, hier zum ersten Mal vollständig veröffentlichte Briefwechsel, der sich nach Mörikes Tode zwischen seiner Witwe und Storm angebahnt hatte, enthält nichts Profundes oder für die Werkinterpretation beider Dichter Wesentliches. Seine literar*historische* Bedeutung hat er dennoch.

Er wirft ein Licht auf Storms Fähigkeit, einmal eingegangenen Freundschaften die Treue zu halten, andererseits sich auf fremde Naturen (denn das war ihm Margarethe Mörike) einzustellen, sei es aus Menschlichkeit, sei es, wie in diesem Falle nicht ganz auszuschließen, aus Anteilnahme, die nicht von Neugierde frei war. Dazu gehört auch das entschiedene Interesse für eine eventuelle Sammlung der Mörike-Briefe.

---

[11] Vgl. Theodor Fontane, Aufsätze zur Literatur, München 1963, S. 141 ff. und S. 498.

Aber auch für Storms eigene Biographie wie die Entstehungsgeschichte und Selbstinterpretation eigener Werke (z. B. „Carsten Curator", „Der Herr Etatsrat", „Hans und Heinz Kirch", „Es waren zwei Königskinder") ergeben sich aus dem Briefwechsel mit Margarethe Mörike nicht uninteressante Hinweise, ähnlich wie in den Briefwechseln mit P. Heyse und Erich Schmidt. Vielleicht gewichtiger aber ist er für Mörikes Biographie.

Stellt er einen authentischen Beitrag zu der oft wiederholten Frage dar, wie eine feine, sensible und geniale Natur wie Mörike eine so untergeordnete Frau heiraten konnte, so ist es dieselbe Frage, die sich auch dem Stifterforscher stellt. Man kann sie wohl nur stark mit Argumenten beantworten, die der Soziologie des Spätbiedermeier zu entnehmen wären. Man weiß, daß hier alles andere als eine Leidenschaft Mörikes vorlag. Ein Hauptgrund, von dem er selber spricht, war die Konvention, die durch sein Verbleiben im von Speethschen Hause oder dann in Stuttgart verletzt worden wäre. Ein anderer war die anfängliche Freundschaft zwischen seiner Schwester Clärchen und Margarethe, die freilich nach der Heirat alsbald in ihr Gegenteil umschlagen sollte. Die Meinungen der Freunde und der Kritiker über diesen Punkt gehen bis heute weit auseinander. Hat man der jungen Frau aus bürgerlicher Bequemlichkeit mit dem Dreiecksverhältnis, das wie selbstverständlich mit Mörikes Ehe nicht geändert wurde, einfach zu viel zugemutet? Oder hat die Schwester Mörike weiterhin mehr bedeuten können als die Ehe? Bei wem liegt die Schuld an der unerfreulichen Entwicklung der Dinge, die schließlich zur Trennung des Paares führte? Hat Mörike, als er nach dieser Margarethe wieder an sein letztes Krankenbett rief, unausgesprochen diese Schuld auf sich genommen?

Der nachfolgende Briefwechsel Storms mit Mörikes Witwe vermag dazu einiges auszusagen. Das syntaktische Gestammel und die Unkenntnis auch einfacher orthographischer Regeln, die absolute Unsicherheit in der Wortwahl, die die Briefe Margarethes verraten, verraten auch ihre Unbildung. Man fühlt sich bei nahezu jedem ihrer Briefe versucht, die Frage erneut zu stellen, wie es zu dieser Heirat überhaupt kommen konnte. Dem entspricht etwa inhaltlich Margarethe Mörikes Sich-Sperren gegen eine Ausgabe der Briefe Mörikes. Sie hatte offenbar Angst um die eigene kümmerliche Existenz, falls Hartlaub und Clärchen diese Sache in die Hand bekommen sollten, d. h. vor negativen Urteilen über sich selbst. Die Überfülle an devoten Äußerungen gegenüber Storm, von einer manierierten Selbstherabsetzung getragen, tritt hinzu. Sie hatte nicht mehr auszusagen als das Allernächste, das Alltäglichste, das Triviale. Man muß diese Briefe lesen als Dokumentation für eine Ehe zwischen zwei unebenbürtigen Partnern. Die indirekten biographischen Schlußfolgerungen für den Dichter selbst lassen sich unschwer ziehen: der Dichter, unbestreitbares Genie wie er war, hatte in ihr eine bourgeoise Partnerin gewählt, die ihm geistig nirgends zu folgen vermochte. Das Rätsel seines Verstummens bei zunehmendem Alter mag damit teilweise durchschaubar werden. Es wird noch durchschaubarer, wenn man die literarische Kontroverse, die sich zu Anfang dieses Jahrhunderts über die Problematik von Mörikes Ehe entspann, hier mit heranzieht. Fr. Walther, der Sohn der virtuosen Silhouettenschneiderin Luise v. Walther, geb. v. Breitschwert, hat in der „Beilage zur Allgemeinen Zeitung" (München, 7. IV. 1904) Stellung genommen zu einem Artikel von Eduard Eggert im „Hochland", der die getreue Katholikin Margarethe Mörike „als Märtyrerin" feiert. Walther, als Erbe sehr genauer Kenntnisse seiner Eltern, der engen Hausfreunde Mörikes bis zuletzt, z. T. auch noch aus eigener persönlicher Miterfahrung, möchte diese „Legende" Eggerts zerstören. Walther legt infolgedessen die Ehegeschichte des Dichters, wie sie aus nächster Nähe sich darstellte, in z. T. schneidender Weise bloß: die Brautwerbung, die keine war, sondern eine im letzten Augenblick fast noch zurückgenommene Entscheidung voller Bedenklichkeit, die indirekte Wirkung des vertrautesten Freundes Hartlaub, der dem „ahnungslosen Geschwisterpaar" klar machte, daß die Weiterführung des Haushaltes zu dritt auch nach der Übersiedlung nach Stuttgart Anstoß erregen müßte; das Fehlen jeder Leidenschaft; die Unnatürlichkeit der nunmehr nur äußerlich legitimierten Existenz zu dritt.

Das gegen ihr Versprechen aufbewahrte und weitergegebene „Tagebuch", das Margarethe über Schwächen und Unordnungen des Dichters angelegt hatte, hysterische Szenen, die sie aufführen konnte, wenn er auch nur ausgehen wollte, das sind leider vielsagende Symptome dieser Ehe.

Es ist ein trübes Kapitel, auf das hier nur so detailliert eingegangen wird, weil es zum Verständnis des formalen und inhaltlichen Niveaus der Briefe beiträgt.

Es sei immerhin daran erinnert, daß lange vor der Verlobung Mörike an Hartlaub 1845 das harte Urteil von dessen Frau über Gretchen berichtet: „... allein es war zu deutlich, daß sie in Gretchen nichts weiter als ein bis zur Verzweiflung eigensinnig verwöhntes Geschöpf von zweideutigem Charakter erblicken wollte und daß man den Knoten auf jede Gefahr zu zerhauen habe ..." (Renz, S. 248/249). Und zu erinnern wäre gleichfalls an die verräterische Stelle in einem anderen Brief an Hartlaub von 1851 (Renz, S. 327), in der Mörike dem alten Freunde den dann doch gefaßten Entschluß zur Verlobung mit Gretchen anzeigt: „Für das einzige Mittel, die Gemüter zu befriedigen und unsere Verhältnisse allseitig zu ordnen, erkannte man die Ergreifung eines auf regelmäßigen Erwerb gerichteten Geschäfts und eine Verbindung mit Gretchen auf ganz neuem Fuße durch mich, sofern die äußerlichen Hindernisse nicht unüberwindlich sein sollten."

Dies ist gewiß eine der seltsamsten Ankündigungen einer bevorstehenden Brautwerbung in der deutschen Literaturgeschichte. Kein Wort von Liebe oder Leidenschaft, dafür die bürgerlichen Erwägungen der Chancen und Hindernisse, dazu eine Sprache, die das innere Unbehagen und die Verlegenheit des Dichters in der trockenen Mitteilung nur zu deutlich verrät. Es war dies aber schon das Zeichen, unter dem einst diese Ehe angetreten wurde.

4. Zu „Meine Erinnerungen an Eduard Mörike" von Theodor Storm

Die posthume Ehrung, die Storm 1877 in Westermanns Monatsheften dem einstigen Briefpartner erwies, geht auf seine Notizen unmittelbar nach dem Besuch in Stuttgart 1855 zurück (vgl. weiter unten zum „blauen Oktavheft"). Den frischen Eindruck dieser Reise nach Süddeutschland spiegelt auch der Brief an Brinkmann (28.—30. Sept. 1855)[12] wider. Das Archiv der Theodor-Storm-Gesellschaft in Husum hat einige Entwürfe zu der späteren Rückspiegelung erworben. Sie erscheinen hier als Varianten zur Druckfassung. Deren von Storm überarbeitete Fassung selbst ist der Reproduktion hier zugrunde gelegt.

Man muß das Dokument, wie der Druck bei Westermann es reproduziert, als eine der autobiographischen Schriften Storms ebenso wohl ansprechen wie als Spiegelung seiner zeitweisen Beziehung zu Mörike.

Die Einleitung wirft ein Licht auf Storms literarischen Bildungsgang. Erst die Fortsetzung schildert seine Beziehung zu Mörike mit dem Höhepunkt des Besuches in Stuttgart, mit dem offenbar die Verbindung, nach der einzigen persönlichen Begegnung und Fühlungnahme, so ziemlich abbrach. Wie weit der negative Eindruck, den Storm sowohl auf Mörike wie auf Hartlaub machte, im Spiel war, bleibe dahingestellt. Wie weit auch Mörikes hohe Sensibilität und manchmal auftretende Unsicherheit im Kontakt mitgewirkt haben, bleibe ebenfalls offen.

Auf jeden Fall bleiben die „Erinnerungen an Eduard Mörike" ein literargeschichtliches Dokument von Rang. Es ist sowohl für Mörike wie für Storm aufschlußreich. Aufschlußreich, weil der Eindruck des Schleswig-Holsteiners, den Mörike nach dem Besuch den „guten Schleswiger" nannte (An Karl Mayer, 18. April 1854), auf den Schwaben ganz offenbar künftige herzliche Nähe ausschloß, wovon der naiv von sich selbst überzeugte Storm nichts

[12] Bei Goldammer, Briefe I, S. 280—286.

merkte. Natürlich mag des dezidierten Schwaben und Hauptfreundes Mörikes — Hartlaub — kritisches Urteil dazu beigetragen haben. Dem Jugendfreunde war Mörike selbstverständlich offener als dem redseligen Norddeutschen, von dem man wohl sagen kann, daß er sich etwas aufgedrängt habe.

Ein direktes Zeugnis über die Abkühlung der Beziehung auf Grund des Besuches in Stuttgart hat sich freilich unter Mörikes (veröffentlichten) Papieren nicht erhalten, so daß man hier ohne Hypothesen mit einigem Wahrscheinlichkeitswert nicht ganz auskommt. Es sei hier aber nochmals auf die auffällige Tatsache verwiesen, daß Mörike nach Storms Besuch die briefliche Beziehung so gut wie abgebrochen hat (mit der einzigen Ausnahme des Kondolenzbriefes zu Constanzens Tod).

Die „Erinnerungen" spiegeln, soweit sie nach 1875 entworfen sind, das Erlebnis der Begegnung in völliger Ahnungslosigkeit etwaiger solcher Konsequenzen wider (bis auf ein eventuelles naiv-jalouses Unbehagen gegenüber Hartlaub). Das kam ihnen sicher zugute. Wären sie doch im anderen Falle vielleicht aus Befangenheit nie geschrieben worden. So aber legen sie uns ein zusammengefaßtes und geschlossenes, eben weil unbefangenes, Bild vor. Dieses Bild enthält nicht nur die Geschichte von Storms Mörike-Kenntnis, die autobiographisch wichtig ist, sondern wirkt auch lebensecht als Schilderung von Mörikes Charakter und Lebensform zu dieser Zeit. Es ist zudem ergänzt um Hinweise auf den Lebenskreis des schwäbischen Dichters und um die Einbeziehung von Storms Eltern und deren Kontakt zu Mörike in dem Bericht. Das Werk wird eindrücklich in der Vorlesung der „Mozart"-Novelle durch ihren Dichter selber.

Die beiden in Husum erhaltenen Konzepte (Entwürfe, Kladden) enthalten nicht allzuviel an echten Abweichungen gegenüber dem Drucktext, die diesen sinnvoll ergänzen können. Bloße stilistische Varianten anzumerken, hat kaum Zweck. Es wird daher im folgenden nur eine kurze Beschreibung der handschriftlichen Entwürfe im Besitz des Husumer Storm-Archivs gegeben, nebst einigen ausgewählten Partien, die auch inhaltlich vom Druck variieren.

Es handelt sich um zwei Konvolute, um ein stark vergilbtes auf größerem Format (Varianten I) und ein helleres in kleinerem Oktavformat (Varianten II). Von diesen ist offensichtlich das vergilbte ein Vorentwurf, während das hellere kleinformatige, angesichts seines Verhältnisses zum Drucktext, eine leider nur teilweise erhaltene unmittelbare Druckvorlage ist. Diese ist wahrscheinlich in der Hauptsache in Fobeslet während des verregneten Sommers entstanden (wie der Brief Storms an Kuh aus Fobeslet bei Kolding vom 24. 8. 1876 zeigt: „Die Zeit, die ich der Betrachtung der Landwirtschaft entziehen kann und dem Verkehr mit der Gutsnachbarschaft, widme ich einem kleinen

Artikel: ‚Meine Erinerungen an E. Mörike'."). Sie ist übrigens auch genau datiert: „Husum im August 1876" (vgl. auch Köster 8, S. 291). Der Druck in Westermanns Illustrirten Deutschen Monatsheften, Bd. 41, S. 384—392, erfolgte ja auch schon 1877. Die Varianten zum Text werden, als Beilagen zur Druckfassung, in dieser Ausgabe abgekürzt mit V I und V II bezeichnet.

Zur Überlieferung der „Erinnerungen", jedoch ohne textkritisches Gewicht, gehört auch ein blaues Oktavheft mit der Aufschrift von Storms Hand

„Was ich im Eisenbahn-
wagen auf der Reise von
Stuttgart nach Heidelberg
notirte, da ich von
Mörike zurückkehrte."

Das Heft wurde im Besitz der Kieler Landesbibliothek von Karl Ernst Laage entdeckt. Das Heft ist eine Kladde von 13 Seiten, die sich teils auf Storms Stuttgarter Besuch beziehen, u. a. aber auch ein Rezept enthalten.[13] Die Handschrift führt eine Menge Stichworte, offenbar tatsächlich unmittelbare Gedächtnisstützen aus den Stuttgarter Tagen an; dazu auch wörtliche Mörike-Äußerungen, schon in der „Dialekt"fassung der späteren „Erinnerungen"; ferner Mörikes Urteile etwa über Karl Mayer, Eggers und Heine. Die beiden zusammenhängendsten Partien (über die Gestalt des Larkens im „Nolten" und Beschreibung wie Äußerungen Gretchens) sind offensichtlich im wesentlichen nicht in den „Erinnerungen" verwertet, sondern teils in dem Brinkmann-Brief, teils in Storms Brief an Mörike vom 27. August 1855 eingegangen.

Das Ganze bietet also keine echten Lesarten oder Varianten zum Text der „Erinnerungen", sondern in der Hauptsache Reisenotizen und Denkhilfen und damit Vornotizen sowohl für den Brinkmann-Brief wie für Storms Dankbrief, über den Brinkmann-Brief auch manchmal Vor-Material für die späteren „Erinnerungen".

Offensichtlich finden sich in dem Heft außerdem einige später überarbeitete Eintragungen, die nicht dem ursprünglichen Text der Reisenotizen zuzurechnen sind. Man kann sich schwer vorstellen, daß Storm auf der Reise die Schriften von L. Bauer mit sich geführt hat, aus denen er mit genauer Seitenangabe zitiert. Ebensowenig wie die von Julian Schmidt. Ob von den späteren Zusätzen überhaupt alles Storms eigene Handschrift ist oder wie die Eintragung unter dem Strich auf dem letzten Blatt über „Die Herbstfeier" von anderer Hand, mag in suspenso bleiben.

---

[13] Dazu vgl. jetzt auch K. E. Laage in: Kieler Nachrichten v. 18. August 1976, S. 8. Dasselbe in: Schriften der Th. Storm-Gesellschaft 25/1976, S. 75.

Die Äußerungen Mörikes im schwäbischen Dialekt, die mehr als 20 Jahre später zwischen Margarethe Mörike und Storm strittig werden[14], erweisen sich durch ihre Eintragung hier als unmittelbarer Höreindruck Storms, aufgezeichnet am Tag nach der Begegnung.

Man wird dieser Storm-Handschrift daher, wie schon gesagt, weder textkritische Bedeutung noch eigentlichen Variantencharakter zusprechen können, dagegen belegt sie manches, was die angeführten Briefe wie der spätere Text der „Erinnerungen" meist wörtlich beibehalten, als frühe unmittelbare Notiz.

Die Handschrift illustriert gleichzeitig das, was Storm Gottfried Keller und Margarethe Mörike mitteilt, daß er sich „ganz gegen seine Gewohnheit" auf der Rückfahrt von jenem Besuche „sogleich vollständige Notizen" gemacht (an Keller am 3. 1. 1882)[15] und die „am folgenden Tage" nach dem Besuch „vorgenommenen Aufzeichnungen" „bei der Abfassung des Artikels" vor sich liegen gehabt habe (an Margarethe Mörike am 1. 9. 1877 = Nr. 23).

Den Herausgebern bleibt die erfreuliche Pflicht, sich für mancherlei Auskünfte und andere Hilfen auch an dieser Stelle zu bedanken. Dieser Dank gilt in erster Linie dem Archiv der Theodor-Storm-Gesellschaft in Husum und insbesondere dessen Leiter Dr. Laage, wie dem Mörike-Archiv des Schiller-Nationalmuseums in Marbach a. N. und dessen Direktor Prof. Dr. Zeller sowie dem Stadtarchiv und der Landesbibliothek in Stuttgart.

Herzlich gedankt sei allen Bibliotheken und Archiven, die Originale und Fotokopien für die vorliegende Edition zur Verfügung gestellt haben, außer den schon genannten vor allem dem Goethe- und Schiller-Archiv in Weimar, der Schleswig-Holsteinischen Landesbibliothek in Kiel, dem Westermann-Archiv in Braunschweig und der Houghton Library der Harvard University in Cambridge (Mass./USA).

Ganz besonders persönlich verpflichtet fühlen sich die Herausgeber dabei Dr. Laage und seiner Frau: nicht nur für wertvolle Auskünfte und Ergänzungen, sondern auch für die Übertragung der handschriftlichen Partien in das Typoskript sowie für die Erstellung der Register.

Ferenberg (Bern)
März 1977 — Hildburg und Werner Kohlschmidt

[14] Vgl. den Brief Margarethe Mörikes an Storm vom 24. 4. 77 (Nr. 22: „Weder ich noch Andre haben ihn *so* schwäbisch reden hören") und Storms Antwort vom 1. 9. 77 (Nr. 23).

[15] Bei Goldammer, Keller S. 92.

Briefe

Theodor Storm — Eduard Mörike

1. Storm an Mörike

Herrn Eduard Mörike

Husum, im Herzogthum Schleswig,
den 20 November 1850.

Eine Botschaft alter Liebe soll dieß Büchlein[1] an Sie, verehrter Mann, bestellen; verschmähen Sie den Boten nicht, ich bin ein Dilettant und habe keinen bessern.

Vor etwa zehn Jahren, während meiner letzten Studienzeit in Kiel kamen Ihre Bücher in unsre Hände — Gedichte[2], Iris[3], Maler Nolten[4] — und erwarben sich rasch eine kleine, aber ausgesuchte Gemeinde, wenn anders das rasche instinktartige Verständniß bei der leisesten Berührung des Dichters eben das ist, was dieser zumeist bei seinen Lesern zu wünschen hat. Wie viele Anregung und Befriedigung und reine Freude wir Ihnen verdanken, wie der sichere Mann[5] und die Sommerweste[6] sich sprichwörtlich bei uns einbürgerten, wie Larkens[7] uns vor Allen anzog, während kein Mädchenherz der Agnes[8] widerstehen konnte, und wie ich dennoch, bei soliden Leuten zu Schaden kam, als ich den Nolten ihrem Lesezirkel empfahl — für eine Aufzählung alles dessen, darf ich Ihre Geduld nicht in Anspruch nehmen. Unsre kleine Gemeinde[9] hat sich seitdem zerstreut; aber bei Allen, mit denen ich in einiger Verbindung geblieben bin, hat sich die unverändertste Anhänglichkeit an die tiefe herbstkräftige[10] Natur Ihrer Muse bewährt, nur daß Jeder in seinem Kreise ihr neue Freunde geworben hat. Ich kann es mir nicht versagen, das Wort eines unserer heitersten Genossen herzusetzen:

„Die ächten Lieder[11] halten aus in Sommern und in Wintern,
Sie haben aber Kopf und Fuß, dazu auch einen H — —“

Ihre Idylle vom Bodensee[12] konnte ich vor drei Jahren meiner jungen Frau auf den Weihnachtstisch legen. Am Abend darauf saßen wir allein beisammen, und ich fing an zu lesen

„Dicht am Gestade des See's, im Kleefeld — —“

und als nun endlich der alte Merten die Klarinette ansetzt, bis ihm das Lachen den Blast abstieß[13], da kam auch über uns beide das herzerfrischendste Lachen

— und ich habe Ihnen nun neben meinem eignen auch den Dank dieser Frau zu bestellen, die in jeder Beziehung würdig ist, den Trank aus Ihren goldnen Schaalen zu kosten!

Endlich nach vielen vergeblichen Anfragen bei meinem Buchhändler — aber ich wunderte mich eben nicht mehr seit meiner Erfahrung mit dem Nolten — endlich kam die neue Auflage der Gedichte[14]; die weißen Blätter, die ich hinter meinem Exemplar hatte einbinden lassen, erhielten nun endlich ihr Recht. Bei der Fülle des Guten und Schönen, die hier hinzugekommen ist, darf ich wohl kaum davon sagen, daß mir hie und da in den alten liebgewonnenen Stücken, namentlich in dem sichern Mann und Peregrina[15], die Correctur weh gethan hat.

„Ach nur einmal noch im Leben“[16] ist mir ganz an's Herz gewachsen, ich kann mich nicht satt daran lesen; und der Sehrmann![17] Ehre sei dem Erfinder für diesen terminus und dem Dichter für die Auslegung. Wie oft haben auch wir zu unserm eignen Schaden die goldne Rücksichtslosigkeit[18] gegen dieß verruchte Geschlecht in den unnützen Kampf geführt! — Was dem, der seit Jahren dem Tritt Ihrer Muse mit Liebe nachgegangen ist, bei den neueren Sachen ein besonderes Interesse gewähren muß, ist, daß sie ihn hier mehr als in den früheren in der Umgebung und dem Kreise Ihres Lebens heimisch macht.

So mag Ihnen mein Gelüsten nun verzeihlich sein, in diesen mir so lieben Kreis auch einmal selbst hineinzutreten. Es ist Winter; vielleicht haben Ihre Frauen eines Abends wieder Mohn auszuklopfen[19] — wir kennen das hier leider nicht — vielleicht ist neben Ihrer Schwester auch die Namenschwester meiner Frau[20] wieder auf Besuch gegenwärtig; Sie nehmen dann statt der Hallischen Jahrbücher[21] die bescheidenen Sommergeschichten zur Hand und geben hin und wieder einen Brocken zum Besten. Sollten Sie aber, was nicht so gar unmöglich wäre, hie und da eines Rettichs bedürfen[22], so will ich hoffen, daß auch in Ihrer neuen Heimath[23] dieß wackere Geschlecht nicht ausgestorben ist.

Möge grüner sommerlicher Friede Sie lange noch umgeben!

Theodor Storm.

2. Mörike an Storm

[26. Mai 1853]

Verehrtester Herr!

Es ist vor Jahren eine Sendung mit einem Bändchen Dichtungen und einer Zuschrift aus Husum an mich nach Mergentheim gekommen.[1]

Muß Ihnen das lange Stillschweigen hierauf nicht doppelt unbegreiflich seyn, wenn ich versichere, daß wir, ich und die Meinigen, in Ihrem Büchlein alsbald einen sinn- und seelverwandten Freund erkannten, ehrten und hegten? Daß ich in Ihrem herzlichen Schreiben noch immer eins der liebsten Zeugnisse zu Gunsten meines Wenigen dankbar bewahre?

Es fehlte aber meinem Vorsatz nach der ersten Freude wahrlich nichts, als daß er etwas allzugut gewesen war; ich wollte Ihnen gern recht Viel und Specielles sagen besonders auch etwas zur Gegengabe senden; doch allerlei widrige Dinge, zumal Krankheit, verhinderten die Ausführung so mancher angelegten, kleinen Arbeit, verschoben und vereitelten die ganze treue Absicht, indem die übergroß gewordene Schuld den SchreibeMuth zuletzt gar untergrub. Nun hab ich zwar auch gegenwärtig durchaus nichts in der Hand, was mir den letzteren sehr stärken könnte, indeß ist doch mit dem Erscheinen beifolgenden Schriftchens[2] eine erwünschte äußere Veranlassung gegeben, an Ihrer Thüre anzuklopfen. Nehmen Sie diese Kleinigkeit womöglich mit der alten Güte auf!

Das augenblicklich ganz entschiedne Wohlgefallen an den *Sommergeschichten* hat sich bei uns bis auf die jetzige Stunde erhalten. Ich fühle eine reine, ächt dichterische Luft darin verbreitet. Die Innigkeit und Liebe, womit Sie nicht verschmähen, die einfachsten Verhältnisse u. Situationen in feiner edler Zeichnung darzustellen, Ihre Neigung zum Stillleben, thut gegenüber dem verwürzten Wesen der Modeliteratur außerordentlich wohl. Der alte GartenSaal, der Marthe Stube u. sofort sind mir wie alt vertraute Orte, nach denen man sich manche Stunde sehnen kann. Überall ist Charakter und ungeschminkte Schönheit. Nur hie u. da — in der Erzählung Immensee — mag man vielleicht etwas mehr individuelle Bestimmtheit wünschen. Höchst angenehm frappirt hat mich die große Ähnlichkeit Ihres Nordens mit unserer südteutschen Gefühls u. Anschauungsweise.

Von den Gedichten[3] möchte ich vornehmlich auszeichnen S. *31.* 36. 41. 100. *102. 109.* (die vorlezte Zeile will mir etwas zu kostbar lauten) 119. 124. 126. Das von *den Katzen* wußte ich bald auswendig und habe Manchen schon damit ergözt. Von Wem ist das? frug ich unlängst einen Freund. Nu, sagte er lächelnd, als wenn es sich von selbst verstünde — von dir!

Die Zuversichtlichkeit des schmeichelhaften Urtheils hat mich natürlich nicht wenig gaudirt.

Jezt, lieber theurer Mann, leben Sie wohl auf eine Weile, — auf eine kürzere, verspreche ich, wenn Sie erlauben. Wir Alle, nemlich Gretchen, seit 1½ Jahren glücklicherweise meine liebe Frau[4], und Clara, meine Schwester, grüßen herzlich, Sie und jene Constanze, von der wir uns ein ungefähres Bild aus allen Lieblichkeiten Ihres Büchleins machten.

Unserer Vorstellung von Ihnen würde eine Andeutung Ihrer äußerlichen Existenz sehr angenehm zu Hilfe kommen. Das Eine will Sie zum Arzt, das Andere zum Prediger machen.

Mit inniger Zuneigung

Stuttgart 26 Mai 1853.

Ihr

D. Ed. Mörike.[5]

3. Storm an Mörike

Husum, den 12 Juli 1853.

Freilich hat Frau Constanze, bis Ihre Antwort eintraf, zu einem ersten Buben noch zwei andre[1] in die Wirthschaft gebracht; wie wenig Ihnen indessen das lange Schweigen angerechnet worden, könnten Sie, wenn Sie zu uns einträten, schon daraus erkennen, daß seit dem 5 Mai 1851 Ihr Steindruckporträt, von Weiß[2] — Sie sagen uns gelegentlich, ob es ähnlich ist — auf C⟨onstanze⟩s Schreibtisch seinen ungestörten Platz behauptet hat.

Nun aber muß ich Sie und die Ihrigen, ehe ich weiter schreibe, über meine eigne Person erst etwas in's Klare setzen; denn Sie gehen leider nach zweien Seiten fehl, wenn Sie mich den friedlichen Beschäftigungen eines Arztes oder Predigers zutheilen. Ich bin, oder war vielmehr bisher Advokat. — Aber was hindert mich Ihnen sofort eine kleine vita zu geben, um mich in Ihrem lieben Kreise so heimisch wie möglich zu machen! — Also ab ovo!

Am 14 Septb. 1817 bin ich als der älteste mehrerer Geschwister hier in Husum geboren, wo mein Vater als ein besonders geachteter Rechtsanwalt unsres Landes noch gegenwärtig, sammt meiner Mutter, in voller Thätigkeit lebt. Nachdem ich die hiesige Gelehrtenschule, das Lübecker Gymnasium, und als Student die Kieler und Berliner Universität besucht hatte, domicilirte ich mich im Frühjahr 1843 in meiner Vaterstadt als Advokat. Am 15 Septb. 1846 ward ich zur guten Stunde copulirt mit meiner Mutterschwestertochter Constanze, einer Tochter des Bürgermeisters Esmarch in Segeberg, Enkelin des verstorbenen Zollverwalters Esm⟨arch⟩ in Rendsburg, der in seiner Jugend zu den stummen Personen des Hainbunds gehörte, und in Fr. Voigts Roman „Hölty" zur Ergötzlichkeit seiner Kindeskinder die Rolle des unglücklichen Liebhabers übernehmen muß.[3]

Bei dem Bruche zwischen Dännemark und den Herzogthümern habe ich natürlich zu meiner Heimath gehalten, namentlich aber nach Beendigung des Krieges es für meine besondre Pflicht geachtet, meine Mitbürger, so weit ich dazu Gelegenheit hatte, gegen die Willkühr der neu eingesetzten Königl. Dän⟨ischen⟩ Behörden mit voller Rücksichtslosigkeit zu vertreten. So hat es denn kommen müssen, daß mir, trotz meines im Ganzen sehr von allem Oeffentlichen zurückgezogenen Lebens, wie fast allen jüngeren und tüchtigeren Collegen, die Bestallung cassirt worden ist, da es der jetzigen Regierung besonders daran gelegen ist, alle Elemente namentlich der unabhängigen, deutschen Bildung möglichst zu vernichten. In dieser Veranlassung und weil ich mich nicht, wie es leider jetzt von Vielen geschieht, zu Schritten herlassen kann, die meiner Ueberzeugung und den Pflichten gegen meine deutsche Heimath widersprechen, bin ich jetzt eben in Begriff nach Preußen überzusiedeln, das mir nach etwa ½jähriger Probezeit, die indeß wohl etwas länger ausfallen wird, eine Anstellung als Justizbeamter und dadurch ein, wenn auch knappes, Auskommen in Aussicht gestellt hat. Constanze mit den drei Knaben, deren jüngster erst zu Anfang des vorigen Monats geboren ist, wird vorläufig hier bei meinen, oder in Segeberg bei ihren Eltern zurückbleiben. — Die nächste Zukunft sieht daher etwas grau aus, zumal ich mit dem Gefühl von hier gehe, den Fremden oder Schlechten meinen Platz zu räumen; doch ist, da es nun einmal nicht anders sein kann, die Heiterkeit unsres Hauses bisher noch keinen Tag lang dadurch gestört worden.

Ihr herzliches Schreiben, lieber verehrter Mann, hat uns denn nun noch zusammen angetroffen; und ich möchte wohl, daß Sie es so recht wüßten, welche große Freude Sie uns, und namentlich auch meiner Frau, die eben aus ihren Wochen erstanden war, dadurch bereitet haben. — Ihr Hutzelmännlein[4] aber ist an einem Nachmittag und einem Abend vor einem kleinen ausgesuchten Kreise verlesen worden; die Liebeserklärung im Rauchfang hat bei *mir* den Preis gewonnen; der wackere Stiefelknecht, die Scene auf dem Seil erregten die unverhaltenste Lustigkeit, letztere insbesondre das Entzücken der Frauen; Seite 79 hieß es plötzlich: „Ob M. wohl Schmierstiefel trägt!" — „Das wäre schrecklich!" — Es ist eben auch in diesem Büchlein neben der Tiefe des Gedankens die nur Ihnen solcherweise eigene Tiefe des Ausdrucks wieder da. Was ich aussetzen möchte, ist dieß: Es ist doch Ihre Absicht gewesen, das über den Hutzelmann — denn ich nehme an, daß es eine Figur des Volksglaubens[5] ist — in der Ueberlieferung Vorhandene zu einer Erzählung zu vereinigen! Nun scheint mir, ([am Rand:] wie es uns in Arnims Dichtungen wohl begegnet) durch das Bestreben, das an Sage und Sitte Ueberlieferte zu conserviren, die Einheit der Fabel, und hie und da im Einzelnen z. B. S. 90 ff. in der Erzählung Seppes, die freie poetische Darstellung in etwas behemmt zu sein. Uebrigens mag immerhin beim Märchen die Freude am Einzelnen, ([am Rand:] auch will ich nicht vergessen, daß „die Märchen sind halt Nürnberger Waar“[6]), die Hauptsache sein, die uns denn auch durch Ihr ganzes Büchlein so begleitet hat, daß wir den „Schatz“ sogleich noch einmal hinterher gelesen haben.

Meine kleinen Situationsstücke[7] anlangend, so sind sie einmal, ich glaube in Kühnes Europa, „Aquarelle“ genannt, und ich habe diese Bezeichnung, welche Ihre gewiß richtige Bemerkung über Immensee ohne Weiteres in sich faßt, als besonders zutreffend empfunden. Die vorletzte Zeile v. S. 109 mag allerdings etwas zu kostbar lauten. Die beiden Gedichte[8] wurden unmittelbar nach dem Tode meiner ältesten Schwester geschrieben, die nach manchem Kummer ihres Mädchenstandes, im ersten Wochenbette sammt ihrem Töchterlein starb. Ich erinnere mich jetzt wohl, daß ich jene Zeile derzeit nur als eine vorläufige hinschrieb; sie ist indessen stehen geblieben. Gelegentlich will ich versuchen sie zu ändern, oder wissen Sie, verehrter Mann, mir einen Rath? Wenn Ihnen die Katzen[9] zugeschrieben werden und Sie dieß nicht ganz ohne Behagen erfahren, so wollen Sie nicht vergessen, daß Eduard Mörike ganz besonders zu den Dichtern gehört, die auf die Ausbildung meines kleinen Talentes von Einfluß gewesen sind.

Und so, lieber Meister, lege ich denn jetzt die kleine Sammlung meiner Gedichte[10], die seitdem erschienen ist, vertrauensvoll in Ihre Hände, nicht ganz ohne die Ueberzeugung, daß unter dem neu Hinzugekommenen Eins oder das Andre sei, was die mir von Ihnen und den Ihrigen gewordene Theilnahme zu befestigen vermöchte. Hätte ich das Ihnen bestimmte Exemplar in der Hand, so würde ich S. 46 bei n. 1 den Namen „Hans“, bei n. 2 den Namen „Ernst“ setzen, und überdieß das „lachen“ in der letzten Zeile in „wachen“ corrigiren.[11] Im Uebrigen möchte ich nur noch bemerken, daß ich vielleicht, oder vielmehr jedenfalls, bei der Auswahl der älteren Gedichte (2tes Buch) aus Pietät gegen meine eigne Jugend mich zu einer zu großen Nachsicht habe verleiten lassen; sowie, daß im 1 Buch S. 80[12] vom Verleger gegen meine ausdrückliche Ordre aufgenommen ist. S. 155[13] wurde zur stillen Abwehr gegen die Brutalität und Gemeinheit, wie sie nach Verhältnissen, welche wir hier gehabt, wohl überall zu Tage kommen, und aus vollstem Herzen geschrieben; die Ueberschrift ist wohl verkehrt, weil sie leicht irre leitet; ich habe nur das *Zeichen des Todes* gemeint, nicht das constantinische christl. †. An den Umschlagsbildern (v. Bürkner in Dresden)[14], sowie dem Formate, woran ich wahrlich unschuldig bin, wollen Sie keinen Anstoß nehmen. Ich hoffe, wenn es überall vergönnt sein sollte, zum zweiten Male in etwas männlicherer Tracht zu erscheinen.

Diesen gedruckten Sachen kann ich nicht unterlassen, einige ungedruckte Verse beizulegen[15], die als ein unmittelbarer Ausdruck des verletzten Heimathgefühls, im Herbste 1850 entstanden, als hier auf dem Kirchhofe die Kränze und Fahnen von den Gräbern unsrer Schl.-Holst. Soldaten entfernt wurden. Und nun — dürfen auch wir, so weit Sie es uns vergönnen mögen, etwas Näheres von Ihnen erfahren? Wir wissen außer dem, was Ihre Schriften uns erzählen, nur, daß Sie am 8 Septb. 1804 zu Ludwigsburg geboren und 1834 Pfarrer zu Kleversulzbach geworden sind, dieses Amt aber späterhin niedergelegt haben, was mir, da ich es erfuhr, als etwas erschien, das eben nicht anders hätte sein können. Wollen Sie uns, denen Sie so lange lieb und werth sind, diese kärglichen Nachrichten etwas vervollständigen? Sollten Sie aber für die Erfüllung dieser Bitte keine Muße oder Stimmung haben, so möge Sie das vom Schreiben — vom baldigen, wie Sie versprochen, — nicht abhalten; und sollte eine neue Auflage Ihrer Gedichte nicht in allernächster Zeit bevorstehen, so machen Sie uns die Freude einige frische Verse beizulegen! Als Quittung sollen Sie den Aushängebogen einer ganz hagelneuen Sommergeschichte „Ein grünes Blatt“[16] erhalten, die in einem neuen Berliner Jahrbuche (Argo) abgedruckt wird.

Leben Sie wohl nun, *für dieß Mal!* Constanze und ich grüßen Sie herzlich, Sie und Ihre Frau, deren Spuhr wir noch nicht in Ihren Gedichten haben finden können ([am Rand:] Das mir besonders liebe Gedicht *„Lebe wohl, du fühlest nicht“*[17] möchte denn die erste sein!) und Ihre Schwester Clara, die wir seit lange schon daraus als Ihre treue Begleiterin durch Wald und Wiese kennen!

wie immer

Theodor Storm.

Herrn Dr. Eduard Mörike
in
Stuttgart

N. B. Briefe an mich bitte vorläufig unter meinem Namen: Adr. Hr. Adv. J. C. Storm (mein Vater) R. a. D. in Husum; aber wo möglich nicht auf Buchhändlerwege; ich habe den ersten nur aus besondrer Rücksicht von Leipzig aus p. Post erhalten; ein ander mal könnten sie ganz liegen bleiben.

[Am Rand:]

Eben, da ich diesen Brief schließen will, finde ich in einer alten Urania v. 1834 eine Skizze von Ihnen „Miss Jenny Harrover", die ich noch nicht kenne.[18] Da mir Alles von Ihnen lieb ist, so bitte ich Sie mir in Ihrem nächsten mitzutheilen, ob Sie außer dieser Skizze, dem Nolten, der Iris[19], Idylle v. Bodensee und den Gedichten, früher noch sonst etwas haben drucken lassen? Eine böse Täuschung erfuhr ich neulich durch des „Vaters Geburtstag" von C. M.[20], den ich mir nach einem Auctionskatalog hatte kommen lassen, worin der Vorname fehlte.

3a. Beilage zum Brief Storms an Mörike vom 12. 7. 53 (Nr. 3)

September 1850[1]

Und schauen auch von Thurm und Thore
Der Feinde Wappen jetzt herab,
Und rissen sie die Trikolore
Mit wüster Faust von Kreuz und Grab;

Und müßten wir nach diesen Tagen
Von Heerd und Heimath bettelnd gehn,
Wir wollen's nicht zu laut beklagen,
Mag, was da muß, mit uns geschehn!

Denn kommen wird das frische Werde,
Das auch bei uns die Nacht besiegt,
Der Tag, wo diese deutsche Erde
Im Ring des großen Reiches liegt.

Ein Wehe nur und eine Schande
Wird bleiben, wenn die Nacht verschwand, —
Daß in dem eignen Heimathlande
Der Feind die Bundeshelfer fand;

Daß uns von unsern eignen Brüdern
Der bittre Stoß zum Herzen drang,
Die einst mit deutschen Wiegenliedern
Die Mutter in den Schlummer sang;

Die einst von deutscher Frauen Munde
Der Liebe holden Laut getauscht,
Die in des Vaters Sterbestunde
Mit Schmerz auf deutsches Wort gelauscht.

Nicht Viele sind's, und leicht zu kennen —
O haltet ein! Ihr dürft sie nicht
In Mitleid, noch im Zorne nennen,
Nicht in Geschichte, noch Gedicht.

Laßt sie, wenn frei die Herzen klopfen,
Vergessen und verschollen sein,
Und mischet nicht den Wermuthstropfen
In den bekränzten deutschen Wein!

Th St.

4. Storm an Mörike

Potsdam[1], Brandenburgerstr. Nr. 70,
den 1 März 1854.

Ich komme dießmal betteln, verehrter Mann. Es gilt mit Hülfe von Dichtern und Malern für meine Frau, die mit den Kindern bei mir ist, zum Geburtstage d. 5 Mai, ein Album[2] zu Stande zu bringen. Dürfte ich darauf rechnen, zu diesem Zweck von Ihnen Ihr unergründlich schönes „Früh wenn die Hähne krähn"[3], von Ihnen geschrieben und unterschrieben, zu erhalten?

Mit Ihrem Hutzelmännlein[4] hat sich mir eine alte Lebenserfahrung aufs Neue wenigstens theilweise bestätigt, daß nemlich oft das innere Erlebniß viel später eintrifft als das äußere. Erst lange nachdem wir es gelesen und nachdem ich meinen etwas übereilten Brief an Sie abgesandt, ist mir die Fülle von Anmuth so recht lebendig geworden, welche Sie, namentlich auch im ersten Theile, überall in dieß Büchlein „hineingeheimnißt" haben. So lese ich es denn jetzt zum zweiten Mal, um mich ganz darin heimisch zu machen.

Bei dieser Gelegenheit möchte ich ein Versäumtes nachholen. Sollten Sie die plattdeutschen Gedichte meines Landsmannes, des Dithmarschers Klaus Groth „*Quickborn*[5], Hamburg Perthes" zufällig noch nicht kennen, so bitte ich Sie dringend, sich durch den fremden Dialect, wenn man die niederdeutsche Sprache so nennen darf, nicht davon abhalten zu lassen. Jede Mühe wird gewiß belohnt. Wenn die Sachen nicht immer so rund sind, wie die Hebelschen[6], mit denen man sie unwillkührlich in Vergleichung bringt, so sind sie dafür desto tiefer und ohne alle lehrhafte Tendenz. Was gäb ich drum, wäre es mir vergönnt, sie Ihnen vorlesen zu können! Denn, wie wenig Andres, bedürfen diese Gedichte des lauten Wortes, um zur rechten Geltung zu kommen.

Die anliegende *Argo*[7] bitten wir, Constanze und ich, Frau Gretchen wolle ihr freundlich einen Platz in ihrer Bibliothek vergönnen! Meine Sachen darin[8] bedürfen freilich sehr der Nachsicht; dagegen werden Sie sich gewiß an Paul Heyses „Rabbiata“[9] und der Fontaneschen Bearbeitung der Percyballaden[10] erfreuen. Von Ersterem, dem Vf. des Aufsatzes „Ed. Mörike“[11] in Nr 1. des Literaturblatts des deutschen Kunstblatts, habe ich Ihnen die wärmsten Grüße zu bestellen.

Mit mir persönlich geht es nicht zum Besten. Seit Anfang Decb. v. J. als Assessor beim hiesigen Kreisgericht eingetreten, habe ich schon bald nach Neujahr wegen hartnäckiger Kränklichkeit Urlaub auf unbestimmte Zeit nehmen müssen. So steht denn mein heimathliches Meer und der Sonntagnachmittagssonnenschein meines elterlichen Hauses um so schmerzlicher in meiner Erinnerung.

Und nun! Darf ich bis zum 5 Mai auf eine Antwort hoffen. Ich bitte Sie herzlich darum; und wollen Sie mir speciell eine Freude machen, so legen Sie außer dem vorhin Erbetenen noch ein oder andres Ungedruckte bei, da die dritte Auflage[12] noch immer nicht erschienen ist.

in alter Liebe und Verehrung

Ihr

Theodor Storm

5. Mörike an Storm

v. April 1854, nach Potsdam[1]

Verehrter theurer Freund!

Ein alter und ein neuer Dank käme wieder einmal zu meiner Beschämung bei mir zusammen. Es sind wohl bald 8 Monate seit mich Ihr Büchlein mit der süßen Schläferin[2] auf seinem Deckel so lieblich begrüßte. Ein ausführlicher Brief war beigelegt, der, in Verbindung mit dem Übrigen und längst Bekannten, mir die Person des Dichters auf einen solchen Grad verdeutlichte, daß mir, wenn der vollkommene Besitz von Angesicht zu Angesicht für jezt einmal nicht möglich ist, nur etwa noch ein Schattenriß[3] seines Profils zu wünschen übrig bleibt. Ich möchte gerne daß Sie wüßten, wie sehr wir Sie mit allen Ihren Angehörigen für alle Zeit kennen und lieben. Als ich in Ihrem jüngsten Schreiben an die Stelle kam wo Sie von hartnäckiger Kränklichkeit reden, durchzuckte mich ein Schmerz und weinerliches Zorngefühl wie uns ergreift wenn wir das Edelste durch eine rohe Hand bedroht oder beschädigt sehen. Dieß darf Sie nicht erschrecken, Bester! Ich bin Hypochonder von Hause aus und kann im nächsten Augenblick gleich wieder über meine extremen Sorgen lachen, sie mögen nun mich oder Andre betreffen.

Mit Ihrem Husum aber ist auch uns etwas genommen. Mir insbesondre waren diese Gegenden durch Sie u. die Sommergeschichten[4] zu einer wahrhaften Erfahrung geworden, seitdem Sie weg sind ists, als wäre die gewohnte Scenerie auch in meinem Gesichtskreis ferner gerückt. Gern denke ich dabei, daß doch die Eltern noch die alte Heimath hüten. Das *grüne Blatt*[5] fiel mir gerad zu rechter Zeit in den Schoos. Es ist nebst Ihren andern Beiträgen das Einzige was wir bis jezt in der Argo[6] gelesen. Denn stellen Sie sich vor, nur erst seit gestern haben wir dieselbe in den Händen![7] Jener Sommertag, brütend auf der einsamen Haide u. über dem Wald, ist bis zur sinnlichen MitEmpfindung des Lesers wiedergegeben; das vis à vis mit der Schlange, der Alte bei den Bienen, seine Stube — unvergleichlich. Dagegen hat die Schilderung des Mädchens, so wie der Schluß des Ganzen, mir einigen Zweifel erregt; in *der* Art aber, daß es sich nur um ein Paar Striche zu viel und Etliches zu wenig handeln würde. Darf ich es in der Kürze sagen, so ist einerseits der Schein des Manierirten nicht völlig vermieden (die Linie ist hier haarscharf allerdings) und andererseits sollte die allzu skizzenhaft behandelte Regine ein größer Stück sprechen, am besten vielleicht, indem sie ein kleines Abenteuer oder Märchen erzählte.[8] Dadurch träte ihr reizendes Bild von selbst mehr heraus und Alles bekäme zugleich mehr Fülle. Es könnte hiezu der Moment in der Stube benutzt werden.

Wenn ich nicht anders Unrecht habe so gehen Sie vielleicht nach Jahr und Tag nochmals an dieß Gemälde, dem wenig abgeht um vollkommen zu seyn, was es soll.

(Nach mehrtägiger Unterbrechung fortgefahren)

Das mir schon früher mitgetheilte Stück, vom Herbst 1850[9] u. der „Abschied“[10] hat mich tief bewegt und „Gode Nacht“[11] hört sich im Lesen sogleich wie gesungen. Es ist außerordentlich schön; ich werde es Hetsch[12] (Musikdirektor in Mannheim) und Kauf⟨f⟩mann (hier)[13] mittheilen, ob nicht der eine oder andere zur Composition gedrungen wird. Kein dritter könnte es besser machen (wie Sie sich überzeugen würden, wenn Sie Gretchens Lied (Meine Ruh ist hin) v. Hetsch — es erschien einzeln, ich glaube in Bonn — oder die Lieder Schwäb. Dichter zu hören bekämen die unter Beider Namen in Stuttg. erschienen, und Mehreres auch von mir enthalten. Doch eben fällt mir ein, Sie haben ja beim Maler Nolten eine Probe!)[14]

Auch Ihre 4 andern kleinen Stücke[15] in der Argo haben sehr unsern Beifall. Zu den grammatischen Anomalien, die man nicht anders wünscht, gehört die Zeile „Mir ist wie Blume etc" — bezeichnend für das Unbestimmte, Fremde des Gefühls. Aus Ihrer Sammlung gab ich hie u. da den Leuten etwas zu verkosten und habe unter vielen Andern mit den Strophen, wo die Sonne jenes Tags aufs lezte Kissen der Geliebten fällt[16], das höchste Lob immer von neuem erworben. Das Büchlein ist mir leider nicht zur Hand, sonst citirte ich mehr.

Den *Quickborn*[17] wollen wir uns bestens empfohlen seyn lassen. Theod. Fontane kenn ich längst aus seinen trefflichen Preußischen Liedern[18]; ein hiesiger Freund (Rector Wolff)[19] den Gust. Schwab[20] damit bekannt gemacht, recitirte sie mir aus dem Gedächtniß.

Den Verfasser des geistvollen Artikels im Berliner Kunstbl.[21] zu erfahren war mir sehr interessant, und daß Paul Heyse es ist, von dem ein so günstiges Urtheil über mich ausgeht, hat mich aufs angenehmste überrascht. Den feinen *Praktiker* (in poesin) verrieth die Arbeit freilich auf der Stelle. In Ansehung des M. Nolten hat er mich offenbar geschont. Verschiedene Parthien im ersten Theil desselben sind mir selbst widerwärtig und fordern eine Umarbeitung.[22] Was denken Sie deßhalb für den Fall einer 2. Auflage? Ich möchte Sie ungern zum zweitenmale als Corrector unzufrieden machen.

Wenn Sie Gelegenheit haben bezeugen Sie Herrn Heyse doch meinen wärmsten Dank und große Hochachtung. Auf la Rabbiata[23] freuen wir uns u. haben die größte Erwartung davon. Frau Agnes Strauß, geb. Schebest[24], die Sängerin, getrennte Frau des Theologen, entzückte, hör ich, dieser Tage eine hiesige Gesellschaft durch Vorlesung derselben.

Aufrichtig bin ich Ihnen noch für Ihre in Lob und Tadel gleich getreulichen Bemerkungen über das Märchen[25] verbunden. Wenn wir auf meinem Sopha nur einander gegenüber säßen, so sprächen wir wohl auch darüber con amore mehr. Jezt aber nur so viel: Sie setzen voraus es habe hier die schwierige Aufgabe gegolten, vorhandene Sagen künstlich zu verweben. Dem ist jedoch nicht so. Mit Ausnahme dessen was in den Noten ausdrücklich angeführt wird, ist alles frei erfunden, zum wenigsten hielt ichs bis jezt dafür. Das Volk weiß insbesondre nichts von einer Wasserfrau, denn die in den Teich geworfenen Sühnopfer waren vielmehr ordentlich Gott dargebracht. Das Kinderverschen vom Klötzlein cursirt ganz für sich, ohne irgend einen Sinn oder sagenhafte Beziehung, in der Leute Mund. Übrigens hören Sie folgenden närrischen casum. Mir sagte Uhland neulich: in einer alten geschriebenen Chronik habe er etwas gefunden, was ihn nothwendig auf die Vermuthung habe führen müssen, ich hätte in Beziehung auf das unsichtbar machende Mittel eine verschollene Blaubeurer Sage gekannt und für meinen Zweck modificirt: Zwei Grafen von Helfenstein, Brüder, standen einstmals (so sagt der Chronist) am Rande der Quelle[26]; der Eine sah einen seltsamen Stein vor sich liegen, hob ihn vom Boden auf u. verschwand vor den Augen des Andern urplötzlich. Sie reden aber mit einander und der zweite Bruder nimmt den Stein sofort auch in die Hand; dieselbe Wirkung; sie kommen beide überein, das Zauberding in den Blautopf zu werfen. — Ich war nicht wenig über dieß Zusammentreffen meines Scherzes mit dieser Erzählung erstaunt, da auch in den hintersten Kammern meines Gehirns nicht die leiseste Spur empfangner Überlieferung zu finden ist. Vernünftigerweise kann ich es mir freilich zulezt nicht anders als auf solchem Weg erklären, oder wie?

Natürlich liegt in Absicht auf ein Produkt dieser Art nichts dran, wie viel oder wenig an dem Stoffe vorlag und ich habe es bis jezt deßhalb auch nicht der Mühe [sic!] gehalten, gewiße irrige Annahmen meiner Kritiker bei meinen andern Sachen in dieser Hinsicht zu berichtigen. So setzen sie alle, auch Heyse wie es scheint[27], voraus, die BodenseeIdylle beruhe auf Geschichtchen, da doch die gedoppelte Fabel, sowohl von der Kapelle u. der Glocke, als von Gertrud u. ihrer Bestrafung ganz auf meine Rechnung kommt.

Nun aber unsern innigsten Glückwunsch zum 5ten Mai![28] Meine liebe Frau, durch Ihr Geschenk in mehr als Einem Betracht ausnehmend beglückt u. geehrt, macht sich die Freude einer unscheinbaren Gegengabe mit Gesammelten Schriften meines Freundes Louis Bauer.[29] Sie werden den herrlichen Menschen darin bald erkennen. Was die vorangedruckten Briefe betrifft (an deren Auswahl ich natürlich keinen Antheil habe) — wenn Sie im Stande wären Alles gehörig abzurechnen, was jugendliche Freundschaft, nach der ihr eignen Übertreibung, Gutes an ihrem Gegenstande findet, so könnte es mir schon lieb seyn, daß Ihnen ein Stück Leben von mir u. meinem Kreis damit vorgelegt wird, da ich so schwer dazu komme Ihren liebreichen Wunsch in dieser Hinsicht selber zu befriedigen. Ich glaube, die Versuchung, mehr zu sagen, als wir *Beide* wollen, ist es vornemlich was ich dabei fürchte.

Zum Überfluß fügt Gretchen unsere Silhouetten[30] bei, die ihrige u. Clärchens ist sehr gut, die meine auch nicht übel. Die Weißische Lithographie[31] wird nicht besonders gelobt, doch ist sie kenntlich.

Carl Mayer[32], der Dichter, war gestern bei mir. *„Und schaucn auch von Thurm u. Thore“*[33] las ich ihm alsbald vor und theilte ihm auch sonst von Ihnen u. Ihren Verhältnißen mit, was ihn erfreute u. rührte. Sie waren ihm als Lyriker nicht fremd, er gab mir viele Grüße an Sie auf u. schrieb auf mein Begehren ein Blatt für Frau Constanzens Album.[34] Weil dieses aber nicht in meinem Beiseyn geschah und er sich hinterdrein erinnerte, daß ich ihm eines seiner kleinen Naturbilder zu diesem Behufe vorschlug, das mir besonders lieb und oft im Munde ist, so fügte er auch lezteres hinzu, damit ich wähle; billig bleibt das nun Ihnen überlassen. Mayer war im Begriff nach Weinsberg zu gehen, dem guten Kerner[35] zum Trost, der eben seine Frau verloren hat. Womöglich bringt er mir von diesem auch ein Erinnerungsblatt[36] für Sie zurück. Vielleicht kommt es noch recht für mein Paket, wo nicht, so könnte es gelegenh⟨ei⟩tl. nachfolgen, mit einem weitern von Uhland[37], an welchen ich trotz seiner starken Abneigung gegen dergleichen, das Ansinnen stellte. Er schlug es nicht ab, war aber in dem Augenblick nicht in der Lage. Er schickt es hoffentl. mit einer andern Sendung, die mir im Lauf der nächsten Wochen von ihm zukommen wird.

Sie haben nur leider vergessen, mir das Format Ihrer Geburtstagswidmung[38] zu bestimmen, nun können diese Blätter ganz ungeschickt ausfallen.

Freitag den 21 Apr.

Von meiner Seite gehen noch zwei neuere Gedichte mit, die schwerlich schon den Weg zu Ihnen fanden. Das von dem Thurmhahn[39] hätt ich herzlich gern für Ihre liebe Frau festmäßig abgeschrieben, anstatt es mit so viel unliebsamem Ballast auf einem Zeitungsblatt vom vorigen Jahr zu präsentiren, allein die Zeit erlaubte es nicht mehr. Thatsache ist an dem Spaß, daß ich als damaliger Pfarrer in Cleversulzbach aus Anlaß einer KirchenReparatur dieß alte Inventarstück zu mir nahm, auch es noch jezt besitze. Der Pfarrer wurde aber durch Verlegung in eine frühere Zeit ehrwürdiger gemacht und ihm Weib und Kinder geschenkt. Das Ganze entstand unter Sehnsucht nach dem ländlich pfarrlichen Leben.

Ihrer freundlichen Spürlust zu Liebe in meinen Gedichten sollen Sie wissen daß allerdings einige Stücke darin sich auf Gretchen beziehen, nemlich: „Ach muß der Gram“[40] „O Vogel ist es aus mit dir“[41] „An Elise“[42] (pseudonymisch für Clärchen) „Aus der Ferne. Wehet, wehet liebe Morgenwinde“[43]. Sämtlich aus der Zeit unserer ersten Bekanntschaft in Mergentheim, wo wir (ich u. meine Schwester) in ihrem elterlichen Hause eingemiethet wohnten. Ihr Vater war der Oberstlieutenant v. Speth, der unsre Verbindung nicht mehr erlebte. Meine Schwiegermutter ist noch dort.

Jezt, theure Freunde, leben Sie wohl u. schreiben Sie bald daß Sie wirklich wohl leben. Wir Alle grüßen und danken tausendmal

Ihr

Mörike.

La Rabbiata[44] ist gelesen! In Wahrheit eine ganz einzige Perle!
Unsre künftige Wohnung (von Georgii an) ist: Alleen Straße Nr. 9.

5a. Mörike an Storm (Frachtzettel)

[Poststempel:] Stuttgart Apr. 21 [1854][1]

Frachtzettel

Der Unterzeichnete gibt heute
1 Paket an Herrn *Assessor Theod. Storm in Potsdam franco*, mit 1 Buche[2] ohne Geldwerth und mit dem auf diesen Zettel beigedruckten Sigel versehen, auf die hiesige Post.

Stuttgart d. 21 April 1854
[Siegel] Dr. Eduard Mörike

6. Storm an Mörike

Potsdam, Waisenstraße N 68
[Anfang Oktober] 1854.[1]

Endlich gelangen denn auch wir[2] zu Ihnen; mögen unsre Gesichter Ihnen nicht allzu fremd erscheinen! — So oft schon bin ich daran gewesen, Ihre reiche liebevolle Sendung zu beantworten, aber immer, wenn ich die nothwendige Tagesarbeit hinter mir hatte, war ich so abgenutzt, daß ein Schreiben, wie ich es Ihnen zugedacht, nicht möglich war. So ist es denn auch heute noch;

nehmen Sie also fürlieb und — lassen Sie Brief und Bilder noch zum 8 September[3] gelten!

Welche Freude Sie und die lieben Ihrigen uns, meiner Frau und mir, zum 5 Mai[4] gemacht haben, kann ich nicht genug sagen. Ihren Brief mußte ich zwar gleich dem größten Theile nach zum Besten geben; alles Uebrige aber wurde bis zum Geburtstag glücklich verborgen gehalten. Ich hatte für das Album einen ziemlichen Stamm von Poeten und Malern zusammengebracht; und ich glaube kaum, daß meine Frau je ein angenehmeres Geburtstagsgeschenk erhalten. Am Abend wurden mit Hülfe eines befreundeten Malers auch Ihre Schattenrisse[5] auf kleinen gelben Schilderchen hineingeklebt; dann saßen wir davor zu räthseln, von Ihrer Schwester Clärchen wurde behauptet, sie trage jedenfalls ein Schlüsselbund, und *ich* wünschte mir lebhaft auf dem Sopha zu sitzen, während sie den Kaffee schenke — könnte es mir doch eines Tags einmal so gut werden! Von dem feinen Gesichtchen Ihrer Frau erfahre ich aus dem Schattenrisse nicht so viel; vielleicht ist es Ihnen gar zu sehr zugekehrt. Der Ihrige scheint mir mit dem Steindruck[6] wohl zu stimmen. Der Namen auf der Kehrseite hätte es für mich nicht bedurft.

Von den Gedichten ist der Thurmhahn über alle Maaßen schön; ich hab es immer auf's Neue vorgelesen, und alle Poeten und Juristen — ich empfinde hier den Gegensatz — haben es mit gleicher Theilnahme gehört. Diese warme unmittelbare Leibhaftigkeit ist für mich wenigstens das A und das O der Poesie, so wenig die Führer unsrer Tageskritik ein Bedürfniß danach zu haben scheinen. Was gäb ich drum, wollte es mir gelingen die Erinnerung an meine verlorne, nie zu verschmerzende Heimath in einen so glücklichen Rahmen zu fassen. Das andre „häusliche Scene“[7] hat mir nicht so zugesagt; vielleicht weil ich einmal geschrieben: „Eduard Mörike hat zuerst die Idylle in's Poetische hinaufgehoben“[8]; vielleicht habe ich die rechte Stimmung noch nicht hinzugebracht. Aus dem Buche Ihres verstorbenen Freundes Bauer[9] haben wir bis jetzt erst die Briefe und den heimlichen Maluff[10] gelesen; bei der Liebe und Hingebung, die wir, wie Sie wissen, für Ihre Sachen hegen, und für Sie selber, hätte uns nicht leicht eine angenehmere Gabe kommen können, zumal da wir von der Existenz dieses Buches sonst schwerlich etwas würden erfahren haben. Was Ihr Freund in seinen Briefen über den Nolten[11] sagt, ist mir aus der Seele geschrieben. Ich habe das Buch diesen Sommer wieder gelesen, aber wenn Sie mich fragen, was daran zu ändern sei, so muß ich mich in diesem Fall für gänzlich urtheilslos erklären. So wie es da ist, ist es seit Jahren für mich eine liebe Thatsache; nur mein ich auch dießmal allerdings den Eindruck des ersten Lesens bestätigt gefunden zu haben, daß die Partieen mit der Constanze, wenigstens theilweise, im Verhältniß zum Uebrigen weniger unmittelbar, ich möchte sagen, etwas rhetorisch zu sein scheinen. Doch auch das wage ich kaum auszusprechen, denn ich habe, wie gesagt, ein zu vertrautes Verhältniß zu dem Buche. Ändern aber würde ich als Vf. nichts daran; es gehört, wie es vorliegt, schon unsrer Literaturgeschichte an, und überdieß hängen wenigstens die von Heise besprochenen Schwächen[12] so eng mit der Tiefe und eigenthümlichen Schönheit des Werkes zusammen, daß mir in der That mitunter ist, als hätten Sie es eben um dieser willen geschrieben.

Mein „grünes Blatt“[13] beurtheilen Sie im Ganzen nachsichtig genug; es ist (vor Weihnachten 1850) mit einem Wort nicht recht aus dem Vollen geschrieben; und dadurch, daß mir die Regine unter der Hand so etwas allegorisch, zu einem Art Genius der Heimath geworden, hat die ganze Conception etwas Zwitterhaftes bekommen, dem schwerlich abzuhelfen. Für das Einzelne hoffe ich eines Tages Ihren Rath befolgen zu können; nur was das Ende anbelangt, so ist es grade der Theil der mich selbst einzig und völlig zufrieden stellt, und der, wo ich es vorgelesen, auch stets die volle Wirkung, die ich damit habe erzielen wollen hervorgebracht hat. Und doch haben Fontane und Kugler[14], die, wie Sie, selbst gelesen, mir denselben Einwand gemacht. — Nun lege ich Ihnen hier wieder so ein kleines Stück bei, „Im Sonnenschein“[15] das ich diesen Sommer aller Unbehaglichkeit und Arbeit unerachtet auf meinen Mittagsspaziergängen zusammengelesen habe, und das mit „Marthe u. ihre Uhr“ und „Im Saal“ gegenwärtig für eine kleine Separatausgabe gedruckt wird. Was den zweiten Theil betrifft — — aber, Sie müssen erst lesen, es Ihren Frauen an einem stillen, behaglichen Novemberabend vorlesen. ([Am Rand:] Da fällt mir eben ein, Sie im Süden Deutschlands kennen ja keine Theestunde.[16] Wüßten Sie nur was Sie dadurch entbehren! Der brausende Theekessel mit einer tüchtigen Kohlengluth darunter pflanzt wirklich den „häuslichen Herd“ in die Stube, und mit den Seinigen und einem Freunde Abends am Theetisch plaudern oder lesen, ist ein Tagesschluß, den ich unter keiner Bedingung entbehren möchte. Daß der ganze Vorgang seine Bedeutung verliert, wenn man, wie hier, statt der Kohlen eine Spiritusflamme unter dem Kessel anmacht, versteht sich von selbst. Könnten wir Sie und die Ihrigen doch einmal an unserm Theetisch haben!) Könnte ich doch dabei sein; es ist einer meiner Lebenswünsche, einen Tag, einen Abend wenigstens mit Ihnen zu verleben, und wenn wir beiderseits noch etwas leben, so hoffe ich das zu erreichen. Haben Sie keine Veranlassung auf hier zu kommen? Quartier für einen so verehrten, lieben Gast wäre allzeit bereit. Aber freilich von April ab an werden wir wohl nicht mehr hier sein, da ich dann eine Kreisrichtersstelle, ich weiß nicht an welcher entlegenen Grenze des Landes, zu erhalten gedenke. — Welcher Art die Verse sind, die ich unter den gegenwärtigen Verhältnissen noch zu machen im Stande bin, wird Ihnen die anliegende Probe[17] zeigen. Vielleicht wenn ich wieder zu einiger Behaglichkeit gelange! Ob ich heimathbedürftiger Mensch das aber je im fremden Lande und unter so mühseligen Amtsverhältnissen, wie sie mir bevorstehen, erreichen werde, ist wohl mehr als zweifelhaft. Mit meiner Gesundheit geht es ziemlich gut; es sind überhaupt nur die Nerven, an denen ich laborire, freilich fortwährend und mitunter so, daß ich gänzlich arbeitsunfähig werde; es ist ein Erbtheil meiner Mutter, wir sterben aber nicht daran.

Das „gode Nacht"[18], was Ihnen so zugesagt, hat auf Geibel[19], wie er an Kugler geschrieben, dieselbe Wirkung gehabt; gern hätt ich es von Hetsch[20] componirt, dessen Sachen zum Nolten, namentlich „Rosenzeit"[21] und „das Elfenlied"[22], ganz vortrefflich sind. Ich bin nemlich ungefähr so viel Tenorsänger[23], als ich Poet bin — Sie mögen es danach bemessen — und kann im Uebrigen meine Stimme wie meine Poesie leider nur zu einzelnen Zeiten ganz commandiren. Ihr „Früh, wenn die Hähne krähn", das nachgrade ganz in den Mund der jungen Mädchen zu kommen scheint, wohin es gehört — denn die nichts von Ihnen kennen, kennen doch meistens dieß Lied — ist neuerdings gut componirt von *Ehlert*. Leider hat der Componist aber dabei den Text verdorben.

Für die beiden Blätter von C. Mayer, dem ich als einen mir seit längst Bekannten gelegentlich einen Gruß zu bestellen bitte, sollen Sie freundlich bedankt sein. Könnten Sie mir bis zu Weihnachten die qu. Blätter von Uhland und Kerner senden, so wäre das eine große Freude.[24] Ich begreife Uhlands Abneigung gegen die Damenalbums gewiß, ich theile sie sogar. Könnte er aber nur einen Blick in unser Haus thun, er würde gewiß sogleich die Feder nehmen; und uns eine so natürliche und wohlbegründete Freude nicht entziehen wollen. „Die linden Lüfte sind erwacht!" das möchte ich von ihm haben. Eichendorff hat mir sein „Möcht wissen, was sie schlagen" aus den Glücksrittern, Kugler „An der Saale hellem Strande" eingeschrieben. Das Format dieses Briefbogens wäre das passendste. Vielleicht könnten Sie auch noch ein Blättchen I[i]hres Freundes Kurtz[25] ohne Mühe herbeischaffen, dessen meisterhaften „Blättler" ich oft und nie ohne lebhaften Beifall vorgelesen. Das ist auch so eine Perle, die fast keiner kennt. — Die Argo[26] hat leider einen zweiten Jahrgang nicht erleben sollen; es sind nur etwa 500 Exl. abgesetzt was für die bedeutenden Kosten nicht hat ausreichen wollen; sonst wären wir auch, namentlich um den Thurmhahn, bei Ihnen betteln gekommen. Es war schon wieder ein hübsches Material zusammen; ich hatte das anliegende „Im Sonnenschein" dafür geschrieben. — Sie haben dasselbe ja erfahren mit I[i]hrem Jahrbuch Schwäbischer Dichter[27], worin ich außer Ihrem „Schatze“ die zweite Novelle von Treuburg[28] — wo existirt der Verfasser sonst in der Literatur? — mit besondrem Intresse gelesen habe. Neulich ist mir ein Exemplar Ihrer Iris zu Gesicht gekommen, worin ein sehr anmuthiges Bild, ich denke doch, von Ihnen, scheinbar im 16 oder 17 Lebensjahr und übrigens in mäßigem Steindruck vorne darin war, was in meiner Ausgabe fehlt.[29] ([Am Rand:] Das müßte Cotta in sauberem Stich vor eine hoffentlich bald zu erwartende neue Auflage Ihrer Gedichte setzen.) Geben Sie mir doch einige Aufklärung darüber, und, wenn es Ihnen keine Ungelegenheit macht, so bitte ich sogar um ein Exemplar, das Sie möglicher Weise leichter als ich vom Verleger erlangen können.

Später, Mitte October.

Ich war dieser Tage in Berlin, wo ich Paul Heyse mit seiner jungen Frau auf Besuch bei seinen Schwiegereltern (Kuglers)[30] vorfand. Wir sprachen über eine zweite Auflage des Nolten, und auch er stimmte mit mir gegen eine Umarbeitung.[31] Sie müssen lieber Neues schaffen! Was seit zwanzig Jahren von Ihnen da ist, ist glücklicherweise Eigenthum der Nation geworden; Sie haben, so zu sagen, das Dispositionsrecht darüber verloren.[31] — Auch Eggers[32] sprach ich, der mir einen, den ersten, persönlichen Gruß von Ihnen brachte. Er hatte Sie nach dem Bilde von Weiß[33], das er nur einmal bei mir gesehen, erkannt. Von Ihrer Frau, da er nur des Abends im Dunkel neben ihr gegangen, vermochte er mir leider kein Bild zu geben. — Sehr vermißt haben wir beim Lesen Ihres Briefes Ihre Gedichte, die noch mit meiner übrigen Bibliothek in Husum stecken; ein paar der Ihrer Frau gehörigen Lieder wollen mir nemlich durchaus nicht gegenwärtig werden, und in Potsdam hält natürlich keine Buchhandlung Mörikes Gedichte. Nächsten Freitag aber werde ich in der literarischen Gesellschaft den „alten Thurmhahn“ vorlesen und einige herzhafte Worte vorangehen lassen, die hoffentlich auch die Potsdamer zum Heile verhelfen werden. — Beiläufig gesagt, bekümmerte sich das große Publicum auch nicht um meine Gedichte; nur Immensee[34] hat in einer Separatausgabe eine zweite Auflage erlebt. — Nun geht der Brief allgemach zu Ende, und noch habe ich, der ich insbesondre Vater bin, gar nichts von meinen drei Jungens geredet; und doch legen sie mir schon die tiefsten und nicht zu beantwortende Fragen vor. „Papa“, sagte der Zweite, Ernst („Des Hauses Sonnenschein“)[35] neulich zu mir, als ich ihn eben in's Bett gelegt hatte, während er noch seine kleinen Hände fest um meinen Hals hielt und mich mit seinen sehr großen, brennend blauen Augen ansah, — „*warum* leben wir eigentlich? und denn sind wir wieder todt? Gott!

das ist ja doch wunderlich!" Der Junge ist 3³/₄ Jahr und körperlich, obgleich er einen schmächtigen Vater von der gewöhnlichsten Maaße hat, ein wahrer Riese. — Fast fürchte ich dem Hans Unrecht zu thun, wenn ich seiner nicht erwähne; er ist eine wahre Sensitive, ein zahrter höchstanmuthiger Knabe, dessen Gemüthsleben ich mit Gewalt zurückhalten muß; er ist noch immer richtig in den Versen „Nun sitzt auf meinem Schooße still" geschildert. Als neulich in seiner Gegenwart vom Tode die Rede war, und er gefragt wurde, was er denn machen würde, wenn er nun, heut Nacht schon, sterben müßte, sagte er nach einigem Nachsinnen: „Dann würde ich ganz stille sein und mich ganz still dem lieben Gott überlassen". — Was den kleinsten Burschen anbelangt, so ist er seit acht Wochen lediglich mit dem Zahnen und damit beschäftigt, seiner Mutter die Nächte zu rauben, die daher in dieser Zeit auch recht erschöpft ist. — Das wären die Kinder! Sie müssen sie schon mit in den Kauf nehmen; Sie geben mir dafür wieder etwas aus Ihrem Herzen. Was in Ihre Feder fließt, es findet bei mir einen stillen heimathlichen Platz. —

Ich lese das Vorstehende wieder durch, und sehe, daß ich leicht hin ein sehr schweres Wort geschrieben. Neues schaffen! Ich habe jetzt an meinen Kleinigkeiten selbst empfunden, wie sehr das von den äußern Verhältnissen abhängt; und das „grüne Blatt" und „Im Sonnenschein"[36] tragen die Spuhren dieser Abhängigkeit. Wenn man sich nicht auf längere Zeit dem Stoffe mit Behaglichkeit hingeben kann, so wird es eben nur eine Arbeit, und die Gestalten wollen zu rechtem selbständigen Leben nicht erwachen. Möge Ihnen dergleichen Hinderniß nicht im Wege sein, zum mindsten nicht mehr, als Sie es zwingen können! — Falls Ihnen das Eggerssche Kunstblatt[37] dort zur Hand sein sollte, so sehen Sie sich vielleicht einmal die von mir geschriebenen drei Artikel über Niendorffs Lieder der Liebe, Julius v. Rodenberg und Klaus Groths Paralipomena in dem dazu gehörigen Literaturblatt pr. 1854 an.[38] Die besprochenen Bücher sind unbedeutend und die Artikel nur geschrieben, um Freund Eggers in seinen Redactionsnöthen beizustehn; aber ich habe dabei Gelegenheit genommen meine Meinung über dieß und das in lyricis zu sagen, und ich möchte wohl daß Sie davon Notiz nähmen. Es könnte mancher brieflichen Aeußerung zum Fundamente dienen.

Die Lieder von Hetsch und Kauf⟨f⟩mann[39] habe ich hier nicht erfragen können. Seit einigen Tagen habe ich uns aber ein Instrument gemiethet (das eigne steht in Husum im elterlichen Hause) und ich werde jetzt wieder an zu singen fangen; so will ich denn mir auch die qu. Lieder schon erjagen. Gluck, Weber, Schubert, Mendelssohn, das ist, was ich am liebsten singe. Mit Mendelss. geht es mir wunderlich d. h. mit den Liedern; bin ich davon, so ist mir immer als sei das rechte Herz doch nicht darin, als seien sie mehr nur phantasievoll und interessant, und schlage ich sie auf, so finde ich doch eine ganze Anzahl, denen ich's nicht abstreiten kann. Augenblicklich bin ich ganz hingenommen von Richard Wagners „O du mein holder Abendstern" aus dem Tannhäuser. Das ist unsäglich schön.

— Was Sie mir in Bezug auf die Erfindung in Ihrem Hutzelmännlein[40] mittheilen, habe ich mir zum Theil schon selbst gesagt, nachdem ich Ihnen jene andre Meinung geschrieben; ich habe nemlich späterhin wohl herausgefunden, wie Sie hie und da sogar aus einzelnen Volksreimen und Sprüchwörtern, wie aus dem „Klötzlein Blei", Ihre Geschichte herausgesponnen haben. Daß übrigens die schöne Lau lediglich Ihre leibliche Tochter, hat mich allerdings überrascht. Die von Uhland[41] mitgetheilte chronicalische Bestätigung Ihrer Dichtung ist allerdings unerklärlich; denn das vates-thum des Poeten will mir allein dafür nicht ausreichen. Uebrigens bin ich völlig Ihrer Ansicht, daß es nicht darauf ankommt; wie viel oder wenig bei solchen Sachen im Stoffe erfunden ist; nur daß dem Dichter das als wirklich Vorliegende oft mehr hinderlich als behülflich sein mag.

14 Novbr.

Noch ein Wort über den *Nolten.* Ich habe das Buch neulich zwei jungen, ganz gescheuten und gesunden, Frauenzimmern unsrer Bekanntschaft in die Hände gegeben; und beide konnten über Constanzens Hingebung an den Herzog durchaus nicht hinwegkommen. Ich suchte ihnen die psychologische Richtigkeit des Falles zu deduziren; aber umsonst. Es war keine tugendsame Entrüstung bei ihnen; sondern — sie hatten das Interesse an der ihnen liebgewordenen Person verloren. Und ich glaube — trotz dem Urtheile Ihres Freundes Vischer[42], in dessen Kritischen Gängen, die ich erst gestern acquirirt, ich in dieser Veranlassung erst S. [233] gelesen — mit Recht! Daß sie sich ohne Ehe und ohne Liebe hingiebt, laß ich völlig gelten, denn das letztere wird hier durch das gleich mächtige Bedürfniß nach *Rache* ersetzt; ([am Rand:] denn Constanzens Fall ist für das Gefühl des Lesers mit S. 246 vollendet; in dem Schreiben, S. 384, worin sie Nolten zu verstehen giebt, ihn u. Larkens durch ein völliges Opfer ihrer Weiblichkeit losgekauft zu haben, sucht der Dichter sie schon wieder zu erheben, was bis zu einem gewißen Grade freilich auch gelingt.) Schlimm aber ist es, daß dieß einem gesellschaftlich höher Stehenden geschieht, der sie schon dadurch maaßlos nach allen Beziehungen hin beleidigt, daß es ihm gar nicht einfällt, sie zur Gleichberechtigten annehmen zu können, obwohl uns für diese stillschweigend vorausgesetzte Unmöglichkeit gar keine Gründe vorliegen; denn der Herzog allein will dafür nicht genügen. Was aber auf das Gefühl des Lesers gewiß am ungünstigsten wirkt, das ist die vornehme Leichtigkeit und Geschicklichkeit, womit der „schlaue Mann", freilich mit einer leichten Gefühlserregung, sogleich die schwache Stunde zu benutzen weiß. Wäre nur bei ihm die Naivität der Leidenschaft vorhanden, so würde sich die Sache ganz anders ausnehmen. Aber, wie es nun steht, auf der einen Seite Mangel an jeder Neigung, auf der andern nichts als eine in die feinste Bildung gehüllte Sinnlichkeit ([über der Zeile:] Begierde) — ich sagte lieber Lüsternheit; denn so wirkt es — das ist allerdings dem Leser zu viel zugemuthet, wenn man verlangt, daß ihm die betreffende Person hinterher nicht als unrettbar in den Schmutz getreten erscheinen soll. — Diese Scene S. 236 bis 246 lag mir im Sinne, wenn ich von dem Rhetorischen in der Behandlung der Constanze-Partie sprach.

Da bin ich denn nun doch in eine partielle Kritik des Nolten hineingekommen. Hab' ich damit eine von den Stellen getroffen, die Sie in Ihrem Briefe so hart als widerwärtig[43] bezeichnen?

Von Paul Heyse[44], der mir vor einigen Wochen davon sprach, soll ein Artikel über mich demnächst im Literatur-Blatt zum Deutsch. Kunstblatt erscheinen. Haben Sie Gelegenheit es dort zu lesen? sonst werde ich veranlassen, daß es I[i]hnen von hier zugehe. Ihren Thurmhahn hab ich neulich Abends denn in der literaria verlesen; und eine mir fast unerwartete Wirkung damit erreicht. Vielleicht stimmte ein etwas confuser und gelehrter Vortrag über die unbefleckte Empfängniß Mariä, der vorangegangen, die Gemüther günstig für gesunde poetische Kost! Die Gesellschaft (in der Regel sind 50—60 anwesend) versammelt sich alle 14 Tage Abends 7 U. Einer aus der Gesellschaft hält über irgend was einen Vortrag, dann bleibt man zum Abendessen zusammen. Als nun noch Alle, obwohl völlig gesättigt, und mit Cigarren versehen bei Tische saßen, las ich den Thurmhahn, nach einer kurzen Einleitung über den Dichter. Es war in dem großen Saal, selbst bei den piano-pianissimo-Stellen, lautlos, und später drängte man sich an mich, um Interesse und Befriedigung auszudrücken, und von dem Poeten zu erfahren, den nur Einzelne aus Blumenlesen kannten. Ich habe nun einige Buchhändler veranlaßt, Ihre Gedichte und die Idylle v. Bodensee sich kommen zu lassen.

Unsre Bilder[45] anlangend, so wird das meiner Frau am ähnlichsten erscheinen, wenn Sie recht viel Licht darauf fallen lassen; nur in Mund und Augen ist durch das ihr ungewohnte Sitzen etwas Todtes, Schlaffes hineingekommen; daher man das Bild am liebsten nicht zu genau besieht. Sonst ist es sehr ähnlich, nur etwas jünger soll sie zur Zeit noch aussehen, doch das gleicht sich ja von selber aus. Mein Bild dagegen schicke ich Ihnen nur mit Widerstreben; es drückt die Erschlaffung und Magerkeit meiner Gesichtszüge, die in Folge der gegenwärtigen Ueberanstrengungen wohl da ist, aber in natura gar nicht so hervortritt, auf eine wirklich erbarmungswürdige Weise aus; daneben hat es etwas Offiziersmäßiges, das mir glücklicherweise gänzlich abgeht. Ich habe dreimal gesessen aber es ging nicht; ich behalte mir vor es in besserer Stunde gegen ein andres zurückzutauschen. Das Buch in meiner Hand ist mein langbewährtes Exemplar Ihres Nolten. Durch ein Vergrößerungsglas gesehen gewinnen beide Bilder an Aehnlichkeit.

Und jetzt leben Sie wohl, herzlich wohl! wie mein kleiner Hans sagt, Sie und Frau Grethchen und Fräulein Clärchen! Und wollen Sie uns eine, freilich unverdiente, Freude machen, so schreiben Sie einmal vor Weihnachten, wenn auch noch *so kurz*. Ich werde zu Neujahr antworten.

Es ist jetzt Alles leidlich wohl bei uns

Ihr

Theodor Storm.

[Am Rand:] *15 Novb.*

Den Vischerschen Artikel üb. Nolten hab ich gestern Abend meiner Frau vorgelesen; er ist vortrefflich, aber der Heysesche, der vielleicht den Dichter noch mehr reproduzirt, tritt ihm würdig zur Seite. — Daß eine Jean Paulsche Figur[46] Ihren Larkens an Tiefe übertreffen soll, kann ich Vischer indeß nicht verzeihen.

[Auf einem neuen Blatt, ohne Datum:]

Ich kann nicht unterlassen eine Kritik meines Sohnes Hans über mein Bild Ihnen beizulegen, die uns so eben in die äußerste Heiterkeit versetzt hat. — Meine Frau fragte ihn: „Ist das denn nun dein Papa?“ „Ja — aber, er sieht so berühmt aus, so nachdenklich, (mit Pathos) als wenn er so’n großer *Dichter* wäre“. Darauf bring ich ein älteres Typbild von mir, das Constanzen gehört, und frag ihn: „Welches ist denn nun das beste?“ „Ja“, erwidert er auf das letztere zeigend, „dieß! denn *das* sieht so berühmt aus, und du *bist* doch nicht berühmt, Papa! Wenn es Franz Kugler wäre, dann wäre das berühmte das beste“ (wörtlich).

Es ist ein seltsamer Junge. Ich beabsichtige seit längerer Zeit ihn zur Schule zu schicken, damit er etwas dumm werde; aber er laborirt fortwährend an kleinem Unwohlsein.

6a. Beilage zum Brief Storms an Mörike vom Okt./Nov. 1854 (Nr. 6)

Für meine Söhne.[1]

Hehle nimmer mit der Wahrheit!
Bringt sie Leid, nicht bringt sie Reue.
Doch weil Wahrheit eine Perle,
Wirf sie auch nicht von die Säue.

Blüthe edelsten Gemüthes
Ist die Rücksicht; doch zu Zeiten
Sind erfrischend wie Gewitter
Goldne Rücksichtslosigkeiten.

Wackrer heimathlicher Grobheit
Setze deine Stirn entgegen;
Artigen Leutseligkeiten
Gehe schweigend aus den Wegen.

Wo zum Weib du nicht die Tochter
Wagen würdest zu begehren,
Halte dich zu werth, um gastlich
In dem Hause zu verkehren.

Was du immer kannst, zu werden,
Arbeit scheue nicht und Wachen;
Aber hüthe deine Seele
Vor dem Carrière-Machen.

Wenn der Pöbel aller Sorte
Tanzet um die goldnen Kälber,
Halte fest, du hast vom Leben
Doch am Ende nur dich selber.

Sommernachmittag.[2]

Nun ist es still um Hof und Scheuer,
Und in der Mühle ruht der Stein;
Der Birnenbaum mit blanken Blättern
Steht regungslos im Sonnenschein.

Die Bienen summen so verschlafen,
Und in der offnen Bodenluck'
Benebelt von dem Duft des Heues
Im grauen Röcklein nickt der Puck.

Der Müller schnarcht und das Gesinde,
Und nur die Tochter wacht im Haus;
Die lachet still, und zieht sich heimlich
Fürsichtig die Pantoffeln aus.

Sie geht und weckt den Müllerburschen,
Der kaum den schweren Augen traut:
„Nun küsse mich, verliebter Junge;
„Doch sauber, sauber! nicht zu laut!"

Schlug erst die Stunde, wo auf Erden[3]
Dein holdes Bildniß sich verlor,
Dann wirst du niemals wieder werden,
So wie du niemals warst zuvor.

[Am Rand:]

Constanze kann sich nicht entschließen, das „berühmte" Bild[4] an Sie, lieben Freunde, abgehen zu lassen. Sie legt statt dessen das ihrige bei, das im Ganzen ähnlich ist; nur sind die Augen zu matt und zu weit geschlossen. — Auch paßt es in der Größe leider nicht zu dem andern.

7. Storm an Mörike

Potsdam, Waisenstr. N. 68 Novbr. 1854.

Sie haben in dem ersten Briefe[1], womit Sie mich erfreut, unter den Gedichten aus den Sommergeschichten, welche Ihnen besonders zugesagt, den *Waldweg*[2] angestrichen. Diese Verse haben für mich den Werth einer Erinnnerung; ich habe versucht, in ihnen ein Stück meines wärmsten Jugendsonnenscheines einzufangen. — Mein Vater ist der Sohn eines Müllers, was einigermaaßen mit unserm Namen stimmt. Die (Wasser- und Wind-)Mühle liegt etwa fünf Meilen südlicher als Husum in dem kleinen heimlich und seitab unter Bäumen gelegenen Dörfchen *Westermühlen*, wo mein guter Vater bis zur Zeit, da er auf die Gelehrtenschule nach Rendsburg kam, in Wald und Feld, namentlich als Vogelsteller, eine so anmuthige Jugend verlebt hat, daß er, der vielgesuchte und im ganzen Lande bekannte Jurist und Geschäftsmann, des Nachts noch fortwährend von dieser, von Fisch- und Vogelfang träumt, daß er, wenn ihm Abends nach dem sauren Tage unter seiner Familie das Herz recht aufgeht, unfehlbar von dieser Vergangenheit zu erzählen beginnt, zu deren Andenken er sich auch schon seit Jahren im Garten hinterm Hause Brutkasten für die Staare — Spreeen sagen wir — an den Mauern der Stallgebäude hat anbringen lassen. Von Stunde zu Stunde tritt er dann aus seiner Arbeitsstube, und beobachtet im Frühling ihre Ankunft, im Sommer ihr Geschwäze, ihr Aus und Einfliegen, ihre ganze Wirthschaft mit dem kindlichsten Vergnügen. Während meiner Knabenzeit hatte der älteste Bruder meines Vaters, ein kluger und gemüthlicher Mann, die Mühle. Die großen Bauern in den umliegenden Dörfern waren fast alle meine Oehme oder Vettern, die dort noch mit wenigen Ausnahmen in den behaglichen, meine Phantasie jetzt noch auf⟨s⟩ Angenehmste anregenden, geräumigen altsächsischen Bauerhäusern wohnten. (In Westphalen müssen sie nach Immermanns Münchhausen[3] fast ebenso sein). Wie manche Herbstferien habe ich dort verlebt! Mein Hauptquartier aber hielt ich immer auf der Mühle. Von dort aus wurde die Hauptfreude — und Beschäftigung, der Drosselfang in den etwa eine Viertelstunde vom Dorfe belegenen Wäldern getrieben. Des Abends saß ich dann mit meinem Oheim unter den Lindenbäumen vor der Thür des Wohnhauses; und wir flochten Dohnen aus Weidenzweigen und drehten Schlingen aus Pferdehaaren. Den Weg zum Walde, den ich, meinen Korb mit Vogelbeeren und sonstigen Utensilien unterm Arm, entweder in Begleitung meines Oheims, oder, wenn er keine Zeit hatte, in der seines Jagdhundes mehre mal am Tage machte, beschreibt das Gedicht, wie er viele Jahre später noch vor meiner Phantasie stand. — Im Herbste 1849 war ich das letzte Mal mit meiner jungen Frau und unserm damals noch einzigen Jungen, Hans, zum Vogelfang auf der Mühle. Statt des immittelst verstorbenen Oheims war dessen Sohn jetzt der Müller; auch die Linden vor dem Hause waren umgehauen und statt des alten großelterlichen Wohnhauses selbst war ein neues aufgesetzt. Das Alles störte mich Anfangs; aber die herzliche Anhänglichkeit, die unser in die städtischen Verhältnisse übergesiedelter Familienzweig fortwährend mit den ländlichen Verwandten unterhalten, glich bald Alles aus. Es sind aber auch prächtige Menschen von allerfeinstem Herzen darunter, namentlich drei Schwestern meines Vaters, deren älteste, Tante Gude, ein gebücktes kleines Mütterchen mit den kräftigen grauen Augen, die ich vor allen liebe, ich diesen Frühjahr als Todte habe betrauern müssen. Und wie meine Frau sich mit ihnen allen verstand, und wie alle sie hegten und liebten! Ich kann den Mann der jüngsten Vaterschwester nicht unerwähnt lassen, den Onkel *Ohm*[4] (einer seiner Vorfahren hat einen holsteinschen Herzog in irgend einer Schlacht herausgehauen, und ⟨letzterer hat⟩ ihm, weil er wie ein Freund und Blutsverwandter an ihm gehandelt, diesen Namen und Aecker, Wald und Wiesen geschenkt. Dieser behagliche und wohlgenährte Mann (er pflegt zu sagen: „Ick mag geern dick Botter mit 'n bät /bischen/ Brot op"), der für Alles Ohr und Interesse hat, war, wenn wir in späteren Zeiten dort waren, der eigentliche Mittelpunkt unserer geselligen Freuden. Oft — z. B. in den Pfingsttagen 1847, wo wir mit mehren Wagen angelangt waren — hatte er drei und vier unserer jungen Mädchen zu beiden Seiten am Arm, wenn er seinen grasreichen Hof hinunter schritt übern Fahrweg zum Kirchspielskrug, der natürlich auch von einem Vetter bewirthschaftet wird. Sein Gehöft liegt im Kirchdorfe *Hohn* (Amts Rendsburg). Ich hatte damals eben meine junge Frau geheirathet; meine Brüder waren mit, der Eine mit seiner Braut, einer Schwester meiner Frau und einige andre Freunde. Wir hatten mehrere Häuser mit Einquartirung belegt. Wir gingen von einem Hause zum andern, fuhren von einem Dorf zum andern, frühstückten hier, aßen dort zu Mittag immer bei Verwandten, und nach dem Kaffee, den wir wieder in einem andern Hause einnahmen, ließen wir die Dorfmusikanten kommen und tanzten bis Dunkelwerden, und Einer meiner Vettern machte meiner jungen Frau förmlich den Hof, während seine Mutter, meine liebe Tante Lene, (die Frau des Onkel⟨s⟩ Ohm(s), die jüngste Vaterschwester) sie zärtlich mit ihren sanften schönen Augen verfolgte. Dann Abends bis tief in die Nacht saßen wir in dem weitläuftigen wüsten Garten unter den dunkeln Taxusbäumen und hörten am Teiche und aus der Ferne von unten aus dem Dorf die Nachtigall schlagen, wie ich sie niemals weder zuvor noch später gehört habe. — — Sie müssen noch einmal nach dem eine halbe

Stunde vom Kirchdorfe entfernten „Westermühlen“ mit mir zurückkehren. Wir bleiben aber nicht auf der Mühle; wir gehen hintenaus am Garten entlang und pflücken aus dem Rankengewirr, das sich an dem Zaune hinzieht, bei der Hitze des Herbstnachmittags etwa eine süße glänzend-schwarze Brombeere; dann über ein paar höher gelegne Ackerstrecken, bis wir linksum ein Stückchen längs einem Arm des Mühlenbaches hingehen. Bald sind wir, wo wir wollen, auf dem sogenannten „Vordamm“; vor uns in grüner Busch- und Wieseneinsamkeit neben uralten Eichen liegt ein anmuthiges sauberes Gehöft mit rothem Mauerwerk, weißen Läden und ungeheuerem fast zur Erde reichenden Strohdach. Hier wohnte im Jahre 1849 mein Vetter „Hans auf dem Vordamm“, der vorig Jahr mit Hinterlassung eines Sohnes gleichen Namens gestorben, nachdem vor ihm sein Vater gleiches Namens dort gehaust hatte. Auf einer Wiese neben dem Hause stehen noch jetzt die Reste der Umzäunung eines „Bienen- oder Immenhofes“, wie ich einen solchen in meinem „grünen Blatt“ beschrieben, und zwar hatte der Besitzer sie aus Pietät gegen die Jugend seines jüngern Bruders, eines sinnigen liebenswürdigen Menschen, so unberührt stehen lassen, der als Knabe und auch noch späterhin, so lang er zu Haus gewesen, hier die Bienenzucht getrieben und dann durch die Familie an eine reiche Bauerntochter im Dorfe Hohn verheirathet worden ist, wo er jetzt als begüterter Bauer, aber mit dem alten kindlichen Herzen, unter vielen Kindern lebt. Mit diesem meinem, einige Jahre älteren, Vetter Jürgen Storm stand ich vor einigen Jahren, über Knabenerinnerungen und über meine Besuche in frühern Zeiten plaudernd, zwischen den wild hinaus wachsenden Büschen des alten Immenhofes. Wir entsannen uns zusammen aller möglichen kleinen Geschichten, des Storchs, den ich, von ihm verleitet, ruchloser Weise vom Baum geschossen; ([am Rand:] worüber mein Knabenherz mir noch lange die bittersten Vorwürfe gemacht) der Dohnen in seinem Garten, in die er mir alle Viertelstunde dieselben Krametsvögel hing, bis ich am Ende den gefangenen Vorrath inspiciren wollte — — nur in Einem blieb ich allein, und es ist mir bis auf den heutigen Tag ein Räthsel geblieben. Ich entsinne mich nemlich — die Zeit und Gelegenheit weiß ich auch nicht einmal annähernd anzugeben — mit dem Vetter Jürgen aus der kleinen Seitenthür des Hauses grade in die Wiesen über kleine Gräben und durch Bruchland und Buschwerk in einen Wald hinabgegangen zu sein; auf dem Wege schnitt er mir Pfeiffen aus Erlenholz; was mich aber damals wie ein Märchen anheimelte, in einer sonnigen Waldlichtung sah ich zum ersten und letzten Mal in meinem Leben eine von den großen smaragdgrünen Eidechsen. Sie saß auf einem Baumstumpf und sah mich wie verzaubert mit ihren goldnen Augen an. Als ich das meinem Vetter erzählte, lachte er mich aus, und wollte nichts davon wissen. Nach jener Seite hin, so wie überhaupt so in der Nähe, sei gar kein Wald, und so lange er denken könne, auch keiner gewesen. Ich überzeugte mich selbst, er hatte Recht; überall nur Busch und Wiesen und Aecker und einzelne alte Bäume. — Wo aber bin ich damals denn gewesen?[5]

Später. Ich habe Ihnen da zu wenig Versen einen langen Commentar geschrieben; aber Sie erhalten dadurch zugleich einigermaaßen einen Begriff von dem Boden, auf dem ich gewachsen. Das starke Heimathsgefühl in mir, die jeden Tag mehr empfundene Unmöglichkeit, mich anderswo (namentlich hier) zu acclimatisiren, mag wohl damit zusammenhängen, daß meine Vorfahren sowohl von Mutters, als Vaters Seite Jahrhunderte lang respectiv in ihrer Vaterstadt oder auf ihren ländlichen Erbsitzen gehaust haben und daß ich mit diesem Bewußtsein, und als könne das gar nicht anders sein, aufgewachsen bin. In Husum lebte ich gleichsam in einer Athmosphäre ehrenhafter Familientraditionen, fast alle Handwerkerfamilien hatten in irgend einer Generation einen Diener oder eine Dienerin unsrer Familie auf zu weisen, die Namen meiner Voreltern waren mit der guten alten Zeit verschwistert, wo noch mein Urgroßvater, der alte Kaufherr Friedrich Woldsen, jährlich einen großen Marschochsen für die Armen schlachten ließ. Meine Mutter gehört durch ihre beiden Eltern dem jetzt ausgestorbenen althusumschen Patriziate an, woraus Jahrhunderte hindurch die bedeutenden Kaufherrn, die Syndici und Bürgermeister(n) der guten Stadt hervorgingen. Da der männliche Familienzweig der *Woldsen* in der Hauptlinie ausgestorben, so bin ich wie auch meine Jungens „Woldsen Storm" getauft, um den Namen zu erhalten. Daneben habe ich, wie alle Erstgebornen in der väterlichen Familie, noch den „Hans" vor dem „Theodor", welcher letztere, bei dem ich genannt werde, lediglich seiner Zierlichkeit wegen aus dem Kalender herausgesucht sein soll. In „Westermühlen" waren wir beiläufig mit unter sechs und sieben Hänse (Storm) beisammen, und es gehörte Uebung dazu, um nicht in Confusion zu gerathen.

3 December

Endlich habe ich auch einmal wieder ein Exemplar Ihrer Gedichte in Händen, die jetzt glücklich in den hiesigen Buchhandlungen angelangt sind. Ich habe verschiedentlich daraus vorgelesen; vor einem kleinen auserlesenen Kreise glückte es mir neulich außerordentlich; und als die Empfänglichkeit der Hörer mit jedem Stücke stieg, schien ich mir zuletzt selber derart zu lesen, daß ich mir lebhaft den Dichter selber unter meinem Publicum wünschte. Ich las 2 Aufl.[6] S 73, 74, 186, 30, 61 (ich glaube mich zu erinnern, daß in der 1 Auflage das Gedicht *nur* aus den beiden Absätzen „Wie süß der Nachtwind etc" und „Wie ein Gewebe zuckt etc" besteht. Ich würde dieß vorziehen, denn diesen wunderbaren Versen, worin der Dichter uns die Urform der Dinge zu offenbaren scheint, sind die andern Theile des Gedichtes nicht ebenbürtig und — die ersteren bilden ohnehin ein geschloßnes Ganze für sich) 60, 138, 240, 69, 53, 169, 266, 247, die Schweinsfüß', den Rettich, — und mein Publicum blieb immer voll frischen Interesses; „An einen Klavierspieler"[7], das sich besondern Beifall gewann, wurde von einem gegenwärtigen desgleichen und zwar selten vortrefflichen Künstler durch die Vogel-Etüde von Henselt[8] belohnt, auf die mir ganz besonders der letzte Vers zu passen schien. Kennen Sie sie nicht, so lassen Sie sich sie wo möglich einmal spielen; ich habe in dem Genre fast nichts Reizenderes gehört; es klingt wirklich als ginge es auf goldnen Saiten! In der literaria las ich neulich auch eine series Ihrer Gedichte und vor Allem schien „der Sehrmann" und „O Fluß, mein Fluß" anzusprechen[9]; aber ich las nicht so gut; ich war meines Publicums von vorn herein nicht so gewiß; es fehlten die Frauen und die Jungen.

Von auf Frau Gretchen bezüglichen Sachen hat mir und Constanze am besten „An Elise"[10] gefallen; die „schwarzen Augen"[11] S. 232 haben wir uns wohl gemerkt.

Der Schluß meines „grünen Blattes"[12], um noch einmal darauf zurückzukommen, ist mir neulich beim Wiederdurchlesen allerdings selbst bedenklich vorgekommen, d. h. nicht der allerletzte Schluß, der eigentlich nur dem Rahmen des kleinen Bildes angehört, sondern der, welcher den Abschied im Walde schildert. — Mir ist aber, seit ich in der Fremde bin, als sei das rechte warme Productionsvermögen in mir zerstört. Vielleicht wenn ich erst wieder festeren Boden fasse.

Potsdam den 5 August 1855

Auf diesem alten und, wie ich jetzt sehe, sehr kindlich geschriebnen Fragment fahre ich fort.

Verehrter Freund.

Wenn ich an meinen letzten Brief denke, der mit unsern Typbildern hoffentlich in Ihren Händen ist, so fallen mir allerlei Dummheiten ein, die darin stehen, und deren jede für sich schon Ihre Antwort zurückgehalten haben kann.

Nun aber liegt folgender casus vor! Meine Eltern, die eine Zeitlang bei mir zum Besuch gewesen, reisen von hier nach Heidelberg, und ich reise mit ihnen.

Hätten Sie etwa, Sie und die Ihrigen, einen halben Tag für mich übrig, wenn ich von dort einen Abstecher nach Stuttgart machte?

Ich schreibe dieß nicht ohne einiges Zagen, und fürchte schon, Sie werden auf einer Ferienreise oder es werde sonst ein Hinderniß sein, das mir diese große Freude vereitle. Bin ich doch während des 14tägigen Besuchs meiner Eltern hier bis auf die ersten Tage beständig bettlägrig gewesen, und stehe jetzt erst auf, da sie weiterziehen. Ich werde mich noch einige Tage erholen und dann Mittwoch ihnen nachreisen. Fürchten Sie deß ungeachtet nicht, einen kränklichen Mann zu begrüßen. Ich bin nur dieß eingesperrte Leben in wenig heißen Zimmern nicht gewohnt, da kommt denn Rheuma und Nervenabspannung mitunter zum Aeussersten. Hoffentlich werde ich noch diesen Herbst (vielleicht in Prenzlau) als Kreisrichter eine feste Stellung bekommen, dann werde ich auch in dieser Beziehung mich besser vorsehen.

In Heidelberg denke ich Freitag, *10 August*, vielleicht schon Donnerstag einzutreffen[13]; Sonnabend, Sonntag oder Montag, spätstens Dienstag würden dann die Tage sein, aus denen einer für die Stuttgarter Tour zu wählen wäre. Dürfte ich Sie nun bitten, mir („Assessor Th. Storm aus Potsdam") poste restante nach Heidelberg eine kurze Nachricht zu schreiben, ob ich Sie, verehrtester lieber Mann, diese Tage daheim treffen werde und etwa an welchem Tag am liebsten? und zwar so, daß ich den(n) Brief sogleich bei meiner Ankunft in H. schon vorfände, wo ich Ihnen dann umgehend ein Bestimmtes melden würde.

Meine Frau leider „muß ferne sein, muß ferne sein!"[14] vor etwa acht Wochen hat der Storch uns wieder einbescheert, und zwar endlich eine Lisbeth. Mutter und Kind sind wohl; die Erstere grüßt herzlich und wird mich mit sehnsüchtigen Augen begleiten.

Und jetzt — möge mein Brief Sie alle wohl antreffen und möge er nicht unwillkommen sein!

Herzlich Ihr

Th. Storm.

nb. Wenn Sie einen „Groth Quickborn"[15] zur Stelle hätten, so läse ich Ihnen gern ein oder andres Stück.

8. Mörike an Storm

[Poststempel:] Stuttgart 9 Aug. 1855[1]

Welche liebliche Aussicht, mein theurer Freund, Sie *in Person hier bei uns* zu haben! Meine Freude darüber war so groß daß das böse Gewissen, das Fünkchen von Schrecken, (der entsetzlichen Briefschuld wegen) augenblicklich darinn erlosch u. unterging.

— Sonnabend[2], Sonntag, Montag, Dienstag; ein jeglicher Tag wo es taget und nachtet ist gut wenn er Sie herbringt. Eine kurze Anzeige desselben wäre wohl recht, damit wir jeder möglichen Störung u. bösen Zufällen vorbeugen. Ich werde zur gesetzten Viertelstunde (wenn Sie mir diese auch vielleicht bemerken könnten) im Wartsaal des hiesigen Bahnhofs[3] seyn und meinen Mann aus den tausend Gesichtern, nach dem über meinem Sopha hängenden Signalement, auf den ersten Blick erkennen. Jenes Profil[4] aber finde ich nicht — das ist leidig! Wir wollen es zusammen recht lebendig unter seinem Glase werden lassen. Ich kenne Sie nun beinah allesamt von den Enkeln hinauf bis zu den Großeltern. Es ist herrlich, was Sie uns da neuestens wieder erzählen! — Von den Gründen meines non scripsisse, die eigentl. ganz unergründlich sind, hier weiter nichts als daß mir wohl die Fülle und Güte Ihrer Gaben selbst das erste Hinderniß gewesen ist. Ich habe außer mir u. den Meinen noch ein paar gute Seelen damit erquickt, ja recht damit geprangt — und dennoch blieb Dank u. Erwiederung — in Hoffnung auf ich weiß nicht was, immer verschoben. Jezt wissen wirs zwar. Also! tausend Willkommen. Auch von Gretchen u. Clara.

Empfehlen Sie mich Ihren Eltern innig u. ehrerbietig.

Ihr

treuer

Mitwoch.

Mörike.

9. Storm an Mörike

Heidelberg, Gasthof zum Ritter,
[12.] August 1855. Sonntag, Abend.[1]

Erst heute Mittag sind wir hier angekommen, und der schriftliche Empfang, den ich von Ihnen vorfand, hat mir Heidelberg so schön wie möglich gemacht. Ich denke nun — und hoffentlich ist auch Ihrerseits dabei nichts im Wege —

am Mittwoch Morgen 7 Uhr 20 Min. von hier zu fahren, und dann 11 U 5 M. in Stuttgart einzutreffen; meine Eltern werden dann Donnerstag nachkommen, so daß mir denn mindestens für den ganzen Mittwoch von 11 U ein ungestörtes Beisammensein mit Ihnen und den Ihrigen vergönnt ist. — Mein süßes geliebtes Profil[2] ist in dieser Zeit ein wenig bleich und schmal geworden; sie hat ihr kleines Mädchen nicht umsonst. Wie gern brächte ich sie Ihnen einmal und wie gern ließe sie sich bringen! Ihr Briefschweigen sei Ihnen ganz verziehen; ich werde mich aber künftig nicht wieder dadurch bange machen lassen.   Und jetzt leben Sie wohl für heute, grüßen Sie Ihre Frauen und gehen Sie gut mit mir und meiner Dummheit um, wenn ich mich am Mittwoch wirklich in Ihre Hände liefre. Ob Sie mich wohl finden werden! Die Sonne hat mir gestern eine rothe Nase gemacht, die mir übel zu Gesichte steht; nöthigenfalls möge dieß „besondre Kennzeichen" Ihnen zu Hülfe kommen.

Meine Eltern erwidern Ihren freundlichen Gruß.

wie immer

Ihr

Th Storm.

9a. Mörike an Storm

[15. 8. 1855][1]

Salve Theodore!

Negotio publico distentus, amicum, ut meo loco Te excipiat, mitto carissimum, Guilielmum Hartlaub, quem nosti, Constantiae Suevicae maritum.

Salve!

E. Mörike.[2]

10. Storm an Mörike

Potsdam, Waisenstr. 68,
27 August 1855

Seit dem 22 d. M. bin ich denn wieder bei den Meinigen, und habe mich schon fast gänzlich arm erzählt; Constanze hat in Dank und Demuth ihr

Diplom[1] empfangen, der kleinen Lisbeth sind die Schühlein mit einem Gruß von Fanny auf die Wiege gelegt; — mögen die jungen Damen sich einmal freundlich im Leben begegnen!

Die letzten Reisetage ließen mir Muße, in Gedanken noch recht bei Ihnen und in Ihrem Kreise zu sein; es war Alles, wie ich es mir gedacht, nur in kleinen Zügen hie und da ein Andres. Ihre Schriften erscheinen mir nun als ein ganz natürlicher und nothwendiger Ausfluß Ihres Wesens; die sanftauftretende Freundlichkeit Ihrer Frau, die doch nicht ohne Schelmerei scheint, das ruhige, in sich geschlossene Wesen Ihrer Schwester Clara, das ich mir nur äußerlich ein wenig mehr hervortretend gedacht hatte — mir ist, als hätte ich Alles, selbst die kleine Fanny, schon vorher aus Ihren Schriften gekannt. Der kurze Tag wird, so lang ich lebe, zu meinen theuersten Erinnerungen gehören; nur wünschte ich dennoch, wir hätten einmal so recht selbander beim Mergentheimer, der mir übrigens — sub rosa! — eine leichte körperliche Buße auferlegt hat, gesessen; doch — Sie, lieber verehrter Mann, Sie kommen noch zu mir und sitzen auch einmal in meiner Familie; Sie haben ja über Ihre Zeit so ziemlich zu disponiren. Auf Ihrer großen Reise nach dem Norden machen Sie Halt bei uns, wir richten Ihnen ein Zimmerchen ein, Sie arbeiten sogar poëtice, Abends am Theetisch; Sie glauben nicht, wie lieb Constanze ist.

So eine Verändrung würde Ihnen körperlich wohl thun, und unter diesem Titel auch Frau Gretchen nichts dawider haben, Sie eine Zeit zu missen. Glaubt mein alter thörichter Vater doch sogar, Sie könnten ihn in Husum besuchen. So übel wär's, beiläufig, nicht; da könnten Sie Land und Leute kennen lernen, und im Uebrigen ist gut Quartier in meiner Eltern Hause. Ueberlegen Sie's einmal auf nächsten Sommer! Es ließe sich trefflich verbinden; von meinem Wohnort — annoch X — reisten wir beide dann zusammen an die Nordsee. Ich werde — wenn wir allerseits leben — rechtzeitig wieder anfragen.

Kerner hab ich leider nicht gesehen; wir kamen erst ½9 im[n] Dunkeln nach Heilbronn, so spät konnte ich doch den alten Herrn nicht überfallen. Die Neckarfahrt wurde etwas durch einen kalten Wind beeinträchtigt; besser gelang die Rheinfahrt von Mainz nach Cöln. In Bingen waren wir Nacht⟨s⟩; es war grade das vom „Seligen"[2] beschriebne Rochusfest[3]; doch hab ich nichts davon gesehn als einige Bettelmönche auf dem Dampfschiff und einige bezopfte Kellner im Hotel. Aber am andern Morgen sah ich den alten Strom in solchem grünen Dufte, daß mir mit einem Mal seine ganze Poesie lebendig wurde, — ich hörte die Lurleilieder; Brentanos Märchen[4] fuhren singend den Strom hernieder. Leider war unser Reisen nur zu sehr ein bloßes Besehen. Diese Eile saß mir auch bei Ihnen wie eine heimliche Unruhe im Herzen.

Gern hätt ich noch ein Näheres über die neue Auflage des Nolten[5] mit Ihnen geredet. — Einer Bemerkung die Sie übrigens zu nichts in dieser Beziehung zu veranlassen beabsichtigt, wollen Sie hier ein stilles Plätzchen gönnen!

Es ist mir von verschiednen Lesern des Nolten die Aeußerung gemacht, daß sie bei dem Larkens die Darstellung oder wenigstens eine bestimmtere Andeutung der Begebenheiten vermißten, aus denen sich sein trostloses Geschick entwickeln konnte. Dieser Einwand hat vielleicht einige Berechtigung wegen der bedeuten⟨den⟩ Stellung, die L. in der Erzählung einnimmt. Mir ist es, wie ich sehr wohl erinnere, ebenso gegangen, und erst später hat sich mir diese Lücke in gewisser Weise persönlich dadurch ausgefüllt, daß mir diese Figur in einem ähnlichen Verhältniß zum Dichter erschienen ist, worin z. B. Werther zum Göthe steht; nur daß der Dichter des Larkens über das, was er selbst in und an sich erfahren, hinweggeht, und uns nur die finstersten Consequenzen daraus in seiner poetischen Figur zur Anschauung bringt, welche er selbst durch seine größre Kraft, vielleicht mit Hülfe dieser poetischen Befreiung vermieden hat. Das Bedürfniß des Dichters war hier nicht zugleich, wie im Werther, das Erlebte zu recapituliren, sondern lediglich das letzt mögliche Resultat fest zu stellen. — Ich mag mich irren; denn die Hermeneutik ist eine zweifelhafte Kunst; dennoch wundre ich mich, daß kein Beurtheiler des Buchs darauf gekommen.

Noch eins in Betreff des Nolten, oder vielmehr der neuen Auflage desselben. Veranlassen Sie doch I[i]hren Verleger, dem Buche einen guten *Kupferstich* des anmuthigen Jugendbildes[6] von Ihnen beizugeben. Es scheint mir so ganz dahin zu gehören.

Und nun noch eine Bitte, die auch in gewisser Beziehung zu einer der letzten Partieen des Nolten steht. — Sie sprachen bei Gelegenheit der Seherin von Prevorst[7] von derartigen eignen Erfahrungen, die Sie mir mittheilen wollten. Lassen Sie dieß, bitte, etwa auf einem aparten Stückchen Papier, das Sie gelegentlich einem Briefe anlegen, geschehen! Einen kleinen, vielleicht nur scheinbar unbedeutenden, Beitrag kann auch ich liefern, und will ihn hier erzählen.

Hans war ein Jahr alt, und meine Frau hatte ihn seit einiger Zeit wegen Nervenschwäche in der Mädchenstube schlafen lassen müssen, die sich neben unserm Schlafzimmer befand. Unsre beiden Betten standen dicht nebeneinander. — Eines Abends hatten wir mit Freunden (Prof. Mommsen[8] in Eisenach) darüber gesprochen, in wiefern Jemand durch bloße Vorstellungen oder Gedanken in einem Andern ähnliche oder correspondirende bewirken könne. Nachdem meine Frau und ich zu Bett gegangen, und etwa ein paar Stunden geschlafen hatten, erwachte ich mit der lebhaften Vorstellung, daß der kleine

Hans neben mir auf dem Kissen sitze. Während ich im Bette aufgerichtet die Stelle betrachte, wo nach meiner Meinung sich das Kind befinden sollte, erwacht auch Constanze, und fragt mich sogleich: „Du, hast du Hans bei dir im Bett?" — 〈„〉Nein, warum meinst Du das?〈"〉 — „Ach es war mir nur so." Da hatten wir Beispiel und Bestätigung zugleich. Man könnte sagen, ich hätte im Traum geredet und C. hätte das gehört. Ich thue dieß aber nie; auch schlief C. noch während ich schon wachte. —

Das beifolgende Exemplar der Gedichte bitte ich in Hartlaubs Hände gelangen zu lassen mit der Bitte um freundliche Annahme.[9] Zugleich bitte ich, ihm als Beitrag zu unserm Gespräche über vaterländische Poesie mitzutheilen, daß mir gestern von einem Herrn *von* —, gewaltigem Anti-48ger, die Erklärung wurde, vaterländische Poesie sei, wenn z. B. ein Preuße Kriegslieder für die Preußische Armee[10] schreibe.

Kann man nun so etwas schön Dummes passiren lassen, ohne es zu „spießen"? Man braucht selber gar nichts hinzu zu thun.

„Ich meine in dieser Weise:
Wenn Einer z. B. ein Preuße
Kriegslieder schrieb' für die Preußsche Armee."

Mit meinem beifolgenden Büchlein[11] hab ich mich nicht ohne Grund an die frauliche Milde gewandt. Mir ist, als hätte ich die Angelica nicht sollen drukken, sondern als Studie ruhig im Pult liegen lassen. Mir ist nicht ganz wohl, nun sie draußen in der Welt ist. Ich werde mir aber für ein etwanig ander Mal dieß Gefühl der Unbehaglichkeit zu ersparen wissen. Das „grüne Blatt"[12] ist wesentlich nach Ihrem Rathe, doch leider etwas invita Minerva überarbeitet; an Fülle hat es jedenfalls etwas gewonnen.

So eben heißt unser Arzt uns Präservativmittel gegen die Cholera im Hause zu halten, die hier einzeln aber immer sofort tödtlich aufgetreten ist. Es ist ein eignes Gefühl sich mit seiner Familie diesem ungeheuern Zufall preisgegeben zu wissen. Ich lebte noch niemals, wo diese Krankheit war.

7 October.

Der Brief ist unverantwortlich liegen geblieben; weil ich noch immer keine grünen Blätter vom Verleger erhalten habe, von denen Eines ihn doch begleiten sollte. Aber morgen müssen sie kommen. — Ich habe, seit ich das Letzte schrieb, mich gar oft gefragt: weßhalb bist du nach Preußen, weßhalb nicht nach Schwaben gekommen? Ich habe Vischers Aufsatz[13] „Strauß und die Wirtemberger" gelesen, worin er die Süddeutschen und Norddeutschen (er meint freilich eigentlich die Berliner) einander gegenüberstellt, und mich durchweg den

Ersteren viel verwandter gefühlt als seinen Norddeutschen, unter denen ich seit Jahr und Tag nun lebe. Mein Vater schrieb mir sogar neulich in ganz ernsthaftem Ton, er habe daran gedacht sich am Neckar anzukaufen; die Heimath sei ihm doch verleidet. Daraus wird nun freilich nichts, und er würde die Heimath auch in ihrer jetzigen traurigen Gestalt nur schwer entbehren können. Die Reise ist den Eltern übrigens gut bekommen, obgleich meinem guten Vater seine wirklich massenhafte Arbeit anfänglich etwas sauer geworden ist. — Es war doch schön, daß Sie auch noch meine Eltern kennen lernten! Mir ist, als hätte ich mich dadurch erst recht Ihrer persönlichen Theilnahme versichert. —

Vor einigen Tagen war ich in Berlin. Eggers[14] und Lübke[15] (Kunstmensch und vortrefflicher Klavierspieler) hatten Ihren Mozart gelesen, und waren ganz entzückt davon. An die poetische Uebersetzung der über Ihrem Sopha hängenden Landschaft[16] hab ich auch mitunter gedacht. Mit dem Vordergrunde käm ich in meiner Weise vielleicht zurecht; aber hinten! — ich weiß nicht, wie sich das Mondlicht mit den Bergen verträgt. Ja, wenn's das Meer wäre! z. B. Ich will Ihnen Eins dergleichen aus der demnächstigen zweiten Auflage der Gedichte ausplaudern:

Am Strande (bei Husum)[17]

An's Haf nun fliegt die Möve,
Und Dämmrung bricht herein;
Ueber die feuchten Watten
Spiegelt der Abendschein.

Graues Geflügel huschet
Neben dem Wasser her,
Wie Träume liegen die Inseln
Im Nebel auf dem Meer.

Ich höre des gährenden Schlammes
Geheimnißvollen Ton,
Einsames Vogelrufen —
So war es immer schon.

Noch einmal schauert leise
Und schweiget dann der Wind.
Vernehmlich werden die Stimmen,
Die über der Tiefe sind.

„Watten“ nennt man das schlammige Vorland, das von der Fluth bedeckt und bei der Ebbe bloß gelegt wird.

Die beiden ersten Zeilen der 4t Strophe sind mir eigentlich noch nicht tief und individuell genug gefaßt, obgleich der Sache nach richtig. Es kommt nemlich darauf an, das Geräusch des Windes von dem des Meeres zu trennen. Wie oft wenn ich an stillen Herbstabenden aus meiner Hofthür und in meinen Garten trat, hörte ich in der Ferne das Kochen des Meers! Und wie liebte ich das! schon damals; und wie erst jetzt!

13 October

Gestern erst ist das grüne Blatt[18] gekommen; so pack ich denn für dieß mal zusammen, und danke noch einmal herzlich, und Constanze mit mir, für die guten Stunden, die mir bei Ihnen und den Ihrigen geworden sind.

Ihr

Theodor Storm.

11. Storm an Mörike

Potsdam, Waisenstr. 68.
2 December 1855.

Beifolgend, verehrter Freund, kommt nun die neue Auflage der Gedichte[1] und bittet um ein Plätzchen auf Ihrem Repositorio. Viel Neues wird für Sie nicht darin sein; aber es ist nun doch Alles hübsch beisammen. Hinzugekommen[2] sind S. 6, 7, 29, 34, 57, 72, 73, 83[n. 2], 88, 100, 103, 111, 113, 116 und von ältern Sachen 154, 165, 183, außerdem die Zueignung.

Das Gedicht S. 29[3] hat eine eigene Geschichte. Als ich vor reichlich 2 Jahren zum ersten mal einer Sitzung der Berliner Künstler- und Poetengesellschaft, des sogenannten Tunnels[4], beiwohnte, wurde das abschriftlich beiliegende (es ist nicht gedruckt) Gedicht Kuglers[5] vorgelesen und darauf besprochen. Mir gefiel es nicht, namentlich weil mir der so sehr im Stoffe liegende Conflict von Sitte und Leidenschaft ganz außer Acht gelassen schien. Ich äußerte dieß leise gegen Eggers, der hinter mir saß; da ich mich aber hier des Weiteren nicht auslassen konnte, so vermaaß ich mich kurzweg — denn in demselben Augenblick standen schon die ersten Verse meines Gedichtes mir vor Augen — eine Kritik in Beispiel zu liefern. So entstand das Gedicht; es ist später im Tunnel in meiner Abwesenheit vorgelesen worden und Eggers sagt mir, er habe Himmel und Hölle nie so dicht beisammen gesehen; Kugler war nicht damit einverstanden. Der Stoff ist überhaupt wohl kaum berechtigt; unsre Sitte sträubt sich so dagegen, daß es vielleicht unmöglich ist das Interesse des Lesers für die Schwester zu gewinnen; auch ist der Schluß sehr heidnisch und ganz innerhalb der Leidenschaft. Ich war daher lange zweifelhaft, ob es aufzunehmen sei. Was meinen Sie davon? Tiefe und Innerlichkeit wird man wenigstens der Behandlung lassen müssen.

Und nun noch ein Allgemeines. Sie sagten mir bei meiner Anwesenheit in Stuttgart, es habe Sie Wunder genommen, in meinen kleinen Sachen in Prosa keine Spuhr des Schmerzes über das Schicksal meiner Heimath zu finden. Wir kamen damals nicht dazu uns hierüber näher auszusprechen; die Antwort aber ist die: Sobald ich recht bewegt werde, bedarf ich der gebundnen Form. Daher ging von allem was an Leidenschaftlichem und Herbem, an Charakter und Humor in mir ist, die Spuhr meist nur in die Gedichte hinein. In der Prosa ruhte ich mich aus von den Erregungen des Tages; dort suchte ich grüne, stille Sommereinsamkeit.

Möge Ihnen denn nun auch diese zweite Auflage lieb sein, wie Sie die erste freundlich bei sich aufgenommen haben. Könnten Sie irgend ein Wort über dieselbe im Morgenblatt[6] veranlassen, so würde mir das sehr lieb sein; ich möchte wohl in dem schönen Schwaben als Lyriker ein wenig bekannt werden. Doch sollen Sie sich deshalb in keiner Weise incommodiren; es kommt mir jetzt fast vor, als nehme das Morgenblatt dergleichen nicht auf.

Das Märchen, oder, wie es jetzt überschrieben ist, „Hinzelmeier. Eine nachdenkliche Geschichte"[7] habe ich jetzt — es ist zuerst 1850 geschrieben — umgearbeitet, und zweifle ich nicht daran, daß es Ihnen besser gefallen wird, als die Angelica, von der, beiläufig, ein Kritikus in der Spenerschen Zeitung behauptet, sie sei „so geziert geschrieben und überall auf den äußerlichsten Effect berechnet, daß der Mangel an Originalität dadurch grell zu Tage trete."

Meine persönlichen Angelegenheiten anlangend, so bin ich noch immer in Erwartung einer festen Anstellung, was grade nicht zur Behaglichkeit des häuslichen Lebens beiträgt. Im Uebrigen sind wir leidlich gesund. Lisbeth mit ihrem klaren Gesichtlein scheint mir ihrer Mutter ähnlich zu werden, womit ich denn wohl zufrieden bin; ich habe sie oft bei mir im Sopha sitzen, wenn ich schreibe; Sie wissen, ich bin ein passionirter Vater. Darum lassen Sie mich auch in Ihrem nächsten Briefe ein gründliches Wort von Fanny hören, und namentlich auch die Versicherung, daß Sie sie durchaus nicht aufregen. Hören Sie, Frau Gretchen, sorgen Sie dafür! Ich fange an, das bei meinem Hans jetzt zu bereuen. Das Lesenlernen greift ihn so an, körperlich, daß er oft dabei unwohl und dann total dumm wird, während der Riesenjunge Ernst durch dick und dünn liest und schreibt, und dabei mit funkelnden Augen ausruft: „Das is ja nur Spaß!" Der dritte, Karl, ist auch nur ein zartes Gewächs, aber ein kleiner kluger Plauderer. Nun möcht ich für meine drei Jungens das Märchen von Hansel und Grethel dramatisiren, und mit einem wirklichen Pfefferkuchenhäusel am Weihnachtsabend zur Aufführung bringen; — wenn sich bis dahin nur noch die harmlose Stimmung finden will.

Von meinen Eltern sind gute Nachrichten da; meine Mutter ist seit einiger Zeit in Kiel, wo sie meinen jüngsten Bruder Aemil[9], der dort Medicin studirt, einen prächtigen Jungen, in einem jetzt glücklich überstandnen gastrisch. Fieber gepflegt hat.

Gestern Abend las ich in einer kleinen Gesellschaft Ihre „häusliche Scene"[10]; ich hatte grade die rechte Stimmung dafür; und „Sehr fein!" riefen wir ein über's andre Mal. Aber so geht's; früher, ich schrieb es Ihnen, gefiel sie mir nach dem „Thurmhahn" nicht so recht. Jedes Ding will eben seine eigne Stunde haben.

Und nun leben Sie wohl für dießmal, und haben Sie einen frohen Weihnachten mit ihren beiden lieben Frauensleuten und Ihrer kleinen Fanny. Constanze grüßt Sie alle herzlich!

Und, liebster Mörike, wann reisen wir nach Husum?

Ihr

Theodor St.

12. Storm an Mörike

Potsdam Kreuzstr 15.
3 Juni 1856.

Dieß Mal, verehrter Freund, werden Sie aber ohne Antwort nicht loskommen; die sämmtlichen Argonauten[1] bitten freundlich darum. Die Sache ist die.

Der Buchhändler Trewendt in Breslau will eine Art Jahrbuch für Kunst und Poesie herausgeben, ([am Rand:] *pro notitia*: Die Sache ist noch Buchhändlergeheimniß) das mit dem „Düsseldorfer Künstleralbum"[2] concurriren, wo mög-

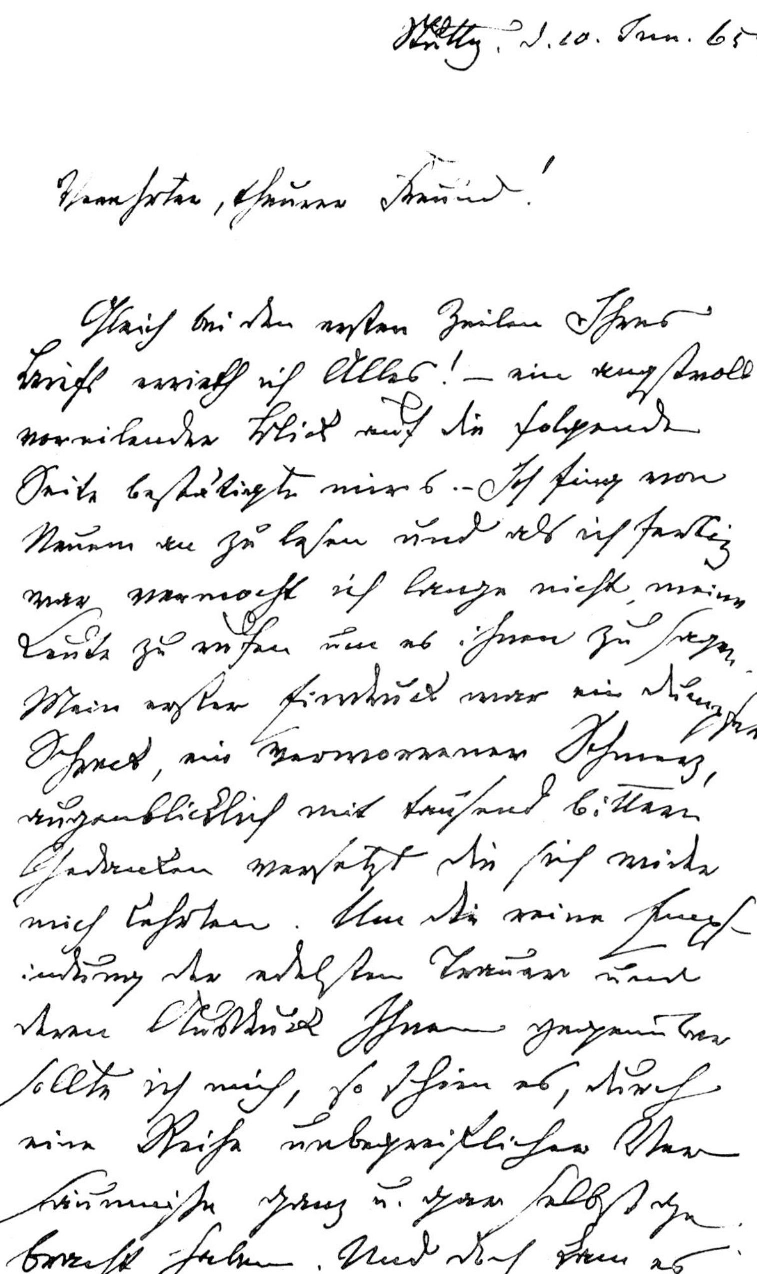

Stuttg. d. 10. Jun. 65.

Verehrter, theurer Freund!

Gleich bei den ersten Zeilen Ihres Briefs errieth ich Alles! – ein angstvoll voreilender Blick auf die folgende Seite bestätigte mir's. – Ich fing von vornen an zu lesen und als ich fertig war vermocht ich lange nicht, meine Hände zu regen um es Ihnen zu sagen. Mein erster Eindruck war ein dumpfer Schreck, ein zornvoller Schmerz, augenblicklich mit tausend bittern Gedanken versetzt die sich wider mich kehrten. Um die reine Empfindung der edelsten Trauer und dem Ausdruck Ihnen gegenüber sollte ich mich, so schien es, durch eine Reihe unbegreiflicher Versäumnisse ganz u. gar selbst gebracht haben. Und doch kam es

Abb. 1: Brief Eduard Mörikes an Storm vom 10. Juni 1865

Abb. 2: Eduard Mörike um 1856

Abb. 3: Theodor Storm um 1857

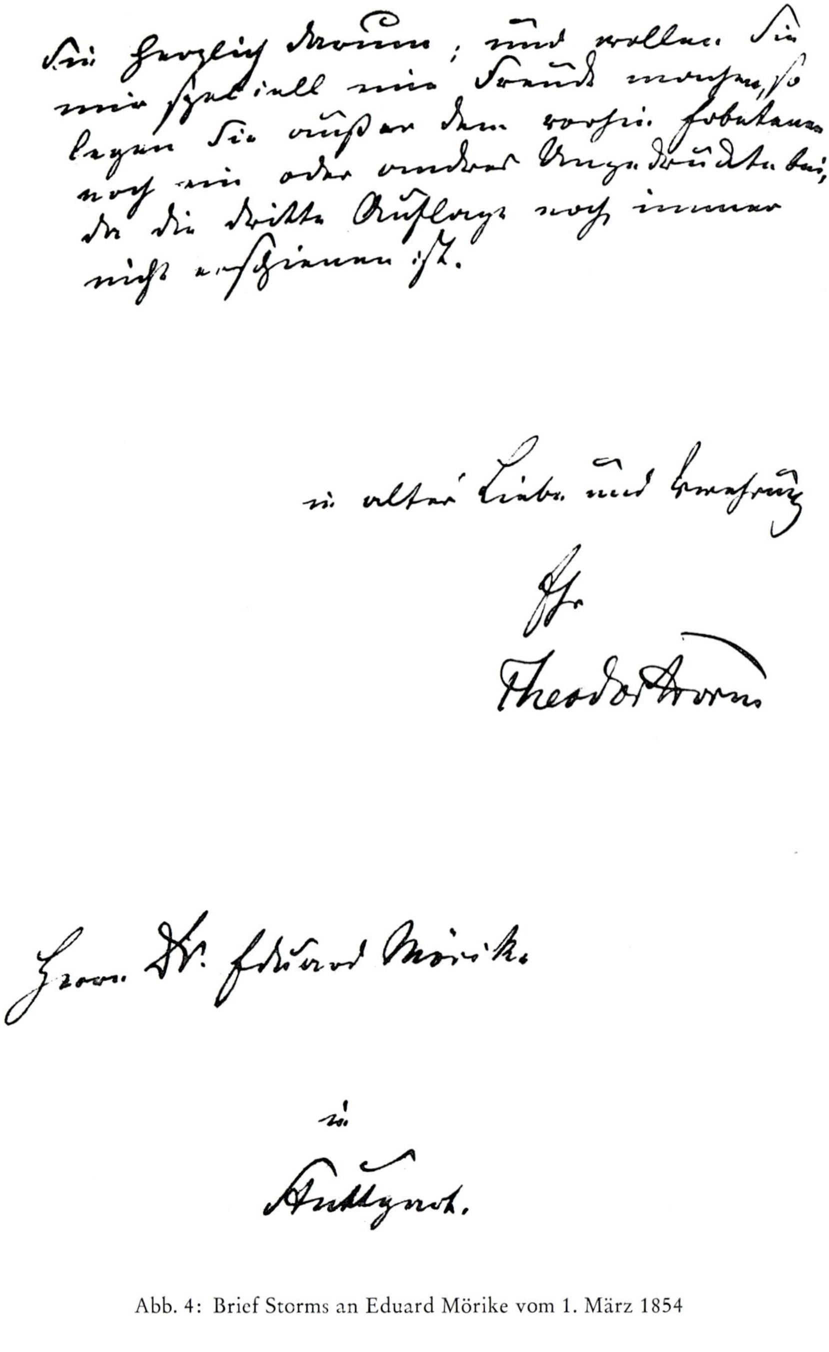

Sie herzlich danken; und wollen Sie
mir speciell eine Freude machen, so
legen Sie außer dem versproch. Erbetenen
noch ein oder andres Ungedrucktes bei;
da die dritte Auflage noch immer
nicht erschienen ist.

In alter Liebe und Verehrung
Ihr
Theodor Storm

Herrn Dr. Eduard Mörike
zu
Stuttgart.

Abb. 4: Brief Storms an Eduard Mörike vom 1. März 1854

lich aber etwas bessern Inhalt bieten soll, und hat die Redaction des Textes (der auf 6 Bogen berechnet ist) den Dichtern der Argo, die der (24) Bilder, von denen nach Belieben einige zum Text gezeichnet sein können, einer Anzahl Berliner Maler Rieffestahl[3], Burger[4], Arnold, Wiesnewsky, Hosemann[5], Menzel[6] etc. anvertraut. In einer neulich abgehaltenen Versammlung wurde einstimmig beschlossen, Möricke, Geibel[7] und Victor Scheffel[8] (Ekkehardt, Trompeter von Säckingen) freundlichst zu ersuchen unserm Kreise beizutreten.

In diesem Auftrage komme ich denn heute zu Ihnen und bitte, uns nicht zu verschmähen und Ihre milden Beiträge diesenfalls wo möglich, namentlich wenn ein Bild dazu sollte, umgehend, spätstens aber in 4 Wochen an mich einzusenden. Auch Prosa würde Ihnen bis zum Raum von 1 Bogen gestattet sein. Das Honorar ist 16—20r p. Bogen; ich werde Ihnen natürlich den höchsten Satz veranlassen.

Aber nun keinen Korb![9] Etwas bitte ich mir jedenfalls aus; zumal es vielleicht der einzige Dienst ist, den ich der Sache leisten kann. Meine Taschen sind augenblicklich gänzlich leer; ich habe die letzte Zeit nur im Preuß. Landrecht gelebt.

Ihr Mozart[10], für den ich Ihnen nachträglich Dank sage, hat hier bei Alt und Jung, Mann und Weib den außerordentlichsten Beifall errungen. Das Buch hat zu meiner Freude einmal rasch und glücklich durchgeschlagen. „Es ist", schreibt mir Kugler, dem ich es zum Geburtstag schickte, „eine überaus meisterhafte Arbeit, die mich aufs Tiefste innerlich angeregt und mir ungemein wohl gethan hat".

Wie gern hätte ich Ihnen meinen „Hinzelmeier, eine nachdenkliche Geschichte"[11] geschickt; aber das Buch soll sofort mit L. Richterschen Illustrationen[12] heraus, und der liebenswürdige Meister leidet an den Augen; wodurch denn das Erscheinen zur Zeit behindert ist. Es wird Ihnen, wenn auch nicht ganz, so doch im Ganzen besser gefallen, als mein Letztes. Kuglers treffliche Verurtheilung der „Angelika" theile ich Ihnen ein nächstes Mal mit.[13]

Meine Person anlangend, so bin ich gegenwärtig Strohwittwer; seit über 14 Tagen schon sind Frau und Kinder zu den Schwiegereltern nach Segeberg gereist; von dort geht es denn nach einigen Wochen zu meinen Eltern nach Husum. Ich bin vorläufig mit der Köchin Rese geblieben; werde aber, da mein Arzt mir wegen Augenschwäche zweimonatliche Ruhe und Kissingen anbefohlen, am Montag (9 Juni) nachfolgen, und wird mich Ihre Antwort unter der Addresse: „H. Justizrath Esmarch in Segeberg, Herzogth. Holstein" treffen.

Meine definitive Anstellung[14] ist aus Gründen des althergebrachten Schlendrians noch immer nicht erfolgt, und so leben wir denn noch immer auf provisorischen Fuß im vollsten Gefühl der Heimathlosigkeit. Doch hoffe ich, daß die Sache bis zum Herbst in Ordnung kommt. Sonst haben Frau und Kinder sich wohl befunden; meine Jungens haben sogar etwas gelernt, so daß ich jedem von ihnen einen wirklichen Schreibebrief habe schicken können; Hans soll auch schon die Antwort selbstständigst angefertigt und verlackt und dann vergessen haben.

Ihrer kleinen Fanny geht es hoffentlich eben so gut wie unsrer — kleinen kann ich von der großen Dirne kaum sagen: — Lisbeth. Die Frauen sind doch bezaubernde Geschöpfe und zwa⟨r⟩ sofort, sobald sie auf die Welt kommen!

Und jetzt für heute leben Sie wohl! Die Schrift verschwimmt mir vor den Augen. Grüßen Sie die Ihrigen, Frau und Schwester, herzlich von

Ihrem

Theodor Storm.

P. S.

Wie steht es mit der poëtischen
Reproduction Ihres Landschaftbildes?[15]

13. Storm an Mörike

Heiligenstadt
im Regierungsbezirk Erfurt
[20. September 1856][1]

Endlich, mein verehrter Freund, hab ich wieder einen festen Platz gewonnen. Nachdem ich, wegen körperlicher Reducirtheit beurlaubt, den ganzen Sommer mit Frau und Kindern in der Heimath, erst bei den Eltern meiner Frau in Segeberg, dann in Husum bei den meinen zugebracht, bin ich seit Anfang d. M. als angestellter Kreisrichter d. h. Mitglied des hiesigen Kreisgerichts hier eingezogen und habe den festen Willen mich hier möglichst zu beheimathen. Auch wird mir das, hoffe ich, nicht schwer werden. Eine sehr schöne Berggegend, ein treuherziger Menschenschlag, gutes Wasser, gutes Brod; für die Knaben ein Gymnasium, die Universität Göttingen drei Meilen von hier — wenn nicht wieder alles Erwarten noch während meiner Lebenszeit ein günstiger Wind nach Hause zu wehen sollte, so gedenke ich hier zu leben und zu sterben. Ehe das Letztere aber geschieht, hoffe ich bestimmt Sie noch einmal in meinem Hause zu sehen, so auf die Sommerferien; vielleicht macht Frau Gretchen und

Fanny mit, die sich hoffentlich beide wohl befinden. Es würde Ihnen, glaub ich hier gefallen; es hat hier Alles so einen gemüthlich cordialen Anstrich, bis auf den Brataal und die Wurst herab, die einem in den behaglichen Kneipen am Berge zum Bier servirt wird.

Wann dieses Blatt in Ihre Hand gelangen wird, weiß ich nicht. Hoffentlich bald. Ich schicke es an Duncker[2] nach Berlin, damit er es in Begleitung meines Märchens an Sie abgehen lasse. Lesen Sie es getrost eines stillen Abends Ihren Frauen und etwa einem guten Freunde vor (Fischer oder Hartlaub)[3]; trotz der Zwitterhaftigkeit — ich habe es deßhalb auch eine Geschichte genannt — bin ich doch überzeugt, daß es Ihnen hie und da eine behagliche Zustimmung abgewinnen wird. L. Richter[4] hatte es zu illustriren übernommen; er gab es jedoch, nachdem es ein halbes Jahr in seinen Händen gewesen war, angeblich wegen einer Augenkrankheit zurück.

Von Immensee wird eine illustrirte Ausgabe (die 4te)[5] vorbereitet. Die Handzeichnungen von Ludwig Pietsch in Berlin sind zum Theil von hinreißender Schönheit und haben sich den Beifall der besten Autoritäten erworben; leider ist der eine Holzschnitt, den ich bis jetzt gesehen, obgleich von Kretzschmars eigner Hand[6], in den Köpfen der beiden Hauptpersonen (zu der Scene „Meine Mutter hats gewollt") weit hinter der Zeichnung zurückgeblieben; eine wahre Perle ist dagegen als Titelbild die Landschaft ‚Immensee' von dem Berliner Landschaftsmaler Riefstahl[7], es tritt einem sofort ein bestimmtes Menschenleben daraus entgegen.

Und nun leben Sie wohl für dieß Mal; seien Sie und die Ihrigen, namentlich Ihre liebe Schwester Clärchen, herzlich von uns gegrüßt, und vergessen Sie nicht, daß wir ganz in der Nähe zwischen dem Harz und dem Thüringer Walde wohnen, Gegenden, die ein deutscher Poet nicht unbesucht lassen darf.

20 September 1856.

unveränderlich

Ihr Th. Storm.

14. Storm an Mörike

Heiligenstadt auf dem Eichsfelde.
3 Februar 1859.

Nein, mein verehrter lieber Freund und Meister, heute kann ich Ihnen denn doch ein paar Zeilen von mir nicht ersparen.

Ich muß ein wenig ausholen! — Im Herbst sind es zwei Jahre her, daß ich hier der Kreisrichterei obliege. Lange lebte ich hier nur meiner Familie und in großer Einsamkeit; ich hatte Niemanden, der an mir und an dem ich einen herzlichen Antheil genommen. Da führte ein günstiges Geschick einen Sohn des commandirenden Preuß. Generals v Wussow[1] als Landrath des Kreises hieher, einen Mann von umfassender Bildung und jugendlicher Begeisterung für das Schöne, dabei von einer Amtstüchtigkeit, die ihn sicher noch einmal zu einer bedeutenden Stellung im Staate führen wird.

Wir beide und unsre Familien stehen in fast täglichem vertraulichsten Verkehr; wir verleben die heitersten anregendsten Abende miteinander. Natürlich wurden auch Ihre Dichtungen besprochen. Er kannte und besaß Ihre Gedichte: „Früh, wenn die Hähne krähn!" war auch ihm als eine Perle haften geblieben. Ich gab ihm den *Nolten*, den er noch nicht kannte. Er las und las, und konnte kein Verhältniß zu dem Buche finden; er fing an zu demonst⟨r⟩iren, ich fing an zu demonstriren; die Tiefe der poetischen Anschauung und Empfindung ging an ihm verloren, weil er sich die Composition des Ganzen nicht reimen konnte — wie ihm denn überhaupt die *Gedanken*poesie am nächsten steht — o wir wurden sehr wild; kommen im Menschenleben doch Momente, wo man am liebsten mit der Faust demonstriren möchte; und die Frauen nahmen auch Partei. Schließlich, wir blieben vor einander stehen, wie ja und nein.

Da gab ich ihm heut Vormittag den *Mozart*, und heut Nachmittag, da ich mit Constanze und den Kindern — es sind ihrer immer nur noch die 3 Jungens und die Lisbeth — beim Thee sitze, erhalte ich inliegenden Brief, mit einem Begleitschreiben, das da beginnt, „Da hast du deinen verrückten Freund, weiß selbst nicht, was ich geschrieben; bin ganz toll, habe geheult, habe — Himmel tausend Donnerwetter, will denn der Paroxismus nicht wieder fort! Hätte ich die verfluchten — (das alte Actenübel nemlich) — nicht, ich kaufte mir Einen!" Und ferner: „Also du entscheide, und bewahre mich vor einer Dummheit oder Lächerlichkeit!"

Ich meinerseits, dieser gründlichen Bekehrung froh, gebe diese Briefe sofort zur Post[2], und versichere nur noch, daß mein Freund ein Mensch von dem vortrefflichsten Herzen ist. Lassen Sie sich daher seine Freude und Liebe gefallen.

Wollen Sie noch etwas von mir und den Meinigen wissen? Wir sind alle leidlich wohl; aber die saftige Quelle der Jugend beginnt allgemach mir zu versiegen; Lieder schreibe ich nicht mehr. Dennoch werden Sie diesen Herbst ein neues Buch von mir er[t]halten mit 4 kleinen Stücken in Prosa. Das erste *„Auf dem Staatshof"* (in der *Argo* pr. 59 abgedruckt) ist so recht aus heimseliger Erinnerung erwachsen, und wird Ihnen, glaub' ich, mehr zusagen, als was Sie zuletzt von mir gesehen; außerdem wird das Büchlein enthalten: „*Wenn die Aepfel reif sind*" (in der *Argo* pr. 57) und „*Posthuma*" und „*Hävelmann*" aus den Sommergeschichten.[3]

Ihre Mittheilung des Hölderlinschen Liedes[4] in dem Düsseldorfer Album erinnerte mich lebhaft an den Abend in Stuttgart, wo Sie mir es im Manuscript zeigten. — Wie gern säh ich Sie einmal wieder, Ihre Frau, Ihre Schwester und die kleine Fanny! Wenn Sie doch einmal kommen könnten! Jetzt, wo auch Wussow da ist, dessen Haus und Garten frei im Angesicht der Berge liegt und der die reichste angenehmste Häuslichkeit hat, würde es Ihnen im Sommer schon eine Zeit lang hier gefallen.

Oder wollen Sie im August mit nach Husum an die Nordsee, nach den Friesischen Inseln! Ich reise dann zum ersten Mal von hier nach Haus zu meinen alten Eltern, die noch in gleicher Rüstigkeit stehen, wie Sie sie damals in Stuttgart kennen gelernt. Auch ihre Herzen sind noch so warm geblieben wie sonst, und die Liebe aus der Heimath läßt mich im fremden Land nicht los. Noch zum letzten Weihnachten wurde uns von den Eltern ein Clavier geschenkt, was ich seit meiner Auswanderung entbehrt hatte. So ist die Hausmusik denn auch wieder da; wenn nur auch die Stimmen sich wieder herstellen ließen!

Die Schwester[5], die damals mit in Stuttgart war, ist leider seit Jahr und Tag im Irrenhaus; es war die letzte lebende Tochter, und meine Mutter hat dieß Leid wohl nur dadurch überwunden, in etwas wenigstens, daß mein jüngster Bruder[6], ein liebenswürdiger Junge und verlobt mit einer ebenso liebenswürdigen Braut[7], einer Schwester meiner Frau, seit einem Jahr als schon vielbeschäftigter Arzt in Husum seßhaft ist, und so in der alten Heimath das Fortbestehen der Familie hoffen läßt.

Doch — da führ ich Sie, meiner Gewohnheit gemäß, schon wieder in die interna unsres Hauses. Aber — wir grüßen Sie Alle herzlich!

Ihr

Theodor Storm.

14a. Beilage zu Storms Brief vom 3. 2. 59 (Nr. 14): Landrat von Wussow an Mörike

Heiligenstadt, 3. Febr. 1859.

Hochverehrter Herr! Es ist so meine Gewohnheit, Nachmittags mich auf mein Sopha zu legen, um, ein Buch in der Hand, lesend und endlich einschlummernd von meinem schweren und trockenen Beruf auszuruhen. Heute war's auch so; ich griff nach „Mozart auf der Reise nach Prag"[1], einem Buch, das mein Freund Storm mir heute Vormittag gebracht hatte. Aber — ich legte es nicht wieder hin. Poesie und Musik fesselten mich, wie magisch gebannt mußte ich Ihnen folgen und die Seele flog mit Ihren Gedanken hinaus über die Wolken. Wenn etwas beweisen kann, daß die Poesie gottgeboren, daß wirklich ein Tropfen Nektar zur Erde gefallen, daß ein Funken unendlichen Lichtes von der ewigen Leuchte einst geraubt worden, so ist es die in ihr wohnende Kraft, die irdische Seele der Erde zu entreißen. Das ist die Befriedigung jenes Dranges!

„Ach, könnt' ich doch auf Bergeshöh'n u. s. w. in deinem Thau gesund mich baden."[2] Nur mit Mühe kann ich mich wieder greifen und zurückführen in die körperliche Gegenwart; noch klopft mein Herz, noch thränen die Augen und nicht um Ihnen zu danken, sitze ich und schreibe an Sie, — nein, um der Fülle der Gefühle, die mich bewegen, Ausdruck, Abfluß zu geben. Was könnte Ihnen auch an dem Dank eines Unbekannten, Ungenannten liegen; und doch wüßte ich so recht zu sagen, was ich denke, was ich fühle, Sie freuten sich doch! Sie müßten dem ewigen Gotte danken, der Ihnen die Seele eingehaucht, der diese Seele geküßt und Ihnen in dem Kuß die Fülle der Poesie, der Kunst zu eigen gegeben. Ich sage der Kunst: denn wenn das letzte Ziel aller Künste das Schöne, das ewig Schöne ist, so ist auch eine Kunst der andern gleich. Nur verschiedene Seiten desselben Lichtstrahls, wie ja auch in dem irdischen Sonnenstrahl alle Funken enthalten sind. Eine solche Vereinigung der Musik und der Poesie wie in Ihrem Mozart traf ich noch nie, oder richtiger: traf mich noch nie. Noch weiß ich nicht, ob ich eine Dichtung im Worte gehört oder ob ich die Wellen der höchsten göttlichsten Musik im Geiste vernommen. Der unsterbliche Mozart saß bei mir und ich lauschte ihm, seiner Musik, seinen Gesprächen, verband mich seinen Gedanken. Hei, wie das sprühte und blühte! wie ich das Genießen nicht satt werden konnte, wie mein Genießen ihn höher und höher begeisterte! Wie Leben und Streben, Gegenwart und Zukunft zusammenfloß im Finale des Don Juan! Glücklicher Mozart, der dir die Gottheit die Flamme im Herzen entzündete und dir gab, daß du dein Feuer ausströmen lassen konntest!

Aber auch einen wirklichen herzlichen heißen Dank bring ich Ihnen dar, für den heutigen Tag, den der Seligkeit anticipirten!

Halten Sie mich für keinen Schwärmer: bin Landrath, 39 Jahr, glücklicher Familienvater, gesund an Körper und Geist, liebe das Vergnügen des Geistes, wie das des Körpers und habe bis heute nie an mir unbekannte Dichter geschrieben. Sie aber mögen mit den lieben Augen Ihres Porträts bei meinem Storm auf diese Zeilen blicken und — sie zerreißen.

Ihr —

ich finde kein Beiwort

v. Wussow.

15. Storm an Mörike

Heiligenstadt 23 Novbr
1862

Lieber schweigsamer[1] Mann,
angeschlossen erhalten Sie mein neuestes Buch „Auf der Universität"[2], vor das ich mir erlaubt habe Ihren Namen zu setzen. Mögen Sie es dieser Verbindung nicht völlig unwerth erachten!

Ich und die Meinigen leben und sind auch leidlich gesund; zu den drei Knaben und der Lisbeth ist vor zwei Jahren noch eine Lucie[3] gekommen, ein Sechstes[4] wird nach Neujahr erwartet. So wird das Päckchen immer ein wenig schwerer. Meine Eltern, die Sie damals in Stuttgart sahen, haben wir im vergangenen Sommer mit allen fünf Kindern in der Heimath besucht; sie sind eigentlich beide noch ohne die Beschwerden des Alters.

Könnte ich doch einmal wieder ein Wort ein unmittelbares, über Sie und die Ihrigen erfahren! Indessen reden oder schweigen Sie, ich bleibe unter allen Umständen

in alter Liebe und Verehrung

Ihr

Th Storm.

16. Storm an Mörike

Husum 3 Juni 1865.

Mein verehrter Freund,

nach langer Zeit komme ich wieder einmal zu Ihnen; dieß Mal aber als ein Mann, dessen Lebensglück zu Ende ist, und über dessen Zukunft die Worte stehen, die Dante über seine Hölle schrieb.[1]

Aus der Zeitung haben Sie vielleicht erfahren, daß ich im Frühjahr v. J. zu einer ehrenvollen Stellung in die Heimath zurückberufen wurde. Seit März v. J. bin ich als Landvogt (d. h. Justizbeamter und Polizeimeister des Amtes — Landbezirks — Husum) constituirt[2] und wohne wieder in der alten „grauen Stadt am Meer". Im Mai v. J. folgte mir meine Frau mit den sechs Kindern von Heiligenstadt hieher. So lebten wir denn wieder, wo wir einst gelebt, mit den beiden noch rüstigen Eltern und einem jungen so ganz zu uns gehörigen Geschwisterpaar, meinem jüngsten Bruder, einem vielbeschäftigten Arzte, und seiner Frau, einer jüngern Schwester der meinigen; vor einigen Wochen bezogen sie ein Haus neben uns, so daß wir durch die Zaunlücken unsrer Gärten zu einander kommen konnten. Wie in Heiligenstadt hatte ich schon einen großen Gesangverein begründet, in dem auch die beiden lieben Frauen mitsangen. — Aber es sollte nicht so bleiben; die eine ist von uns gegangen; meine Constanze. Nachdem sie am 4 Mai d. J. unser siebentes Kind[3], eine Tochter, geboren, ist sie am 20 dess. Ms nach schwerem Kampfe, zuletzt doch sanft, an dem überall jetzt epidemisch auftretenden Kindbettfieber gestorben. Nachdem ich mit Freundeshülfe sie, wie wir es uns in gesunden Tagen versprochen, selbst in ihren Sarg gelegt, wurde sie in der Frühe eines köstlichen Maimorgens von den Mitgliedern meines Gesangvereins nach unserer Familiengruft[4] getragen; als die neugierige Stadt erwachte, hatte ich schon all mein Glück begraben.[5] — Sie wissen ja, daß ich Ihren glücklichen Glauben nicht zu theilen vermag; Einsamkeit und das quälende Räthsel des Todes sind die beiden furchtbaren Dinge, mit denen ich jetzt den stillen unablässigen Kampf aufgenommen habe. Gleichwohl bin ich nicht der Mann, der leicht zu brechen ist; ich werde keines der geistigen Interessen, die mich bis jetzt begleitet haben und die zur Erhaltung meines Lebens gehören, fallen lassen; denn vor mir — wie es in einem Gedichte[6] heißt — liegt Arbeit, Arbeit, Arbeit! Und sie soll, so weit meine Kraft reicht, gethan werden.

Nun aber kommen meine Kinder und ich bei Ihnen betteln. Sie besitzen ein Bild unserer geliebten Todten[7], das am genauesten ihre äußere Erscheinung wiedergiebt, wenn auch jener Ausdruck süßester, holdester Herzensgüte nicht darin lebendig geworden ist, der, wo sie immer gelebt hat, alle Menschen entzückte und ihr alle Herzen gewann. Wenn Sie das Bild noch besitzen, so geben Sie es uns zurück! Ich werde Photographieen davon machen lassen, und Ihnen davon eine, sowie später auch eine Photographie eines schönen en face aufgenommenen Kreidebildes[8] schicken, an dem der Maler, mein Freund Ludwig Pietsch, der es in glücklicher Zeit gezeichnet hat, aber noch einen etwas fremden Zug um den Mund beseitigen muß. Wenn Sie die Güte haben, uns

Abb. 5: „Spiegelvers", Geschenk Eduard Mörikes für Constanze Storm
mit handschriftlichem Gruß Ed. Mörikes (16. Aug. 1855)

Abb. 6: Eduard Mörike mit seiner Frau Margarethe (links) und seiner Schwester Clara (rechts): Silhouetten von Luise Walther

jenes Typbild zu schicken, so sind Ihre Frauen wohl so freundlich es in ein sichres Kästchen fest einzulegen; denn ich zittre vor einer Verletzung dieses unersetzlichen Kleinods.

Wenn Sie mir dann vielleicht ein Wort dabei schreiben, werde ich dann auch über Sie Ihre Frau, Ihre Schwester und Ihre Kinder[9] etwas hören? Meine Lisbeth soll, denke ich, im Laufe des Sommers als Gegengabe für Fanny und Schwesterchen im Bilde bei Ihnen erscheinen; zu Weihnachten hoffentlich auch ein Büchlein[10] „Drei Märchen“ — Die Regentrude — Bulemanns Haus — Der Spiegel des Cyprianus — die ich alle noch unter den Augen der geliebtesten Frau geschrieben habe.

Mit herzlichem Gruß an Sie und die Ihrigen

Theodor Storm.

[Am Rand:]

Wie haben meine Frau und ich uns noch in letzter Zeit wiederholt an Ihrem schönen Gedichte „Erinna an Sappho“[11] entzückt! nicht ahnend, daß der Eine von uns so bald dem Andern in die nachtschaurige Kluft nachblicken sollte!

17. Mörike an Storm

Stuttg. d. 10. Jun. 65.

Verehrter, theurer Freund!

Gleich bei den ersten Zeilen Ihres Briefs errieth ich Alles! — ein angstvoll voreilender Blick auf die folgende Seite bestätigte mirs. — Ich fing von Neuem an zu lesen und als ich fertig war vermocht ich lange nicht, meine Leute zu rufen um es ihnen zu sagen. Mein erster Eindruck war ein dumpfer Schreck, ein verworrener Schmerz, augenblicklich mit tausend bittern Gedanken versetzt die sich wider mich kehrten. Um die reine Empfindung der edelsten Trauer und deren Ausdruck Ihnen gegenüber sollte ich mich, so schien es, durch eine Reihe unbegreiflicher Versäumnisse ganz u. gar selbst gebracht haben. Und doch kam es bald anders, es war etwas in mir das mich auf Ihre Güte hoffen ließ, nachdem dieß redliche Bekenntniß abgelegt wäre. Bester Mann, ich kann für dießmal nicht viel weiter sagen, allein ich komme sicherlich in nächster

Zeit wieder. Hier folgt das liebe Bild. Wie oft ist es die Jahre her von uns und Andern beschaut und bewundert worden! Wir haben es zum Abschied noch Alle einmal lange angesehn u. trösten uns auf den von Ihnen gütigst verheißenen Ersatz.[1]

In Ihrem letzten Büchlein[2] kommt die herrliche Beschreibung eines in MittagsEinsamkeit von Bienen umsummten blühenden Bäumchens. Diese Schilderung (mit der ich schon manchem Freund einen vorläufigen Begriff der süßesten Reize Stormischer Malerei[3] gegeben habe) trat mir in diesen Tagen ungesucht auf einmal wieder vor die Seele und ich wüßte kein schöneres Bild für den stillen Verkehr Ihrer Gedanken mit der geliebten Frau im Nachgenuß alles dessen was Sie an i⟨I⟩hr hatten! Erhalten Sie Sich Ihren männlichen Muth für das Leben, für Ihre ruhmvolle Thätigkeit nach mehr als Einer Seite.

Wir grüßen Sie und Ihre Lieben auf das Innigste, ich aber insbesondere bin mit unveränderlicher Verehrung und Anhänglichkeit der Ihrige

E. M.

18. Storm an Mörike

Altona (zum Besuch bei Verwandten)
6 Juli 1865.

Lieber Freund Mörike,
haben Sie Dank für Ihren herzlichen Brief und für die Rücksendung des Bildes meiner Geliebtesten. Ich denke im Herbst nach Berlin zu kommen und will es dann dort vervielfältigen lassen.[1] — Halten Sie Ihr Versprechen, schreiben Sie mir einmal wieder; von sich selbst von Ihren Lieben; ich bedarf jetzt solcher Erquickung; und was könnte ich, nachdem mein Leben in seinem eigentlichsten Kern zu Ende ist, jetzt noch Besseres haben, als die Theilnahme an dem Leben derer, die mir theuer sind. Mein kleines mutterloses Kind[2] (ich muß das Ihren Frauen schon erzählen) das einzige von den sieben, das nicht an seiner Mutter Brust gelegen, scheint bei der Amme endlich zu gedeihen, obgleich es noch bleich ist, wie es das Kind einer todten Mutter denn auch von Rechts wegen sein muß. Außer ihr kommen der Reihe nach noch drei kleine Mädchen Elsäbe (2½ J.), Lucie (4½) und Lisbeth (10 J.), süße liebe Kindergesichter; dann kommen die drei älteren Knaben; das Alles drängt sich jetzt um mich herum.

Meinen Hausstand führ' ich vorläufig mit einem jungen Mädchen[3], die als Gehülfin in unser Haus kam, die aber auch jetzt den größeren Pflichten gewachsen scheint.

Ich schreibe Ihnen noch ein paar Verse aus diesen Tagen hin; aber mir ist, als vermöchte ich nicht mehr so recht zu sagen „was ich leide“[4]; ist ja doch meine Muse für immer schlafen gegangen! — Das ist nicht nur so hingesagt; außer ein paar Versen, die die Sehnsucht nach ihr hervorrief, habe ich niemals eine Zeile geschrieben, wenn sie nicht bei mir war. Nur wenn ihre Hand mich festhielt auf der heimathlichen Erde, konnte ich sorglos in die luftige Traum-Region hinaufsteigen. Zu den Versen, die ich ihrer gedenkend in der Ferne schrieb, gehören die vier Zeilen in „Ein Sterbender“[5]: „Hier diese Räume, die Du einst bewohnt“ etc. Ich war damals in Segeberg in ihrem elterlichen Hause; und ein dort hängendes melancholisches Bild von ihr hatte mich Abends vor dem Schlafen gehen mit tödtlicher Sehnsucht getroffen. Ueberhaupt geht durch alle Briefe unsres zehnmaligen zeitweiligen Getrenntseins seit dem Verlassen der Heimath (auf Besuchen bei unsern Eltern) stets die Angst, sie zu verlieren; es war wohl die natürliche Folge von dem Bewußtsein des seltnen Glücks, sie zu besitzen. — Das ist jetzt dahin; und es gilt weiter zu leben — ohne sie.

So komme ich denn auch zu einer bestimmten Bitte ein buch- oder kunsthändlerisches Unternehmen[6] des Herrn Spiro hier betreffend. Der gedruckte Plan wird Ihnen die Art desselben anzeigen. Nachdem ich mich an Ort und Stelle überzeugt, daß wohl die Meisten der jetzigen Poeten ihre Handschriften eingesandt (Geibel, Anast. Grün, Simrock, Bodenstedt etc.; von O. Ludwig ist auch etwas da) und daß die Fac-Simile's vortrefflich gemacht werden; so bitte ich auch Sie das wirklich hübsche Unternehmen durch Ihre Handschrift („Früh wenn die Hähne krähn“ etwa) zu vervollständigen. Thun Sie's mir zu Gefallen, und bitten auch Fischer[7], daß er beisteuere. Ich fange an mich sehr für dieß kleine Unternehmen zu interessiren. —

Und nun herzlichen Gruß an Sie und die Ihrigen!

Ihr

Theodor Storm.

Das Wort der Klage[8] ist verstummt,
Ich habe keine Thränen mehr;
Als trüg' ich alle Schuld der Welt,
So liegt es in mir todt und schwer.

Das ist die Sehnsucht, die in Qual
Um Deine holde Nähe wirbt;

Doch eh' sie noch das Herz erreicht,
Muthlos die Flügel senkt und stirbt.

Ein Leib und eine Seele, wie wir waren,
Kann ich von Deinem Tode nicht genesen;
Wie Du zerfällst einsam in Deinem Grabe,
So fühl ich mich, mein Leben mit verwesen.

Da ich ein Sänger bin, so frag ich nicht,
Warum so still die Welt nun meinem Ohr;
Die eine, die geliebte Stimme fehlt,
Für die nur alles Andre war der Chor.

---

19. Storm an Mörike

Husum, 10. Novbr. 1870

Mein lieber alter Freund!

Sie fühlen gewiß, welche Genugtuung es mir gewährt, daß wir beide uns durch meinen trefflichen Jungen, den auch Sie gewiß schon lieb gewonnen haben, noch einmal näher gerückt werden, als es sonst leider möglich ist. Er schreibt mir wieder mit solcher Freude von seinem letzten Besuche[1] in Ihrem Hause, sodaß der seit lange genährte Wunsch, ihn im kommenden Sommer in Tübingen und mit ihm Sie in Nürtingen zu besuchen, wieder recht in mir lebendig geworden ist. Ich habe mir auch schon ein Kästchen angelegt, worin ich den Reisepfennig zusammenspare, oder vielmehr meine Frau hat ihn mir mit einem kleinen Stammkapital zum Geburtstag geschenkt. Also, wer weiß, ob Sie mich nicht noch einmal plötzlich in Ihr Haus treten sehen! Unsre ältesten Töchter[2], die bei meinem Stuttgarter Besuche noch beide in den Windeln lagen, sind indes erwachsene Mädchen geworden, meine Lisbeth so groß, wie es einst ihre geliebte Mutter war.

Anliegend schicke ich Ihnen auch mein Hausbuch[3], das eben nicht in passender Zeit[4] in die Welt tritt. Sie werden, denke ich, manches Neue darin finden, in welcher Beziehung ich auf eine Note bei M. Solitaire[5] verweise. Sie werden im Allgemeinen finden, daß das, was die Maler „Genre" nennen (ich will nicht gerade Idylle sagen) von den Neueren, auch geringeren Talenten, mit Glück behandelt ist; die plattdeutschen Sachen bitte ich nicht zu überschlagen. In der

Lyrik, wo ich gegen mich und andere unerbittlich bin, werden Sie eine kleine Perlenschnur finden. Manche literarhistorisch Wichtige oder doch Bemerkenswerte habe ich ausgelassen, so *Matthisson*[6], denn man hat ihn besser im *Salis*[7], wo diese bröckelhaften Naturbilder doch in einem poetischen Brennpunkt vereinigt sind usw. *Sie*, liebster Freund, habe ich gehörig ausgekauft, und in der Note auf einen kleinen Trumpf[8] für Sie ausgespielt. Proficiat!

Nun können Sie mir für die hoffentlich nicht ausbleibende 2. Auflage einen rechten Dienst erweisen. E. Niendorf[9] in ihrem „Lenau in Schwaben" (Seite 136) erzählt, daß Kerner und Lenau auf die Gedichte eines *Joseph Stoll*[10] einen besonderen Wert gelegt. Es ist 1 Bd. davon erschienen[11], der aber in der betreffenden Verlagshandlung nicht mehr zu haben ist. Wo erhalte ich das Buch? Vielleicht besitzen Sie es; jedenfalls Theobald Kerner[12], der es mir ja gewiß gern auf kurze Zeit leihen würde, dessen Adresse ich aber nicht weiß. Es ist eine besondere Freude, in eine solche Sammlung etwas hineinzuretten, das eben in den Abgrund der Vergessenheit sinkt. Also, wenn nicht das Buch selbst, so erhalte ich Th. Kerners Adresse von Ihnen? Auch sind Sie vielleicht so gütig, wenn Sie Ihnen besonders werte Sachen vermissen, mir ein kleines Register darüber zukommen zu lassen. — Mit der eignen Production will es bei mir nicht mehr; das Alter tut's wohl grade noch nicht; aber ich werde zu sehr in andrer Beziehung in Anspruch genommen. Auch habe ich zu viel verloren, die rechte Freude am Leben ist mir abhanden gekommen, das „urkräftige Behagen"[13], was doch zu allem Schaffen nötig ist. Aus diesem Zustande ist das „Hausbuch" erwachsen. — Übrigens schreibe ich noch so einen Krautsalat: „Zerstreute Kapitel aus der grauen Stadt am Meer"[14], wovon Ernst Ihnen vielleicht einmal etwas mitteilen kann; aber das ist nicht Dichtung allein; sondern „Wahrheit und Dichtung".

Daß ich meine Eltern noch habe, wird Ernst Ihnen erzählt haben, meinen Vater, dessen 80st. Geburtstag wir diesen Sommer gefeiert[15], würden Sie nicht viel anders finden als da Sie — es ist ja wohl 15 Jahre her — Arm in Arm mit ihm vor der Schillerstatue[16] standen; meine Mutter ist in Folge rheumatischer Leiden etwas schwächer, beide aber sind geistig nur wenig verändert.

Und nun, leben Sie für heute wohl! Grüßen Sie herzlich Frau und Schwester und die Kinder, unbekannter Weise; und, wollen Sie mir eine Freude machen, so lassen Sie auch mich wieder einmal ein unmittelbares Wort von Ihnen erhalten.

Ihr alter

Theodor Storm.

19a. Storm an Mörike (Foto mit Widmung)

[im Oktober 1870 oder später][1]

Seinem lieben alten Eduard Mörike mit herzlichem Gruß.
Husum, 10 Oktbr 1870.

Th Storm

[Foto:][2]
Photographisches Atelier von R. Ström, Husum.

Briefe

Theodor Storm — Margarethe Mörike

20. Margarethe Mörike an Storm

Mergentheim den 29ten Dez. 76.

Geehrtester Herr!

Ihre außerordentliche freundliche und gütige Sendung[1] an mich, hat nicht nur großes Staunen sondern auch innige Freude hervor gerufen; nehmen Sie meinen besten herzlichen Dank für Ihre, mir so wohltuende, Erinnerung an mich, und die mir gewordene Beehrung. Wie freue ich mich, in nächster Bälde auf den Genuß Ihre anmuthigen Novellen — etwas ganz Neues — zu lesen!

Erst kürzlich habe ich mit meiner Tochter „Arco"[2] das mir vor vielen Jahren von Ihnen geschenkte Buch, von Anfang bis Ende durchgegangen; — noch frisch steht Ihr lieber Besuch in Stuttgart vor mir; *wie viel* ist aber sonst anders geworden, *und nicht mehr da*! Gewiß bewahren Sie, verehrter Herr, dem lieben Eduard als Freund ein liebevolles Gedächtniß, und in diesem Sinne finde ich es begreiflich daß Sie seinen traurenden Hinterbliebenen ein Zeichen davon gaben und eine Freude bereiten wollten. Herzlich wünsche ich, daß Sie mit Ihrer werthen Familie sich recht wohl befinden und daß das neue Jahr immer mehr der guten Gaben Gottes für Leib und Seele in Ihr liebes Haus bringen möge.

Mich Ihnen Allen bestens empfehlend

Ihre

ergebene

Margarethe Mörike.

Ich schicke den Brief voraus — ein Exemplar des neuerstandenen Nolten[3] wird unter Kreuzband folgen.[4]

[In Storms Handschrift:]
Beantwortet 12 Jan. 77.

21. Storm an Margarethe Mörike

Husum, 12 Jan. 1877.

Geehrte Frau!

Haben Sie herzlichen Dank für Ihre freundlichen Zeilen und für den „neuerstandnen Nolten"[1], der gleichfalls seit einigen Tagen in meinen Händen ist. Als ich in das so ganz veränderte Buch hineinblickte, überwallte mich sehnsüchtige Erinnerung; es war nicht mehr das Buch, das — meinetwegen mit seinen Compositions- u. andern Schwächen — einst mein junges Studentenherz gefangen [gen]genommen hatte, das ich dann später in meinem hellen Gartensaal zum zweiten Male las, im Frühling des Jahres, in dessen Herbst ich die in mein Haus führen sollte, die nun seit lange nicht mehr ist.[2] — Ich habe es vorerst still bei Seite gelegt; wenn der Frühling wiederkommt, dann will ich es lesen, und entgegen meiner bisherigen Ansicht, mag ich vielleicht dabei zu der Erkenntniß kommen, daß für den heimgegangenen Freund in den Jahren, wo die Kräfte zu selbständigen Schöpfungen nicht mehr ausreichen, diese Arbeit doch wohl eine tröstliche Begleitung seines Lebens gewesen ist. Daß das Buch in seiner neuen Form jetzt schon erscheinen würde, war mir eine völlige Ueberraschung; ich hatte es erst in einer demnächstigen Gesammtausgabe erwartet. Haben Sie nochmals herzlichen Dank für Ihre große Freundlichkeit.

Wie lebhaft der Besuch bei Ihnen — es sind ja 20 Jahre seitdem — in meiner Erinnerung geblieben, wird Ihnen das in Westermanns Monatsheften abgedruckte Gedenkblatt[3] sagen, das ich vor einigen Tagen an Sie absandte. Hoffentlich habe ich nichts darin gesagt, was Sie lieber der Oeffentlichkeit vorenthalten wünschten. Es war mir Bedürfniß, für meine Freunde und besonders auch für meine Kinder diese Erinnerung festzuhalten.

Aus der Ferne habe ich an dem Geschick Ihrer Familie einen wenn auch stummen, so doch innigen und unablässigen Antheil genommen. Eine Zeit lang traf es sich ja so gut, daß mein Sohn der Jurist, Ernst, dann und wann von seiner Musenstadt Tübingen zu Ihnen pilgerte.[4] Er ist jetzt Referendar beim Appellgericht in Kiel und gelangte durch die in Schnee begrabene Welt doch noch glücklich zum Weihnachtsabend zu uns, um mit seinen fünf Schwestern[5] — die älteste Lisbeth erhielt ja damals die Schühchen I[i]hrer Fanny — das Fest zu begehen. Er ist ein lieber Junge, und hat mich gebeten, Sie freundlich an den studentischen Gast zu erinnern.

Als ich im vorigen Sommer in Würzburg[6] war — wie ich leider zu spät erfuhr, nur wenige Meilen von Mergentheim — traf mich die Nachricht vom Tode auch Ihrer jüngsten Tochter.[7] Sie haben Recht, vor Allem Sie, seit jenem freundlichen Tage in Stuttgart ist Vieles nicht mehr da. Von meinen beiden Eltern, die Sie damals leider nicht kennen lernten, lebt noch in dem großen elterlichen u. großelterlichen Hause meine fast 80jährige Mutter, von den verschiedensten Enkeln umschwärmt, durch Nervenschwäche an Manchen verhindert, sonst aber geistig und körperlich, wie sie sonst gewesen. Mein Vater starb[8] vor 2 Jahren an meinem Geburtstage im 85 Jahre. Ich vermisse ihn noch oft.

Ich schließe für dieß Mal; gestatten Sie aber daß ich Ihnen, so lange der mir vergönnte Lebensrest noch aushält, von Zeit zu Zeit ein Zeichen des Gedenkens gebe.

Frau Do[9] — Ernst hat Ihnen vielleicht von seinem Stiefmütterchen gesprochen — u. Lisbeth grüßen mit mir auf's Herzlichste Sie und Ihre Fanny

Theodor Storm.

22. Margarethe Mörike an Storm

Mergentheim den 24ten April 77

Geehrtester Herr!

Mein ungebührlich langes Schweigen auf Ihre gütige freundliche Zusendung[1] ist mir nicht nur sehr beschämend und beugend Ihnen gegenüber, ich bin auch mit der Sorge erfüllt daß Sie, lieber Herr Landrichter, ein von dem Scheine zwar gerechtfertigtes aber in Wirklichkeit irriges Urtheil mir stellen! — ich möchte Sie gewiß nicht belästigen durch ein eigentlich langweilendes Aufzählen all der vielen manichfaltigen Störungen welche zwischen meinem herzlichen Verlangen — Ihren mich ehrenden und mich sehr freuenden Brief zu erwiedern und meinen herzlichen Dank dafür zu sagen — und der heutigen Erfüllung desselben, sich immer wieder aufs Neue gedrängt haben; nur anführen will ich, daß schon im Januar ein Briefanfang an Sie in meiner Mappe lag — ich sah ihn inzwischen manchmal traurig an, ohne daran weiter arbeiten zu können; und kürzlich habe ich ihn als ein nicht mehr brauchbares verunglücktes Blatt vernichtet! — Dürfte ich Ihnen doch nicht sagen, daß ich sehr oft, und stets im besten Gefühl, Ihrer wohlthuenden Freundschaft gedenke — es hat für mich etwas Deprimirendes wenn Sie dächten: ich verstehe damit daß dieses einen Werth für Sie haben könne; nein, ich hab es nur ausgesprochen im herzlichen Dankgefühl für jene freundliche Vergangenheit in Stuttgart, und im Andenken an *Alles* womit Sie, lieber Herr, zu vielen späteren Zeiten den liebsten Eduard und auch mich erfreuten und beglück⟨t⟩en. Und nun noch besonderen ausdrücklichen Dank für Ihren letzten gütigen Brief und das was Sie darinen mir sagten; daß ich etwas stolz darauf bin, auf die Fortdauer Ihrer Gewogenheit und eines brieflichen Verkehres rechnen zu dürfen, darf ich wohl bekennen; um so größer aber die Aufmerksamkeit ist welche Sie mir erzeugen um so mehr empfinde ich wie wenig ich Ihnen genügen kann! — was Sie noch thuen geschieht dem liebevollen Andenken Ihres treuen Freundes, und auch so kann es mir nur innig wohl thun.

Alles was ich aus Ihrem lieben Familienkreise erfahren durfte war mir recht zur Freude; wie gerne möchte ich Ihre Lieben Alle von Angesicht kennen. Da fällt mir eben ein daß Sie, verehrter Herr, unserer Familie eigentlich noch eine Photographie von Frl. Lisbeth schulden — ich möchte nicht gerne Ihnen dasselbe erlassen, weiter aber zu bitten und betteln erlaube ich mir doch nicht. Ihrer werthen Frau Gemahlin, lieben Söhne und Töchter, meine und Fannys freundlichste Grüße; Herrn Referendar Ernst besonderen Dank für das gute Andenken an seine Nürtinger Besuche[2]; es wird demselben gewiß auch nicht vergessen sein wie ich dort einmal aus Versehen ihm die Eßig statt der Weinflasche vorsetzte. Wie schade daß Mergentheim[3] im vorigen Jahre Ihnen so nahe war — mit der Bahn in 2 Stundten zu erreichen — und ich durfte Sie nicht wieder begrüßen! welch eine ungeahnte mächtige Ueberraschung wäre das gewesen! das allein tröstet mich darüber daß Sie uns damals in zu tiefer Trauer gefunden hätten, in zu großer Erschöpfung wegen des schweren langen Leidens unserer lieben Marie![4] — Welch ein seltenes namenloses Glück haben Sie genossen *so* lange Beide Eltern zu besitzen — und jetzt noch eine liebe ehrwürdige Mutter zu haben! ich meine fast da würden Sie sich nicht in meine Verarmung hineindenken können — mir ist außer *allen* Verwandten meiner Eltern, auch Vater und Mutter längst gestorben; von 11 Geschwistert war ich das einzige verheurathete, und jetzt das einzige noch lebende — denken Sie sich dann noch den Tod meines lieben Mannes und Kindes, so ist Niemand mehr da als Fanny und ich! —

Noch nicht habe ich Ihnen Dank gesagt für das gedruckte Gedenkblatt[5]; es hat sich unwillkürlich diese Angelegenheit bis an den Schluß meines Briefes verschoben — vielleicht aus dem Grunde weil ich *aufrichtigen Herzens* von Ihrer Erlaubniß Gebrauch machen wollte, und doch wieder einige Befangenheit verspürte in Ihre *so herzlich gut* gemeinte Geistesarbeit ein Aber hinein zu werfen. Auch im Augenblick noch zaudre ich — aber sollte ich nicht mir Muth schöpfen in dem Gedanken: daß erst dann wenn ich schreibe wie ich es wahrhaftig denke, meine Worte es werth sind von Ihnen angenommen und gelesen zu werden; also sey es gewagt.

Sie haben mich, und gewiß auch alle die es lasen, unendlich erfreut durch die liebliche ja wunderhübsche Auffassung und Beschreibung des Ganzen, und ich fühle mich in vielen Punkten recht sehr zum innigsten Herzensdanke Ihnen verpflichtet — es ist ein ächt Stormisches anziehendes reizendes Produkt! nur in einem auf unseren lieben Eduard zurückführenden Punkt waren Sie nicht ganz richtig mehr an das damals erinnert; — es ist dieß die Betonung der Worte Eduards — weder ich noch Andere haben jemals ihn *so schwäbisch* reden hören; es ist uns Allen etwas so fremdes an ihm, daß selbst Eduard es uns nicht mehr ist, wie wir ihn in Ihrem Gedenkblatt finden. Ein Zweites ist mir auch noch leid für den lieben Mann: Ihre Bemerkungen über eine Buchhändlerische Manipulation[6] beim Herausgeben jeder frischen Auflage — und Eduards Stellung dazu! — Sie finden diese weiche Empfindung eines Frauenherzens vielleicht *zu* weich; haben Sie Nachsicht und Freundlichkeit dafür; — indem ich Ihnen nun den Schatten, der für mich auf Ihrem sonst so vorzüglichen Geschaffenen liegt, zeigte, ist es mir wie wenn ich dem Verstorbenen selbst eine Liebe darbrächte, und ich für mich kann jetzt auch diese Sache bei Seite legen, und vergeßen.

Diesen Morgen habe ich die Todtenmaske meines lieben Mannes an einen Bildkünstler nach Stuttg. gesendet; sie wurde verlangt als Anhaltspunkt zu einer Büste für sein Grabdenkmal[7]; mit welch wehmüthiger Seele würden auch Sie, verehrter Herr, diese im Tode noch ganz Eduardischen Züge angeschaut haben! bald sind es 2 Jahre daß wir ihn nicht mehr haben — immer traumhafter wird das Dasein! Leben Sie wohl, lieber Herr Landrichter, bleiben Sie uns so herzig gewogen als ich in Wahrheit mich nennen darf Ihre Ihnen freundschaftlichst ergebene

M. Mörike.

[Am Rand:]

Sie irren sich, lieber Herr und Freund: Eduard hatte nie den Titel *Hofrath*; ich bin nur die Wittwe des Professor Mörike[8] oder einfacher noch: Frau M. Mörike.

23. Storm an Margarethe Mörike

Gutshof Fobeslet in Jütland.
1 Septbr. 1877.

Geehrte Frau!

Erst jetzt komme ich dazu, Ihnen auf Ihren so herzlichen und eingehenden Brief zu antworten; allerlei Sorge und eine Arbeit, die fertig werden sollte und nicht wollte[1], ließ mich eine Reihe von Freundesbriefen für diese jetzt zu Ende gehende Ferienzeit zurücklegen. Wollen Sie aber nie daran zweifeln, daß ich jeden Brief von Ihnen mit besondrer Freude empfange und fernerhin hoffentlich auch rascher beantworten werde.

In Würzburg wurde ich durch den Zweck meiner Reise festgehalten, der, wie Sie vielleicht erfahren haben, darin bestand, meinen ältsten Sohn in's medizinische Examen (das er jetzt endlich bestanden) hineinzuzwingen. Daß ich mich nicht dennoch losgerissen, hat mich später oft genug gereut. Wenn die Sorge für meine drei Söhne — die übrigen Fünf sind ja Töchter — erst etwas von meinen Schultern genommen ist, gedenke ich einmal zu meiner eignen Freude und mit meiner guten Frau, der von meinem Ernst sehr geliebten Stiefmutter[2] von Frau Constanzens Kindern, eine Reise nach dem Süden des Reichs zu unternehmen, und da wird Mergentheim gewiß auf unserer Route liegen.

Mit Freuden habe ich hier aus der Zeitung ersehen, daß Mörike's Denkmal zu seinem Geburtstage wird errichtet werden; und daß das Reliefbild sehr gelungen sei. — Gegen meinen kleinen Aufsatz[3] haben Sie zwei Bedenken erhoben; ich selbst habe ein großes dagegen; er war mir nicht genug aus dem Vollen geschrieben. Aber Ihren Haupteinwand kann ich nicht als begründet anerkennen; denn erstens: wodurch sollte jenes Gespräch zwischen mir und M. entstanden sein, wenn M. im traulichen Geplauder nicht diesen Dialect-Anflug gehabt und sich nicht auch dessen bewußt gewesen wäre? und zweitens beruht jede dieser mitgetheilten Aeußerungen von ihm auf am folgenden Tage vorgenommenen Aufzeichnungen, die bei Abfassung des Artikels vor mir lagen.[4] Daß nur ich, der Norddeutsche, das hörte, daß — um es zu formuliren — ein Schwabe nicht den andern „schwäbeln" hört, ist vielleicht ebenso natürlich, als daß es Ihnen auffällt, wenn Sie es gedruckt vor sich sehen. Sollte ich den Artikel noch einmal wieder abdrucken lassen, so werde ich etwas stärker noch betonen, daß dieser Dialectanflug sich nur im eigentlichen „Geplauder" äußerte, wie ich selbst etwa mit meinen Jugendgenossen in's Plattdeutsche zu gerathen pflege.

Das mit der *Titel*auflage[5] war ja natürlich gegen die Gleichgültigkeit des Publicums gerichtet, und bleibt im Uebrigen, mein' ich, auf des Verlegers Schultern; wie der Meinige es denn auch einmal bei den Gedichten so gemacht hat. Ich glaube Ihre Frauenempfindung ist hierin etwas zu zart, obgleich ich sie gar wohl begreife. Es handelt sich ja bei einer solchen Titelauflage um nichts andres, als daß der Verleger das Buch noch einmal auf den Markt bringen kann; und ist, denke ich eine allgemein zugestandene Form dafür.

Ein Bild von meiner Lisbeth soll nicht vergessen werden, das erste Mal, daß sie wieder vor den photographischen Apparat kommt; augenblicklich ist keines vorhanden. Sie wird wahrscheinlich im Oktober auf ein paar Jahre das Stuttgarter Conservatorium besuchen, und ich bedaure innig, daß Sie und Ihre Fanny dann nicht dort sind. Ich glaube, Sie, namentlich die beiden Mädchen, würden gegenseitig etwas von einander haben; denn Lisbeth ist eine Tochter, die ich und ihre Stiefmutter schwer entbehren werden. Sie wird wahrscheinlich bei Scherer's[6] Schwiegermutter, der Frau von Seth, wohnen; vielleicht könnte sich ihr auch noch durch Sie, verehrte Frau, ein oder das andre Haus öffnen, wo sie geistige Nahrung und Erquickung fände.

5 Septbr:

Seit vorgestern denn wieder zu Hause: die Zeit bei den Verwandten auf dem Lande war eine Regenzeit; erst als wir fortgingen, begann die Erndtesonne zu funke⟨ln⟩ Lisbeth hatte indeß mit ihren Brüdern, die alle drei für den Augenblick zu Hause sind, gewirthschaftet. Nur meine 17jährige Lucie ist draußen in einer Pensionsanstalt. Ich stehe inmitten einer großen Familie; aber freuen Sie sich Ihres *einen* Kindes, wenn auch die Sehnsucht nach der Todten nicht aufhört. Wenn der Kreis enger ist, so schließt er sich desto enger, und die Grenzen liegen nicht so weit, daß man sie nicht beherrschen könnte. Da ich mich alt werden fühle nicht in der Empfindung, aber in der Abnahme der Kräfte, so betrachte ich oft mit Angst u. Sorge das weite Feld, de⟨m⟩ ich noch meine Thätigkeit zu widmen habe. Man möchte endlich etwas ruhen.

Wie steht es eigentlich mit der Gesammtausgabe[7] von M.s Schriften? Sie ist doch nicht ganz bei Seite gelegt? Wenn sie im Werke ist, so müßte zweierlei dazu: ein Band Mörikescher Briefe[8] und dann sein Knabenbild[9], das ich seiner Zeit bei Ihnen sah, wo möglich, wenn auch nur in Holzschnitt, die von Bauer erwähnte Zeichnung von Orplid[10], von deren Verbleib M. damals nicht zu wissen schien. Die Hauptsache aber sind die *Briefe*.

Ich schließe für heut. Wie gern säße ich einmal ruhig bei Ihnen, und bespräche, wenn Sie mich solches Vertrauens würdigten, mit Ihnen Manches aus den letzten Jahren, dem ich mit der herzlichsten Theilnahme gefolgt bin, das mir aber im innersten Kerne unverständlich geblieben ist. Die Meinigen grüßen Sie, Lisbeth insbesondre Fanny, die sie noch in Stuttgart einmal zu sehen hofft; Ernst erinnert sich sehr wohl der Essigflasche; er ist gesund und froh, und sein hiesiger Aufenthalt, der noch wohl ³/₄ Jahre dauern wird für mich eine rechte Lebensfreude. — Also — Sie schreiben bald einmal wieder?

Ihr ergebenster

Th Storm

24. Margarethe Mörike an Storm

Mergentheim den 12 ten Januar 78

Geehrtester Herr!

Sie werden wohl nimmer an den Empfang eines Briefes aus meiner Hand glauben, und in Folge dieses Schweigens auf Ihren lieben werthen Brief von Anfang Sept. mich für sehr undankbar, und höchst unartig halten müssen; so tief und lebendig ich dieses empfinde und Ihnen das Recht dazu einräumen muß, so unglücklich macht es mich durch eigene (unfreiwillige) Schuld ein *solches* momentanes Verhältniß zwischen uns geschaffen zu haben! — es drückt mich das große Versäumniß in baldiger Erwiederung Ihrer so herzlichen Zuschrift so gewaltig — nicht heute nur, sondern schon Monate lang daß mich nicht einmal für jetzt die Hoffnung zu beruhigen vermag: Sie geehrter Herr, werden nach Lesung dieses Briefes mir verziehen haben und ich werde Ihres Wohlwollens nicht verlustig geworden sein. So hören Sie nun wie es seither mit mir und um mich her gegangen ist.

Kaum bin ich im Besitz Ihrer für mich so erfreulichen Worte gewesen, als ich schon das innige Verlangen in mir trug zu antworten, und zwar wie Sie mir gütig gestatteten recht *ausführlich*. Je mehr ich mir aber die Gedanken fürs Papier sammelte und ordnen wollte desto peinlicher empfand ich: daß ich eigentlich Ihnen nicht gerecht werden, daß ich nicht *die Sprache* der vollsten Offenheit sprechen könne, wolle, und dürfe, welche Sie mir durch Ihr freundschaftliches Entgegenkommen so nahe gelegt haben, und zu der ich auch einestheils das vollste Vertrauen besitze. In diesem heisen Kampfe zwischen Pflicht und Pflicht, zwischen Liebe und Liebe, bin ich nicht weitergekommen und lange stehen geblieben, wo ich so viele Jahre gestanden: bei Schweigen und Ueberwinden! Als so die ersten Monate nach dem Ankommen Ihres Briefes dahin waren, fand mein Gefühl, und die mehr und mehr gesteigerte Sehnsucht Ihnen zu schreiben, doch den Muth und Weg zu diesem Briefe; ich wollte Ihnen durch Andeutungen Gelegenheit geben sich die Wahrheit der vergangenen Dinge selbst zusammen stellen zu können; — nun aber kamen

Wochen in denen ich mich so unwohl körperlich, und im Gemüth bang und gedrückt empfand, daß es nicht möglich gewesen wäre die Feder zu führen. So kam der Dez. heran, und nimmer hätte ich es für möglich gehalten daß auch er, und der Eintritt ins neue Jahr verlebt würde, ohne daß ein Brief von mir in Ihren Händen sey! — es erkrankte eine verlassen stehende, einsame Freundin welche nach 4 Wochen in der schweren Krankheit und bitterstem Kampfe starb! Das viele was man ihr thun könnte und auch ich gerne gethan habe, vornehmlich aber der lange Anblick ihrer großen Leiden haben mich so angegriffen daß ich nachdem Alles vorüber war es erst recht spürte wie kraftlos ich war. Die Festzeit haben wir dann in Freundeskreise angenehm und friedevoll zugebracht, doch auch da begegnete mir der Unfall einer Ohnmacht: So, lieber Herr, ging es in Abwechslung fort bis zum heutigen Tage wo ich in Wahrheit mich glücklich preise *endlich an Sie schreiben* zu können! Wie oft hatte ich mir inzwischen in dieser langen Zeit gewünscht: daß Sie nur wenigstens wüßten daß ich Ihrer tagtäglich sorgend gedacht.

Ich war sehr überrascht aus Ihren Zeilen zu erfahren daß Sie in Würzburg[1], allso mit der Bahn blos 2 Stundten von uns entfernt waren; hätte ich solches gewußt, ich würde mir erlaubt haben Sie dort aufzusuchen; wenn Ihre Zeit so ausgefüllt war daß Sie Mergentheim nicht erreichen konnten so hätten Fanny und ich doch wahrscheinlich Sie in Würzburg ein paar kurze Stundchen genießen dürfen; — welch eine erfreuliche Aussicht haben Sie uns aber gegeben durch den Reiseplan mit Ihrer lieben Frau in unser Land; — möchte er sich doch nicht allzu lange hinaus vertagen, wie freue ich mich Sie wiederzusehen, und Ihre Frau Gemahlin kennen zu lernen!

Sie werden kaum glauben daß Ihre Nachricht: es werde Eduards Denkmal[2] auf seinen Geburtstag errichtet *die erste* und die *einzige* Kunde darüber ist, welche bei mir eintraf. Wohl bin ich von dem Denkmal Comite durch ein Geschenk von 300 Mark beehrt worden, dieses wurde mir durch den Cassier zugesendet; jedoch daß das Denkmal gesetzt worden und nun stehe hörte ich erst am Jahresschluß, wo andere Freundesbriefe einliefen und ich zugleich vernahm von 3 zuverlässigen Stimmen, daß das Reliefbild ganz mißlungen sey, auch das übrige Steinwerk durchaus keinen guten Eindruck gebe! Es ist schade für den guten Willen der Herren und das Opfer das sie gebracht — auch fürs Geld! Bitte *sehr: behalten Sie meine Worte für sich.* Es klänge sehr anmaßend und undankbar wollte *ich* eine Stimme gegen die Sache erheben. Dagegen kann ich aber Ihnen die freudige Botschaft bringen, daß ein junger Bildhauer namens *Rösch*[3] welcher im Atelier des Professor Donndorf[4] in Stuttgart arbeitet, eine Büste Eduards geschaffen hat *welche gar nichts zu wünschen übrig läßt.* Herr Rösch hat durch seinen Gönner (Prof. Scherer) mich um die Todtenmaske meines Mannes angesprochen; ich habe sie ihm gesandt, und mit ihr und den existirenden Photographien ist diesem jungen Genie das große Meisterwerk gelungen! Die Zeitung sprach schon sein Lob. Dann vernahm ich noch andere Stimmen die es hoch stellten, ja als eine Unfaßlichkeit so etwas zu schaffen das dem Leben so ähnlich, wenn man den Lebenden nie selbst gesehen habe; es hieß: diese Büste sey bestimmt, in Erz irgend einen freien Platz Stuttg. oder Ludwigsburgs zu zieren. Nun aber kommt das Beste erst: Herr

Rösch hat uns vor Weihnachten einen Abguß in Gips zum Geschenk gemacht — wir waren von dieser Güte in doppelter Weise gerührt und betroffen! es ist ein so sehr gutes Bild des lieben Eduard, daß man es nicht genug ansehen kann, nicht nur seine Züge getreu, auch die Haare, der Hals, die ganze Haltung des Kopfes; — ach, wie dämpft aber die Freude an diesem Besitz der Gedanke: das einst lebende Angesicht ruht im Grabe! Soll ich, verehrtester Herr, noch ein Wort sagen über das was Sie so nachsichtig gütig mir zu recht legten — so ist es erstlich nur das Bekenntniß daß ich wahrscheinlich mit meinen Worten mir das Zeugniß einer in diesen Dingen unzurechnungsfähigen Frau gegeben habe, dann daß ich Ihnen herzlich zu danken habe daß Sie mir es zu gut gehalten.

Sie fragen so theilnehmend nach der Gesamtausgabe daß ich gerne bereit bin Ihnen zu sagen was ich darüber weis. Im Laufe des Sommers hat Weibert (Göschen'sche Verlagshandlung)[5] mit mir den Vertrag über Eduards Werke abgeschloßen — künftig werden nun 4 Bände alles umschließen. 1 und 2 Nolten 3 Gedichte mit Anschluß der Idylle; 4. Hutzelmännle, Mozart, die 4 Erzählungen. Nolten hat schon sein Format — nun sind die Gedichte mit Idylle im Druck — diesem wird später ein 4ter Band folgen; — es können die Bände einzeln oder zusammen gekauft werden. Ihre freundliche Bemerkung wegen einem Briefband[6] habe ich gleichfalls mit dem Herrn Verleger besprochen, es führte jedoch zu keinem Resultat, da es (wie Weibert sagte) eine fortlaufende Reihe von Briefen sein müßte. Eine solche Corespondenz hat Eduard aber nicht geführt so lange wir zusammen waren; dann aber sind von seiner Jugendzeit auch nur Freundesbriefe aber nicht *seine eigenen* da — *wo* und *wie* wäre also das von Ihnen gewünschte zusammen zufinden? Jedenfalls *für jetzt* noch nicht. Das Bild von Orplid sah ich *nie* — Eduards Knabenbild findet vielleicht noch wo seine Anwendung. Ich gestehe: dieses traurige Vermächtniß an mich ist noch zu neu, und die große Erregung zu wenig gestillt, als daß ich nur den Muth habe mich noch tiefer darein zu versenken; ich danke Gott daß mir es bis daher gelungen ist so ordentlich mit meiner Aufgabe durch zu kommen; ruhig möchte ich nun der Zeit und Bestimmung überlassen was noch an mich kommt und kommen soll.

Ist wohl Fräulein Lisbeth im Oktober nach Stuttgart übergesiedelt? es ist freilich schade daß wir uns nicht mehr dort befinden und Freude an ihr haben können; — — ich selbst habe während meines Seins in Stuttg. so viel blos zu Hause gelebt, und kann in Wahrheit sagen: so viele Leute Eduard besuchten[7] so wenig sind mir geblieben in und nach der schweren Bedrängniß — ich wüßte leider Frl. Lisbeth nirgends einzuführen, als vielleicht bei Scheerers[8], Schulz[9], Fischer[10] wo sie gewiß schon selbst bekannt sein wird. Sie schließen Ihren liebreichen Brief mit den Worten „wie gerne möchte ich einmal ruhig bei Ihnen sein, und besprechen, wenn Sie mich solches Vertrauens würdigten" — ich schließe heute: wie gerne möchte ich Sie mit Allem bekannt machen was Sie zu wißen wünschen! Ich möchte, der mir von den Eltern angestammten Treue und Aufrichtigkeit mit einfachen wahrhaften Worten allerdings zuweilen meinen edlen Freunden das richtige und allein richtige Bild von mir geben, das durch ein merkwürdiges Verhängniß nur den ganz wenigen die mich von

Jugend an und stets kannten, recht da steht — aber ich kann mich nur zu erkennen geben wenn ich Andere fallen lasse, und dieß habe ich gegen meinen Vortheil und die Gerechtigkeit noch nicht gethan. Verkennung, Abfall, Trug und Lüge habe ich stumm ertragen — mein langer Kampf war schwer zum erliegen, aber mir ist für das Glück und den Ruhm vor den Menschen doch ein Sieg gewonnen: ich habe nun ausgeweint, ausgelitten, und die vollste Beruhigung, der göttliche Friede, eine unendliche Freude im Vorgefühl des Wiedersehens von Eduard u allen Lieben beglückt mich; ich habe keinen Wunsch mehr, ich bin zufrieden wie noch alles kommt. Jetzt ists ernstlich Zeit, zu schließen! Leben Sie wohl mit den l. Ihrigen; von Herzen grüße ich *Sie Alle*! Fanny empfiehlt sich Ihnen bestens, und ich verbleibe Ihre treu ergebene

M. Mörike

[Am Rand:]

Verzeihen Sie die schlechte Schrift, es wurde dunkel, ich sah es nimmer recht; ein andermal soll es beßer werden.

Bitte vergelten Sie meine Versäumniß mit baldiger Nachricht.

25. Storm an Margarethe Mörike

Husum, 30 April 78.

Liebe und verehrte Frau!

Haben Sie herzlichen Dank für Ihren lieben Brief, den ich freilich schon im Januar erhielt. Er giebt mir genügende Antwort auf das, was nach meinem Gefühl zwischen uns, wenn wir für den Lebensrest noch von einander wissen wollen, nicht ganz unberührt bleiben durfte. Lassen wir es ruhn, und seien Sie versichert, daß mein Gefühl, wie Alles so gekommen, mich ziemlich richtig leitet; nicht damit habe ich zu kämpfen, daß ich *Sie* nicht belaste, sondern damit, daß ich das Gedächtniß des verstorbenen Freundes mir nicht trüben lasse. Aber auch das gelingt mir einigermaaßen, wenn ich seine Kinderseele mit den Verhältnissen zusammendenke, in denen er und die um ihn herum aufgewachsen waren. — Sie haben den schönen Glauben eines Weiterlebens und eines, Irthum und Wirrniß dieses Lebens ausgleichenden Wiedersehens. Möchte es Ihnen und auch uns Andern werden, die wir nur goldne Träume darin erblicken können.

Was Sie mir über Mörike's Denkmal[1] schreiben, ist allerdings wenig erfreulich; aber ein glücklicher Zufall scheint dieß ja durch die Hand eines jungen Künstlers ausgeglichen zu haben. Möge denn dieß gelungene Bildniß an einem stillen freundlichen Platze, wie der theure Todte sie liebte, seine Aufstellung finden. — Daß, um gedruckt zu werden, eine fortlaufende Briefreihe nöthig sei, ist eine offenbare Ausrede des Verlegers. Mir scheint ein ebenmäßig fortgesponnener Briefwechsel sogar ganz gegen M's Natur. Warum sollen einzelne

Briefe, deren gewiß eine interessante Sammlung zu Stande zu bringen wäre, nicht ebenso dazu zu dienen, das Bild des Dichters zu vervollständigen. Sollte übrigens mit Schwind[2] nicht dergleichen da sein? Vielleicht würde ein andrer Verleger bereit sein; es ist immerhin zu bedenken. Zuerst nur das Material!

Meine Lisbeth ist seit vorigen Herbst in Stuttgart, wohl zufrieden mit ihren Studien und ihrem Logis bei Scherers Schwiegermutter[3] Frau v. Seth, Rheinsburgstr. 5; auch hat sie schon allerlei gesellige Beziehungen, und überdieß ist die Frau (2te) des Rechtsanwalts Sommer Geschwisterkind mit ihrer verstorbenen Mutter. Sie hat die Osterprüfung mit Angst, aber mit Erfolg bestanden u. wird zum Sommer einmal nach Haus kommen. Zu Prof. Scherer kann sie, leider, wegen der fortdauernden Differenz zwischen diesen u. der Mutter nicht kommen. Da Lisb. mir zu Weihnachten schrieb, dß Fr. v. S. so sehr darunter leide, so schrieb ich, ohne Lisb.'s Wissen, an Scherer und bat ihn herzlich, damit ein Ende zu machen. Er antwortete mir aber in einem ausführlichen wohl 10 S. langen Briefe, aus dem der leidenschaftlichste u. unversöhnlichste Haß sprühte. L. habe ich natürlich nichts davon gesagt (ich bitte auch Sie, liebe Frau Mörike, es unter uns zu halten) um ihre Unbefangenheit nicht zu stören. Sie ist bei der alten Dame, wie Tochter im Hause und das Verhältniß läßt nichts zu wünschen übrig, obgleich Frau v. S. streng kirchlich ist, L. ganz auf dem Standpunkt ihres Vaters. Das spricht offenbar für die Frau; auch hat sie sich in Betreff des Kostgeldes äußerst uneigennützig gezeigt.

Damals in Würzburg hat es mich genug gequält, dß ich nicht zu Ihnen konnte; aber ich durfte nicht vom Fleck; es galt meinen ältsten etwas seltsam u. schwierig von der Natur construirten Sohn ins mediz. Examen zu bringen. Jetzt ist er schon beschäftigter Arzt in einer kleineren Holsteinischen Stadt.[4] Ernst bereitet sich hier auf das große Staatsexamen, und empfiehlt sich Ihnen bestens.

Und so geht es leis, aber immer etwas stärker abwärts auf der abschüssigen Bahn des Alters; an der Hand meiner trefflichen und von den Kindern geliebten zweiten Frau.

Im April, d. h. resp. in Westermann's Monatsheften u. in der Rundschau erschienen zwei Sachen von mir, der schon im Aug. v. J. vollendete „Carsten Curator" u. „Renate" beendet im Febr. d. J. Beide sollen vor Ablauf des Jahres in Ihre Hande gelangen, d. h. in Buchform.[5] Leider wird, insbesondre die erste Erzählung, Sie nicht eben erquicken; denn wir können wohl das Glück entbehren, aber nicht die Hoffnung, die muß dem Leser in irgend einer Weise zur Seite bleiben bis zu Ende aus. Das fehlt hier; und so wird es peinlich statt tragisch. Trotzdem dürften drei Gestalten darin mit zu meinem Besten gehören. Nun — Sie werden lesen, und selbst empfinden.

Für heute nehme ich Abschied; meine Frau grüßt mit mir, auch Frl. Fanny. Kommt die nicht einmal nach Stuttgart, um mit der langen Lisbeth Bekanntschaft zu machen?

Noch einmal, herzlichen Gruß! Und schreiben Sie bald einmal wieder

Ihrem treu ergebenen

ThStorm.

26. Margarethe Mörike an Storm

Mergentheim den 4 ten July 78.

Verehrtester Herr und Freund!

Wenn ich das Datum Ihres letzten lieben Briefes betrachte so möchte ich wohl selbst es nicht begreifen können daß es so lange anstehen konnte bis ich von Ihrer für mich sehr ehrenden und erfreulichen Erlaubniß *bald wieder schreiben zu dürfen* Gebrauch mache; — sind nun gleichwohl die Umstände und Thatsachen um mich herum, in dieser Zwischenzeit, von der Art andrängend und überwältigend gewesen daß ein geordneter Brief an Sie, geehrtester Herr, rein unmöglich zu erreichen war, und habe ich auch dennoch *viel* Ihrer freundlichen Zuschrift gedacht mit dem Wunsche zu antworten und zu danken, so bitte ich doch: Sie möchten diese Zögerung des schreibens gütig zurecht legen. Vor allem nun meinen Dank aus tiefster Seele, daß Sie so liebreich, wohlthätig, und gerecht, das Urtheil sich gefaßt und gegen mich ausgesprochen haben! ach, ich bin so beklommen gewesen als ich (auf Ihre Anregung) Ihnen einen flüchtigen Blick gestatten mußte, und auch gerne gestattete, weil mir es so lange eine schwere Betrübniß war gerade *Sie*, lieber Herr, im Zweifel und Irrthum über das Unglück zu wissen; nun haben Sie mich nicht mißachtet sondern nur aufgerichtet, erquickt, ja beglückt; denn unendlich werthvoll ist es mir zu wissen: daß ich — dem Raume nach so entfernt dem Herzen nach aber so nahe einen Freund *in Ihnen* besitze, *den Einzigen*, aus so vielen die dem lieben Eduard angehörten, der *ein* Wort des Gefühls für mich, und *ein solches Wort*, mir zukommen ließ! o ich weis es gewiß Sie haben damit einen Segen gespendet, Sie haben selbst dem Verstorbenen Freunde wohl damit gethan, denn jetzt sieht er das Wahre und ist nicht mehr in Nacht und Unklarheit. Sie sagten recht: er war die reichste liebenswürdigste Kinderseele und zu dieser hin konnte meine treue Liebe (im Geiste) fort und fort dringen; ich habe in keiner Lage meines Lebens seine Seele voll Liebe losgelassen, und nun hat mich Gottes Gnade auch noch den zeitlichen Frieden auf diese Weise finden lassen, daß ich erfüllt bin mit den tröstlichsten Hoffnungen eines seligen Wiedersehens! —

Verzeihen Sie, ich hätte mich nicht so in dieses Thema vertiefen sollen, aber wie schwer ist solches für ein überfließendes Gefühl. Ihre Ansicht wegen dem Druck von Briefen scheint mir sehr annehmbar — nur wer weis was noch zustande kommt; wenn ich einmal nach Stuttg. käme und den H. Verleger mündlich befragen würde, einigen wir uns vielleicht; — das suchen nach dem Material müßte ich füglich selbst besorgen; zu diesem war aber bis jetzt noch keine paßende Zeit d. h. Stimmung, da ohngeachtet daß Eduard schon 3 Jahre und Marie nun 2 Jahre entschlafen sind doch immer noch nicht eine schwere Trauer von mir gewichen ist, zu der ein vielfaches Leiden des Körper sich gesellte. Ihren freundlichen Wink werde ich nimmer vergessen, und später auf diese Frage zurück kommen. Von Schwind ist wohl eine Reihe Briefe da[1] — Eduard sprach aber selbst den Willen aus sie nie zu veröffentlichen, weil Schwind in ihnen recht oft lebende Persönlichkeiten auf seine Art und Weise besprach. Es freut mich herzlich daß Sie mir von Frl. Lisbeth aus Stuttgart manches erzählten, und daß ihr Dortsein ein sehr angenehmes und allen guten Wünschen entsprechendes ist; wie mag ihre Ferienreiße nach Hause eine Freude gebracht haben! Bleibt sie noch länger d. h. übers Jahr?

Es wäre möglich daß ich mit Fanny heuer noch hinreißte zu Eduards Grab — dann versäumen wir gewiß nicht No 5 der Reinsburgstraße[2] zu besuchen. Das immer noch bestehende Zerwürfniß Scheerers[3] mit Fr. v. S. thut mir *sehr* leid; was mag da wohl die Tochter für Kummer haben! Die Sache ist mir eigentlich gar nicht bekannt — als Scheerers sich von der Mutter trenn⟨t⟩en, mußte freilich ein Friedensbruch gedacht werden, da aber Scheerers nie zu mir davon sprachen so blieb ich auch unwißend; daß ich dadurch die mir bei⟨m⟩ Abschiede von Stuttgart (1874) noch in Mitte der Familie stehende theilnehmende freundliche Frau nie mehr sah ist mir schon zuweilen ein Leid gewesen nun kann es aber ja wieder geschehen durch Frl. Lisbeth. Daß Ihr Vertrauen zu mir sich rechtfertigen werde glauben Sie wohl — ich schweige immer sehr genau. Aber an Scheerer will es mich doch im stillen recht verdrießen daß er so fest auf dem Vergangenen beharrt! Ich kann es auch immer noch nicht verschmerzen daß Sie in Würzburg gewesen sind und wir uns nicht sahen! begreifen kann ich jedoch vollständig *wie* es so gekommen ist.

Meinen besten Glückwunsch zum gelungenen Examen[4], und dem bei Herrn Ernst bevorstehenden; — es wäre mir ein aufrichtiges großes Vergnügen Ihre liebe und geliebte Frau kennen zu lernen — eine Hoffnung dazu ist mir gegeben wenn Sie Beide einstmals unser Land bereißen.

Auf das Eintreffen Ihrer neueren poetischen Arbeiten freue ich mich *sehr*, bitte vergeßen Sie diese Sendung nicht.

Von Fanny kann ich dießmal keine direkten Grüße schreiben, sie befindet sich seit einigen Wochen in Bühl bei Baden-Baden, zum Besuch einer dort verheurathenden Freundin und wird noch einige Zeit ausbleiben; — von mir aber möchte ich recht zahlreiche Grüße in Ihr liebes Haus senden, Ihrer Frau Gemahlin, Söhne, und Kleineren. *Wie* es mich beehren und freuen würde wenn ich abermals einen Brief Ihrer Hand erhalten dürfte wissen Sie vielleicht selbst, und darum hoffe ich auch auf solchen.

Von unserem Dasein hier ist nicht viel des Besonderen zu erwähnen.

Ehe Fanny auf ihre Reiße ging hatten wir es sehr unruhig — 5 Wochen waren durch ebenso viele verschiedene Gäste ausgefüllt; — nun gebrauche ich die hiesige Mineralbronnenkur; will sehen, obs noch beßer mit mir wird; — wahrscheinlich habe ich auf Herbst noch einen Logiswechsel, da meine gegenwärtige Wohnung äußerst beschränkt ist. Aber jetzt ist es genug geplaudert Ihnen gegenüber, geehrtester Herr!

Leben Sie wohl mit den l. Ihrigen; ich bin und verbleibe Ihre ergebenste

Margarethe Mörike.

27. Margarethe Mörike an Storm

Mergentheim den 30ten Dez. 78.

Sehr geehrter Herr und Freund!

Mit herzlicher Betrübniß überblicke ich die lange Zeit welche zwischen der freudigen Empfangnahme Ihres mir gütigst geschenkten neuen Werkes[1], und dem von mir so arg verspäteten heutigen Dank dafür, liegt! — Können Sie wohl glauben, lieber Herr, daß ich inzwischen oftmals im Geiste bei Ihnen geweilt habe und Ihnen schon vielfach gedankt für die große Freude welche uns das Lesen und der dauernde feste Besitz dieser zwar etwas schaurigen aber da es *Ihre* Geistesschöpfung ist doch *sehr* angenehmen Lektüre bereitete; — halten Sie mich aber darum nicht minder werth Ihrer Güte wenn es *so* lange anstehen konnte bis dieser Brief sich bei Ihnen einstellt, der gleich am Ende des Oktober wo wir von einer mehrwöchigen Reiße nach Stuttgart wieder zurück kehrten hätte zu Ihnen kommen sollen.

Wie hatten wir uns gefreut endlich einmal der l. Fräulein Lisbeth ins jugendliche Angesicht zu sehen — schon ehe wir Frau von Seth aufsuchen konnten ahnten wir beim Begegnen dieses und jenes fremden Fräuleins es könnte Frl. Lisbeth sein; aber wie waren wir betroffen als wir hörten daß wir Dieselbe gar nicht begrüßen und kennen lernen sollten! — Frau v. Seth war so gütig uns die Erklärung zu geben warum es nun so ganz anders geworden; — müssen wir auch sehr bedauern daß eigentlich den ersten Anlaß zum Abbruche in Stuttgart ein durch fortgesetzten angestrengten Fleiß hervorgerufenes Handleiden gegeben hat, so wurde unsere herzliche Theilnahme doch angenehm hinübergeleitet zu einem erfreulichen Ereigniße in Ihrer Familie: dem glücklichen Examen Ihres Herrn Sohnes, seiner selbständigen Thätigkeit und dem schönen lieblichen Berufe der Schwester bei dem Bruder[2]; — wie traulich mag es Beiden sein, und wie beruhigend für das Elternhaus! Nun aber, bester Herr, dächte ich, haben wir doppelt das Recht, Sie mit Gelegenheit um das uns versprochene Bildchen von Ihrer lieben Tochter zu bitten; denken Sie: wir haben nun noch gar keine Vorstellung Ihres Wesens. Lange ist es daß ich nichts mehr über Sie weis — wie Sie den Sommer Herbst und Winter bis jetzt zugebracht haben; — möchten Sie sich samt der ganzen lieben Familie stets wohl befunden haben und es auch bleiben; auf daß ich hoffen darf es werde im nächsten Jahre zu der von Ihnen ahnungsweise versprochenen Reiße in unser Land kommen. *Wie* soll es mich freuen Sie nochmals zu sehen, und Ihre mir so verehrungswürdige Frau Gemahlin kennen zu lernen; — es ist mir gar nicht als hätte ich eigentlich blos eine freundliche Menschenbeziehung zu Ihnen, und als hätten wir uns eben *erst einmal* im Leben, und zwar vor einem halben Erdenleben schon, gesehen.

Wir hier leben unser einfaches wenn auch durch freundlichen Verkehr vielfach beweg⟨t⟩es und erregtes Dasein; Fanny ist gesund und munter; ich habe vielfach zu klagen über Beschwerden die ein Leben wie das meinige und dann das Alter bringt — doch was dahin ist auch überwunden, möge es nur nicht schlimmer werden als wie es gegenwärtig ist.

Zum kommenden Jahre möchte ich Ihnen, verehrter Herr, so wie Frau Gemahlin und Familie die besten Glück und Segenswünsche entgegenbringen; Gesundheit, Friede, und ein genügsam Herze sind wohl die sichersten Führer durch gute und böse Tage.

Fanny schließt sich mir an; wir empfehlen uns Ihnen Allen freundlich; ich verbleibe

Ihre ergebene

M. Mörike

28. Margarethe Mörike an Storm

Mergentheim den 8ten Okt. 80.

Verehrtester Herr und Freund!

Zwei Jahre sind langsam verstrichen seitdem ich das letztemal in Stuttgart gewesen, dort im Hause der Frau von Seht[1] das letzte Lebenszeichen aus Ihrer lieben Familie vernommen habe, und nachdem ich kurz darauf mir die Freude gemacht an Sie, verehrter Herr, einen längeren Brief abzusenden, in steter sehnender Erwartung einer weiteren Nachricht über Ihr und der lieben Ihrigen Wohlbefinden bin! — schon wollte es anfangen mich zu beunruhigen: ob ich wohl mich gegen Sie verfehlt habe?! ob Sie sich vorgenommen ganz von mir abzusehen?! ob Sie am Ende krank geworden und darum die Feder ruhe?! da haben Sie mich durch die Zusendung[2] Ihres kostbaren Geistesproduktes aufs höchste überrascht und erfreut!!

Mit Worten kann ich Ihnen nur sehr dürftig schildern *wie* groß meine Freude war als ich auf der Adreße Ihre hochgeschätzte Handschrift wieder erblickte! — wie ich mich beglückt fühlte einen frischen Beweis Ihres Andenkens und Wohlwollens vor Augen zu haben! — Nehmen Sie nun, bester Herr, den innigsten Dank dafür! — schon zweimal haben wir mit großem Genusse die schöne lebensvolle Erzählung durchlesen; zuerst für uns, dann bei einer kleinen Abendgesellschaft; — ohne Ihnen schmeicheln zu wollen *muß* ich sagen: Alle Zuhörenden waren entzückt über Stoff und Redeweise. Glauben Sie mir wohl? ich lege mit Stolz Ihr neuestes Geschenk zu meinem anderen reichen Stormischen Schatz!

Gerne lasse ich mir Ihren schriftstellerischen Gruß als ein erfreuliches Zeichen Ihres Wohlbefindens, nach Leib und Gemüth hin, gelten. Möchten sich all die lieben Ihrigen wohl befinden — Ihre Herrn Söhne in nicht zu weiter Ferne weilen, auf daß ein Wiedersehen öfters sich genießen läßt — wie geht es Frl. Lisbeth? nach deren lieben Bildchen wir schon manches Jahr ausschauen! — Sie erinnern sich gewiß nicht mehr des liebenswürdigen Versprechens uns dasselbe zu senden; — weiter zu erbitten erlaube ich mir nicht. Unsere Photographien stehen zu Gebot.

Ohne Zweifel haben Sie sämmtliche Blätter gelesen welche über die Enthüllung des Mörike-Denkmals[3] in Stuttgart handelten; darum möchte ich nur noch beifügen daß ich nicht dort zugegen war, doch meine Fanny und ihre Tante Clara — Es hat Sie gewiß diese Feier für unseren theueren Eduard von Herzen gefreut, und war seine Bescheidenheit und Demuth dieser Ehre vollkommen würdig.

Fanny und mir geht es gut d. h. unsere anspruchlosen einfachen Verhältniße genügen und lassen nichts zu wünschen übrig; — seit diesem Sommer ist Fanny verlobt[4] mit einem jungen Manne, der ihr naher Vetter und eine vieljährige Jugendliebe ist; er ist eines Pfarrers Sohn — heißt Georg Hildebrand — war längere Zeit in Rußland in einem großen Uhrengeschäft, und ist jetzt aufs neue dorthin zurück gekehrt um sich ein eigenes Geschäft zu gründen; dann freilich (wenn er guten Grund und Boden sich dort angeeignet hat) holt er mir mein Kind fort! und *mit mir* wird nach her die Familie Eduards erlöschen dem Namen nach. Ich weis daß Sie Freundesantheil nehmen. Darum war ich so frey *so Viel* von diesem Ereigniß zu schreiben.

Bitte, grüßen Sie Ihre liebe Frau Gemahlin, Söhne und Töchter herzlich von uns; einen gesunden heiteren Winter und aufs Jahr Kraft und Lust zum Reißen *ins* [am Rand:] *Ausland* Ihnen wünschend verbleibe ich hochachtungsvoll und treu ergeben

Ihre

M. Mörike.

[Am Rand der 1. Seite:]

Nachschrift: wie ich sehe haben Sie Ihren langjährigen Wohnort verlassen[5] — mir will es leid sein, das Husum hatte einen gar angenehmen Klang!

29. Storm an Margarethe Mörike

Hademarschen bei Hanerau
(Schlesw. Holstein) 20 Oktbr 1880.

Liebe und verehrte Frau!

Zunächst Dank für Ihren Brief, und alle guten Wünsche für die Braut; freilich wird es für Sie ein schmerzliches Verzichten, wenn Sie den Kindern nicht folgen wollen. Doch das ist Elternloos.   Meine Lisbeth ist seit reichlich einem Jahr mit einem liebenswürdigen Mann, dem Pastor Haase in Heiligenhafen (Holstein), verheirathet; sie ist dadurch Stiefmutter von 3 Kindern geworden, wozu sie durch ihr frisches Wesen, wie ich glaube, wohl geeignet ist; auch ein eigenes Kind hat sie gehabt und — es war eine Frühgeburt — wieder begraben müssen; meine Frau war bei ihr, obwohl die Verbindung zwischen hier u. dort so unbequem ist, daß man fast ebenso leicht nach Berlin kommen könnte. Jetzt ist sie wieder frisch u. wohl; die nach ihr kommende Schwester Lucie[1] — verlobt mit einem jungen Pharmaceuten u. leider, weite Aussichten — ist augenblicklich bei ihr. Gern sendete ich Ihnen Bilder von uns; aber seit 10 Jahren ist kein Photograph für uns beschäftigt gewesen; sobald es geschieht, und meine Frau u. ich müssen doch wohl noch einmal daran denken

(Westermann, der Verleger meiner Gesammtausgabe, verlangt auch heute eine neue Aufnahme, die ich ihm aber zur Zeit ja nicht gewähren kann) sollen Sie gewiß zunächst mit bedacht werden. An Lisbeth werde ich schreiben, ob sie noch ein Bild hat. Sehr, und das ist kein bloßes Wort, würde es mich freuen, wenn ich Ihre Bilder erhalten könnte; Mörike's u. Ihrer beiden Töchter Kinderbilder sind in meinem Album; bekäme ich nun Ihr und Ihrer Fanny Mädchenbild dazu; dann hätte ich ein vollständiges Mörike-Folium. Doch ich will Ihrer freundlichen Theilnahme weiter berichten. Sie bedauern, dß ich Husum verlaßen[2]; und gewiß, es ist fast die angenehmste Stadt, die ich kenne; liebe Freunde, mein lieber jüngster Bruder und Arzt, mannigfachste geistige Anregung — weshalb bin ich hier? Ich kann schwer darauf antworten; es ist so gekommen. Mein zweiter Bruder, verheirathet mit einer etwas älteren Schwester ⟨meiner Frau⟩ wohnt hier; die Schwestern lieben sich sehr, sie wünschten das Leben miteinander aus zu leben. Da hat mich denn wohl die Liebe zu meiner kleinen Frau Do verführt, diesen tollkühnen Schritt zu thun. Im Uebrigen ist es hier so übel nicht; die Gegend sehr anmuthig, Eisenbahnstation im Dorf, in 4 Stunden nach Hambg., in noch weniger nach Kiel, außer dem liebenswürdigen kinderreichen Hause (die eine Tochter eminent musikalisch) meines Bruders — ursprünglich Landmann, betreibt er jetzt einen großen Holzhandel — sind hier allerlei Leute zum Verkehr, eine Gutsherrschaft, ein blühendes Institut, Aerzte, Prediger etc. Der Ort, wo das Gut liegt, heißt, wie dieses, Hanerau, das Kirchdorf dazu, wo mein Bruder wohnt, Hademarschen; zwischen beiden eine Chaussée von einer Viertelstunde mit weiten Ausblicken in anmuthige echt holsteinische Landschaften; ungefähr in der Mitte habe ich 1878 ein geräumiges Grundstück gekauft, auch sogleich den Garten angelegt, und diesen Sommer (wir bewohnen hier im Dorf zur Zeit eine bequeme Miethwohnung) einen bequemen Landsitz darauf erbaut (9 geräumige Zimmer mit Veranda u. Terrasse) den wir zum Frühling zu beziehen gedenken.

27 Oktbr. Mein Brief ist liegen geblieben und unterdessen unsre Lucie nach Haus gekommen, so dß wir nun hier mit 4 Töchtern haushalten. Die beiden jüngsten Gertrud[3] u. Friederike[4], genannt Dodo, (14 u 12 Jahre alt) werden außer von mir u. einem hiesigen Lehrer in Englisch u. Clavierspiel auch von ihrer 17jährigen Schwester Elsabe[5] unterrichtet. Und so geht die Sache ganz leidlich vorwärts.

Von meinen Söhnen ist Ihr Freund u. Verehrer, der Jurist[6], Hülfsrichter in der Schleswigschen Stadt Tondern; der älteste Hans[7], mein Sorgenkind, der sein Leben bisher nicht wohl zu leiten wußte, fährt augenblicklich als Schiffsarzt des Rotterdamer Lloyd von dort auf Batavia; die Stellung ist pecuniär sehr günstig, vielleicht — so hoffe ich — auch für eine Wandlung oder Erstarkung seines inneren Menschen. Mein „stiller Musikant" Karl[8] ist nach wie vor Musiklehrer zu Varel im Oldenburgschen.

Daß Ihnen meine kleine Novelle[9] einige Theilnahme abgewonnen, hat mich gefreut; sonst ist sie allerdings die schwächere Schwester meines „Vetter Christian"[10], was zum Theil freilich am Stoffe lag, bei dem das Anecdotische nicht ganz zu überwinden war. Der Stoff ist aus meiner mütterlichen Familiengeschichte; in Wirklichkeit aber vertrugen sich die Brüder nicht, und die Mauer zwischen den beiden Höfen steht, wie ich meine, heute noch.

Für heute nicht mehr, als herzliche Grüße von mir an Frl. Fanny u. von Frau Do an Sie beide.

Ihr alter Freund

Th. Storm.

30. Margarethe Mörike an Storm

Mergentheim den 23ten Dez. 80.

Verehrtester Herr und Freund!

Viel länger als es mir lieb ist hat es angestanden bis ich endlich zu der Freude gelange Ihren lieben inhaltreichen Brief zu erwiedern, und mich herzlich zu bedanken, daß Sie so gütig gewesen sind *für mich* diese ausführliche Erzählung aus Ihrer Familie[1] zu übernehmen. Mit Ausnahme des schmerzlichen Verlustes Ihres Enkelchen, das ich für Sie Alle auch recht bedauere, haben Sie so viel des Glücklichen und Erfreulichen geschrieben daß ich fast nicht weis wo anfangen zu gratuliren und unsere beste Theilnahme zu bezeugen; — wie Viel des Neuen kam zumal aus Ihrem lieben Hause zu unserer Kenntniß. Zuerst wohl muß ich die Freude aussprechen über die glückliche Vermählung Ihrer ältesten Tochter, der nach Aller unbefangenen Beschreibung lieblichen Lisbeth[2]; zugleich bringe ich Fräulein Louise[3] die herzlichen Segenswünsche für jetzt und die Zukunft entgegen! — wie schön mag Ihr häusliches Leben sein im Mitten einer fröhlichen Braut und jüngerer Töchter im anmuthigen Alter von 14 und 12 Jahren. An den jetzigen Lebensstellungen Ihrer Herrn Söhne nehme ich auch den lebendigsten Antheil; — so viel sich nun verändert hat ist doch Alles so glücklich gegangen daß, wenn Ihre höchsten Wünsche auch noch nicht überall sich erfüllt haben, immer noch das Beste in froher Aussicht zu erwarten ist, und kommen wird. Bitte, grüßen Sie gelegentlich Ihre auswärtigen Lieben. Was aber nun Ihren jetzigen Aufenthalt betrifft mit seinen vielen Annehmlichkeiten — und vollends Ihre eigene Villa! da *muß* ich sagen: das ist allerliebst! das freut mich für Sie und Ihre liebe Frau Gemahlin *ganz außerordentlich*! So eine reizende, ländliche, eingefriedete Heimath wäre mir auch das Höchste was ich je von der Erde und des Lebens Herrlichkeiten gewünscht. Nehmen Sie, mit Ihrer ganzen Familie, den innigsten Segenswunsch meinerseits zum Einzug mit ins neue Haus, in welchem Sie recht Viel des Schönen und Beglückenden erleben möchten. *Wie glücklich* preise ich Sie, lieber Herr, auch sonst noch: die manichfachen geschwisterlichen Beziehungen hier am Orte, wie dort in Husum, welche Freuden, und welch ein Reichthum des Daseins liegt in ihnen! — welch ein Gegensatz zu mir: Verwandte — Eltern — 10 Geschwister — Mann — Kind — *Alle* sind sie fortgegangen und ich blieb zurück mit Fanny — die mir auch nicht bleibt! Mein Glück muß ich darin finden, zu denken „ich habe all diese Lieben doch einmal gehabt, und mein Geist hat sie noch"! Da ich für diesmal nichts Besonderes mehr zu berichten habe so erlaube ich mir auch nicht Sie länger mit meinem Geplauder in Anspruch zu nehmen.

Ihr Versprechen wegen der Photographien hält mich nun in freudiger Spannung und Erwartung derselben; — lassen Sie sich durch die unsrigen herzlich begrüßen.

Zu der heiligen Weihnachten, und Neujahr empfangen Sie mit Ihrer lieben Frau und Töchter unsere besten guten Wünsche; ebenso viel freundliche Grüße von uns Beiden.

In Verehrung und Ergebenheit

Ihre

Margarethe Mörike

31. Storm an Margarethe Mörike

Hademarschen, 1 Januar 81.

Liebe Frau Mörike!

Dank für die Bilder, die eine treue Stätte finden sollen und die herzlichsten Wünsche für das heute beginnende Jahr. Mein altes Gesicht lege ich bei, wie es vor etwa 3 Wochen abgeschildert worden.[1] Unser Weihnachtsfest war freilich ein sehr belebtes, fast zu jugendreich für verbrauchte Nerven; in meinem Hause, die kleine prächtige Braut meines Ernst eingerechnet, 2 Söhne u. 5 Töchter, im brüderlichen Hause[2], 5 Söhne u. 2 Töchter und das Alles zwischen den Beiden Häusern hin und wieder wogend. Fast könnte ich Sie beneiden, daß Sie Ihr Kind so allein für sich gehabt haben; denn bei solchem Ueberschwang an Jugend fehlt das ruhige Beisammensein, das uns Aelteren Erquickung ist. Aber, da sie alle froh und mir im Herzen doch innig verbunden waren, so war's auch so gut. Heute bei dem heitersten Winterwetter ist mein Musikus Karl, der sich von Stuttgart her Ihnen und Frl. Fanny empfehlen läßt, abgereist, das Brautpaar ist schon vor Neujahr abgereist. So ist denn der Werkeltag wieder vor der Thür und ich beginne ein etwas seltsames Stück „Der Herr Etatsrath“ zum Abschluß zu bringen[3], das Ihnen seiner Zeit nicht entgehen soll.

Im Sommer hoffe ich eine Photographie meiner Frau senden zu können; Lisbeth's habe ich noch nicht erhaschen können.

Mit den freundlichsten Grüßen, unbekannter Weise auch von Frau und Haustöchtern, an Sie und Fräulein Fanny

Ihr, wie immer, ergebener

Th Storm.

31a. Margarethe Mörike an Storm

Mergentheim den 4ten Feb. 81

Verehrter Herr und Freund!

Seit dem Empfang Ihres lieben Briefes und Bildes[1] habe ich mir eine große Entsagung auferlegt gehabt; nemlich, nicht schon zu schreiben und zu danken, und Ihnen meine große Freude zu bezeugen über den Besitz Ihres werthen, gewiß recht gut gelungenen Abbildes; — länger aber will meine Bescheidenheit nicht Stich halten, und so schreibe ich denn auf die Gefahr hin: daß es Ihnen ein wenig zu häufig sein möchte. Haben Sie herzlichen Dank für *Alles* womit Sie mich aufs neue erquickt und beglückt haben; ich freute mich sehr wieder so viel des Angenehmen und Guten aus Ihrem Familienkreise zu vernehmen, habe im Geiste mir ein lebendiges Bild gemacht und bin wie selbst unter Ihnen geweilt! meine recht von Herzen kommende Gratulation bringe ich dem jüngsten Brautpaare, und Ihnen Allen dar; möchten Sie noch oft, und stets mit vollster Zufriedenheit, solch hohes Familienfest feiern, und Ihnen durch den Zuwachs Ihrer Kinder Freuden ohne Zahl bereitet werden. Nur einmal habe ich es erlebt ein Kind als beglückte Braut zu schauen — und dieses Glück wirft einen tiefen Schatten: es prophetzeihet baldige, lange Trennung, vielleicht auf nimmer wiedersehen! — und das, verehrter Freund, ist das nahende Ende meines stillen Zusammenseins mit dem Kinde; wie überschwänglich und endlos sprudelt Ihnen die Quelle des häuslichen Glückes! genießen Sie dasselbe recht heiter und gesund.

Mit großem Vergnügen sehe ich den Photographien, und dem Herrn Etatsrath[2] entgegen; es lächelt mich das gütig Versprochene jetzt schon freundlich an. Wir sind überhaupt im neuen Jahre mitten im Genuß Ihrer (ohne Schmeichclei) höchst anmuthigen anziehenden Schöpfungen; haben seit 14 Tagen wöchentlich 2 mal einen Abend wo uns ein junger Freund besucht und dann regelmäßig etwas von Ihnen gelesen wird — der junge Mann theilt völlig unsere Freude! Und nun, verzeihen Sie den Gedanken und die That: beiliegendes Druckblatt einzuschließen; — vielleicht ist es Ihnen doch willkommen. Der Name „Lichtenstein" welcher in einem Ihrer Heftchen genannt ist, brachte mich darauf. Bitte, uns Ihrer lieben Frau und Töchter herzlich zu empfehlen, und seien Sie in Verehrung innigst gegrüßt von Fanny und Ihrer ergebensten

M. Mörike.

[Am Rand:]
Bitte, geben Sie mir gelegentl. Ihre vollständige Adreße.

32. Margarethe Mörike an Storm

Mergentheim den 3ten August 81

Verehrter, lieber Herr Amtsgerichtsrath!

ich habe wohl das Nahen des mit großem Verlangen erwarteten H. Etatsrath[1] gespürt, als ich in den letzt vergangenen Wochen so oft an Ihr liebevolles

Versprechen denken mußte; auch habe ich vielleicht durch eben meine Gedanken zu Ihnen, lieber Freund, in der Ferne auf Sie gewirkt: daß Sie sich meiner erinnern mußten? — so war es mir als ich Ihre liebe Handschrift zur Hand bekam. Aber hören Sie nun weiter: ich konnte nicht wiederstehen sogleich wenigstens den Eingang Ihrer Erzählung zu lesen — nach den ersten Seiten setzte ich mich, mit der Schrift in der Hand, bequem auf das Sopha — und erhob mich nicht wieder bis ich das letzte Wort (: das mir viel zu bald kam :) in mich aufgenommen hatte! Gut, sehr gut, hat mir dieses Ihr neuestes Produkt gefallen, und ich meine *so* müsse es Allen gehen welche es zu lesen oder hören bekommen. Das ganz eigenthümliche, reizende, was ich in Ihren Schriften ohne Ausnahme finde, beruht *ganz gewiß nicht* in meiner persönlichen Hochachtung Liebe und Freundschaft zum Namen und Hause Storm; auch nicht weil ich gewohnt bin daß die Vollzahl meiner Freunde — denen ich auch die Freude gönnte und bereitete: Sie durch Ihre Werke kennen zu lernen — hingenommen und voll Rühmens Ihrer Redeweise sind! — auch nicht weil ich es vom lieben Eduard gelernt haben könnte: *das* was von Ihnen kommt zu bevorzugen; — also müßen Sie es mir (einer der einfachsten Frauen) schon gestatten, und es nachsichtig aufnehmen, daß ich in meinem Freude und Dankgefühl *so viel* über den H. Etatsrath zu sagen wage. Nehmen Sie den herzlichsten Dank dafür! — ich habe mich seit der Zeit wo Sie so gütig waren mir die Erzählung anzukündigen, von Herzen darauf gefreut, und werde es nun mit Stolz meinen Freunden darbieten. Fanny wird sich auch darob erfreuen, wenn sie nach Hause kommt; — sie befindet sich gegenwärtig mit ihrer Tante bei Frau Doktor Mörike[2] zu Gast. Letztgenannte ist vom Zweig „der reichen Mörike — zu dem wir nicht gehören". sie besitzt (für die Sommermonate) eine Villa auf der Fraueninsel am Chiemsee — zwischen München und Tyrol gelegen — dort verlebt nun Fanny eine äußerst schöne und glückliche Zeit da sie viele Ausflüge mit dem Dampfboot und Wagen machen; die Eisberge von Tyrol liegen der Insel gegenüber: es muß herrlich da sein!

Wie viele Fragen habe ich auf dem Herzen über Sie und die lieben Ihrigen! wie geht es Ihnen Allen? — hat sich inzwischen die l. Familie Frau Elsbeths[3] vermehrt? ist eines der l. Brautpaare[4] eingesegnet worden? — haben Sie Nachrichten, und gute, von Ihrem schiffenden Herrn Sohne?[5] — Sind Sie mit Ihrer lieben Frau wohl? Bitte, vergessen Sie nicht das Bildchen von Frau Storm; — es fehlt mir *viel* daß ich mir gar keine Vorstellung von der Hausfrau, dem Mittelpunkt Ihres Kreises, machen kann. Zuweilen fällt mir auch ein daß Sie einmal geschrieben, „vielleicht komme ich nächstes Jahr mit meiner lieben Frau nach Süddeu⟨t⟩schland u. s. w." wie freute ich mich damals! aber jenes bezeichnete Jahr es ist längst dahingeschwunden — und seitdem haben Sie sich in Ihrem neuen Heim so warm eingenestet daß ich wohl mir sagen darf: es gelüstet Sie nimmermehr zu uns heraus! — um so dankbarer bin ich nun wenn Sie mir von Zeit zu Zeit ein Lebenszeichen geben, und ich mich freuen darf daß Sie meiner als einer alten treuen Freundin gedenken; — sind Sie, verehrter Herr, ja *der Einzige* von den vielen Freunden, welche in Stuttgart zu uns eingingen der sich demüthiget mit mir zu verkehren. — das wird und muß Eduard wohlthun im Jenseits!

Verzeihen Sie die Tintenklekserei — ich weis gar nicht wie solches geschehen ist!

Scheerers[6] sind wieder nach München übergesiedelt — sie zeigten es mir an. Daß die Aussöhnung mit Frau von Seht[7] erfolgt ist, thut mir wohl; — ich entnehme es daraus weil Frau Scheerer zu Besuch bei der Mutter gewesen sein soll.

Darf ich zum Schluß des Briefes noch einen aufrichtigen Wunsch aussprechen so ist es der: Sie möchten Ihre Freunde in nicht zu langer Zeit wieder durch irgend welche literarische Arbeit beglücken.

Indem ich Sie *Alle* von Herzen grüße — mich in Ihr liebreiches Andenken empfehle — die beste Gesundheit und alles was gut ist in Ihr liebes Haus wünsche — — und nochmals *sehr* danke für Ihr Geschenk, verbleibe ich Ihre treu ergebene

M. Mörike.

33. Storm an Margarethe Mörike

Hademarschen — Hanerau, 23/8 81.

Liebe und verehrte Frau!

Sie müssen nicht gar so bescheiden sein, es ist mir ja eine Freude, Ihnen dann und wann ein Lebenszeichen zu geben, und das gilt nicht nur dem lieben unvergeßlichen Todten, sondern ebenso Ihnen selbst, wie Sie mir damals an jenem so weit dahinter liegenden Sommertage, und wie Sie dann später auch meinem Sohne Ernst[1], dem jetzigen Amtsrichter in Nordschleswig (Toftlund) erschienen sind, welchen letzteren wir jetzt mit seiner kleinen liebenswürdigen Braut, Marie[2], Tochter eines Seminarlehrers in Tondern, hier auf Ferienbesuch haben. Von hier gehen sie über Kiel noch zu unserer Lisbeth in das trauliche Pfarrhaus zu Heiligenhafen. Lisbeth war im Vorsommer 3 W. mit zweien ihrer Stiefkinder (einem Pärchen — ein älterer Knabe ist in Kiel auf dem Gymnasium) bei uns, eine heitere, glückliche Frau; auch scheint sie besondres Talent zur Stiefmutter zu haben, ein eignes Kind ist nicht wiedergekommen, auch, so viel ich weiß, nicht in Hoffnung. Die Verlobung meiner Lucie ist still und freundlich nach fast 3jährigem Bestehen gelöst[3]; eine schwere Sache. Es hat mir selbst recht weh gethan; er war ein ehrenwerther Mann; aber er war Katholik, und die Befangenheit im streng kirchlichen Katholicismus nahm in letzter Zeit so zu, dß es mit einer Tochter meines Hauses, wo freies selbstverantwortliches Denken als selbstverständliche Lebensbedingung gilt, nicht wohl mehr gehen konnte. In diesen Tagen ist die Arme 21 Jahr geworden; sie möchte irgend eine Stellung außer dem Hause annehmen; aber sie leidet seit Jahren an Nerven (auch Gesichts-) schmerzen, die durch die aufregende letzte Zeit sie jetzt natürlich schlimmer plagen. So muß es damit doch noch anstehen. — Mein medicus Hans ist seit etwa einem halben Jahr besoldeter Arzt in Frammersbach bei Lohr; wir erhalten jeden andern Sonntag einen ausführlichen zufriedenen Brief von ihm, und ich hoffe, daß dieses Sorgenkind sich noch zurechtlebt, wozu seine unzweifelhafte ärztliche Tüchtigkeit jedenfalls ein Fundament bietet. Mein Musikus, der sich in Varel durchschlägt, war im Sommer auch auf ein paar heitere Ferien, mit Ernst's Schwiegereltern zusammen hier. Sie sehen, dß es uns an Besuch nicht fehlt in unserm neuen Hause; wir sind von Mai an keinen Tag fast allein gewesen. Nun erwarten wir noch unsern guten Paul Heyse, der gegenwärtig auf Sylt ist und so kümmerlich sein soll, dß, wie Gottfried Keller mir gestern schrieb[4], die Aerzte ihm auf 2 Jahre hinaus die Arbeit untersagt haben.

Daß Ihnen der „Etatsrath"[5] etwas abgewonnen, hat mich recht gefreut; das Groteske (es entsteht wohl dadurch, daß man mit dem an sich, wo es sich nicht zu einer Schreckensgröße erhebt, in der Kunst unverwendbarem, moralisch oder ästhetisch Häßlichen eine Wiedergeburt durch den Humor vornimmt) ist sonst nicht jedermanns, namentlich selten Frauensache. Die Verbindung des Grotesken mit dem Zarten wurde hier von einem Freunde besonders anerkannt. — Ein Bild meiner Frau, vielleicht mit dem ihrer[er] um ein Jahr älteren Schwester, der Frau meines hiesigen Bruders, werden Sie vielleicht noch vor Herbst empfangen. — Etwas Neues habe ich noch nicht im Rahmen; dieser unruhige Sommer mit dem neuen Hause und dem neuen Garten, wo man stets gegen Dürre u. Kälte für die neuen Anpflanzungen zu sorgen hatte, war dem Innenleben eben nicht günstig; hoffentlich bringen Herbst oder Winter wieder etwas.

Ihre Fanny wird schöne Tage verleben; grüßen Sie sie freundlichst, wie auch meine Frau Sie bestens grüßen läßt, und gedenken Sie ferner Ihres alten Freundes

Th Storm

24. Aug.

Liebe Frau Mörike, ich komme noch einmal. Bei Correctur eines Wiederabdrucks meiner „Erinnerungen an Ed. Mörike"[6] sind mir wieder zwei Fragen aufgetaucht: ist die Zeichnung von der Insel Orplid[7], deren Bauer in seinen Schriften erwähnt nicht wieder zum Vorschein gekommen? und: besitzen Sie noch dies hübsche Knabenbild[8] — ich meine in Bleistift — von Mörike? Es müßte eigentlich photographisch für seine Freunde vervielfältigt werden.

Und dann noch einen Gruß von meinem Sohn, der sich gern der Stunden erinnert, die er in Ihrem Hause verlebt hat.

Ueber Obriges, bitte, bei Gelegenheit eine Auskunft!

Nochmals Ihr

alter Freund Th St.

Ist noch immer kein Buchhändler da, der eine Sammlung von Mörike's Briefen herausgeben möchte? da müßte d. Jugendbild davor.

33a. Beilage zum Brief Nr. 33: Ernst Storm an Margarethe Mörike

Hademarschen 24 August 1881.

Sehr geehrte Frau Mörike, ich wollte Vaters Brief nicht fortgehen lassen, ohne Ihnen einen Gruß mitzusenden. Ich bin jetzt Richter in dem nördlichsten

Theile des Deutschen Reiches in Toftlund, so dicht an der Dänischen Grenze, daß ich auf meinen Landtouren, die ich dienstlich zu machen habe, die dänischen Gehöfte und Dörfer liegen sehe. Mein ganzer Bezirk spricht denn auch dänisch und ist dänisch gesinnt; daher ist es gut, daß meine kleine Braut, ein Mädchen, fast so blond, wie ihr Fräulein Tochter, dieser Sprache mächtig ist; täglich erhalte ich jetzt, wo ich in den Ferien mit ihr zusammen bin, eine Lektion. So weit nach Norden dachte ich nicht hinaufzukommen, als ich damals als fröhlicher Student Ihr gastliches Haus in Nürtingen heimsuchte und als Sohn meines Vaters sowohl von Ihrem Herrn Gemahl und Ihnen empfangen wurde. Ich erinnere mich jenes Besuches noch sehr genau. Wie wir Vaters Hausbuch[1] kritisirten, wie denn Ihr Herr Gemahl verschiedene Gedichte, die er mit Unrecht ausgelassen wähnte, mit erhobener Stimme vorlas. Alles das kann ich mir noch lebhaft vergegenwärtigen. Nach dem Abendessen, es gab Suppe und dazu Brod und Landwein, machten wir einen Spaziergang, wir gingen auf einen schönen Aussichtspunkt. Nachher wurden noch Spuckgeschichten erzählt, dic mir immer unvergeßlich bleiben werden.

Ich hätte wohl Lust mal wieder nach dem Süden zu reisen, besonders, da mein jetziger Wohnort mitten in der ödesten Heide liegt; vielleicht die Hochzeitsreise — wenn ich dann mal wieder auch bei Ihnen vorsprechen darf — meine Braut kennt den Dichter Mörike auch, dafür habe ich gesorgt, noch dieser Tage habe ich ihr in der Veranda sitzend aus den Gedichten vorgelesen. Sie bittet mich, unbekannter Weise von ihr einen Gruß mitzusenden, leben Sie wohl und empfehlen Sie mich Ihrem Fräulein Tochter, Ihr ganz

ergebener

Ernst Storm.

34. Margarethe Mörike an Storm

Mergentheim den 30ten Nov. 81

Verehrtester Herr und Freund!

Habe ich auch schon manchesmal beschämt die Feder ergriffen zur Beantwortung eines lieben Briefes Ihrer Hand so doch noch nie auf solche verdemüthigende Weise wie diesesmal! — über 3 Monate ist Ihre ehrwürdige Schrift alt geworden ehe ich Unwürdige im Beginne einer Erwiederung stehe! was soll ich nun anfangen um das Versäumte — wenn zehnmal auch nicht mit Willen und sogar in oft ausgesprochenem herzlichen Bedauern — gut zu machen und in Ihren Augen nicht anders zu erscheinen als wie ich bin und es meine? — ich halte es für das rechte und gedeihlichste wenn ich mich der Hoffnung hingebe: Sie werden nicht alsbald mich verurtheilt haben vielmehr auch auf mein Schweigen die Erfahrung anwenden, daß der Mensch durch äußere Verhältniße zuweilen sein Wollen lange nicht zur That bringt während die Tage und Wochen unaufhaltsam davoneilen! — In den besten Gedanken bin ich wohl *doch wie oft* bei Ihnen gewesen — wären es doch schriftliche Worte geworden! Nachdem Fanny, welche einen schönen Sommeraufenthalt von

8 Wochen auf der Fraueninsel am Chiemsee (am bairischen Gebirge-Tyrol) gehabt hat, wo sie bei einer *reichen* Frau Mörike[1] zu Gast war, Anfangs Sept. wieder bei mir zu Hause gewesen ist, lag ein ganzer Berg von vertagten Geschäften vor uns; zwischen diese hinein war ein Münchner Bäschen und noch eine andere Freundin Fannys 3 Wochen da; was aber der eigentliche Schwerpunkt geworden ist das war mein Befinden — es machen sich die 63 Jahre, und die schwere Vergangenheit, geltend — mein Wille ist gut, ich bin auch keine besondere Pflege meiner gewöhnt, bin überall bald wieder bei der Hand, aber die Nerven wollen halt nimmer so standhaft sein wie früher, so kam es auch da wieder daß ich mich da und dort flüchten und entziehen mußte; — die Stille und Ruhe ist mir eben am zuträglichsten! Nach diesem ungebührlich langen Eingang wende ich mich nun zum Inhalt Ihres lieben Briefes. Welch ein liebenswürdiges Familienbild haben Sie mir im ersten Theil desselben vor Augen gestellt! zuerst die beglückende Nähe eines glücklichen Brautpaares[2] — dann das trauliche Pfarrhaus zu Heiligenhafen[3] mit seiner vorzüglichen Hausfrau, wie freut mich dieses Alles für Sie, lieber Herr, wie wohl muß dieser doppelte Sonnenschein thun! Meine herzliche Theilnahme begnügt sich nicht mit dem Lesen solcher Nachrichten und einer flüchtigen allgemeinen Aufnahme, nein ich muß immer von dem was Sie mir schreiben ein Bild entwerfen — und stehen schon manche (natürlich sehr irrige) Anschauungen vor meiner Seele; hätte ich die Gabe des Fernsehens dann wäre freilich die Sache richtiger; das Weitere was Sie erzählen, von der lieben Tochter Lucie[4] habe ich mit tiefem Bedauern vernommen — wie mag sie gelitten haben ehe sie ihre jetzige stille Freundlichkeit und Zufriedenheit errungen hatte! — Wäre der Grund zur Lösung des Herzensbundes ein anderer gewesen als den Sie mir nannten, dann würde ich vielleicht im Stande gewesen sein meine Empfindungen mit den Ihrigen zu vereinen, und mehreres darüber zu sprechen; als Katholikin aber, und aufs festeste überzeugt, daß dieß ein Punkt ist wo uns die andere Confeßion *nie* verstehen wird so lange sie auf ihrem Standpunkt bleibt, ich auch durchaus nicht Rednerin bin um Ihnen richtig mein Denken darzulegen was mir ebenfalls nicht zustände und Ihnen mit Recht (in diesem Falle) mißfallen müßte, so will ich nur sagen: es dauern mich die beiden jungen Leute *sehr*! gebe aber festbegründet zu „sie thaten am Ende gut“ da eine Mischehe in den weitaus meisten Fällen eine nicht vollkommen glückliche wird! — möchte der liebe Gott dem armen Fräulein die geduldig getragenen Leiden segnen und sie nun neben voller Leibesgesundheit eine zeitweilige, recht wohlthuende erquickliche, Stellung finden lassen, um sich bälder der peinlichen Gedanken zu entschlagen die am fremden Orte auch eher niedergehalten sind; — ach wie bemitleidend steht diese Tochter zwischen den 4 glücklichen Geschwister — nicht weil sie den Verlobten verlor mehr weil sie ihn gefunden hatte!

Innigen Glückwunsch zur Wiederkehr und der Anstellung Ihres Herrn Sohnes Hans[5]; — wie nett haben sich Ihre früheren Sorgen *so weit* aufgehoben, und nun wird es immer beßer werden. Und bei Ihrem musikalischen Herrn Sohn da lautete immer alles gut was ich vernahm, und man kann sich auch kaum in diesem Berufe es anders denken als ein Leben in Zufriedenheit und stiller innerer Harmonie.

Der Letzte Ihrer Sommergäste, Paul Heyse[6], ist auch längst wieder von Ihnen geschieden; — es würde mich freuen wenn Sie ihn nicht so übel auf gefunden hätten als der Ruf vor ihm her ging; — ich erinnere mich noch gut seiner zarten Gestalt[7], und kann leicht glauben daß das Leben mit seinen Sorgen und Leiden nicht große Anstrengung brauchte um ihn herab zu bringen! wie mag aber dieser sein Zustand Ihrem Zusammensein eine Wehmuth gegeben haben! Auf die mir freundlich versprochenen 2 Frauenbilder freue ich mich *sehr* — der Herbst ist vorüber und dieselben ohne Zweifel auch bereit, aber ich habe mir ja den Aufschub Ihrer Sendung selbst zuzuschreiben durch meine Verzögerung. Wie wohnlich mag jetzt Ihre neue Wohnung sich Ihnen Allen anschmiegen — und der Garten zubereitet und gedeihlich sein; — man hat ja nur einmal diese kolossale Mühe und Sorge, und dann das behaglichste Heim! Bitte grüßen Sie alle die lieben Ihrigen, voraus Ihre liebe Frau, herzlich; ich wünsche einen recht angenehmen Winter in Ihr Haus; — gesegnete frohe Weihnachten und ein volles Glücksmaas fürs neue Jahr! — Ihnen, lieber Herr, besonders noch die nöthige Zeit und Lust zum geistigen Schaffen, auf daß ich und Viele sich bald daran erfreuen dürfen.

Ihre treu ergebene

M. Mörike.

[Am Rand der 2. Seite:]

Ich glaube nicht daß etwas zu machen wäre mit einem Buchhändler; da sehr wenig Eigenes von Ed. da ist; — er hat gar nichts vorbereitet weil er *nicht wollte* eben des Druckes wegen.

[Am Rand der 3. Seite:]

Das Knabenbild Eduards im Original habe ich — es sind auch Abdrücke da, und sollen Sie *bald* einen bekommen; für heute will mirs nicht gut passen.

[Am Rand der letzten Seite:]

Fannys Grüße hätte ich bald vergessen! — Die Zeichnung von der Insel Orplid ist mir nie vor Augen gekommen; *wo* es wohl existirt? —

35. Storm an Margarethe Mörike

Hademarschen-Hanerau, 24/25 Septbr 1882

Endlich, verehrte liebe Frau, bringt Ihnen die Post denn wieder einmal ein Wort Ihres norddeutschen Freundes; dazu die neueste, freilich schon Ende Febr. d. J. vollendete, Novelle[1], die sich Herr Westermann aber von mir für das Probeheft des neuen Jahrgangs erbat, welcher erst mit dem jetzigen Oktoberheft beginnt, und außerdem das photographische Portrait unserer beiden Jüngsten: die rechts (vom Beschauer) Stehende ist unsre 17jährige Gertrud[2], die etwas finster gerathen ist, die links mit etwas zu viel Vortrag

Sitzende Dodo[3], getauft Friederike; letztere das eingeborne Kind meiner guten Do, erstere das letzte Kind aus meiner Ehe mit Frau Constanze und das, welches ihr das Leben kostete; die Beiden halten sehr zusammen. Das säulengleich in der Mitte stehende starke Mädchen ist eine Bekannte von ihnen, Tochter eines hiesigen Arztes, die ich in den Kauf geben muß. Weiter sind wir mit unsrem Photographiren noch nicht gediehen.

Ich hätte Ihnen längst einmal geschrieben, aber es ist mir seit dem Frühling nicht eben gut ergangen, wo sich eine mir bis dahin unbekannte Verdauungsschwäche einstellte, die mir Antrieb u. Kraft zu geistiger Arbeit raubte, und sich erst jetzt etwas zu verringern scheint; mir aber auch jetzt noch das Gefühl läßt, als hätten nun eigentlich erst die Tage, die uns nicht gefallen, fühlbar ihren Beginn genommen. Trotzdem ist während des Sommers ein Strom von Gästen (am meinem vorjährigen Geburtstag war auch Paul Heyse[4] bei uns) durch unser Haus gezogen, was mit den Pfingsttagen zu beginnen pflegt, wo unser ärztlich brüderliches Haus in Husum ein für alle Mal sich auf die Festtage in den beiden brüderlichen Häusern hier einquartirt. Nur einmal war ich drei Wochen fort, theils in Husum, die längste Zeit aber bei unsrem Ernst, dem Amtsrichter in dem nordschleswigschen Dorfe Toftlund, wo er noch bis nächsten Herbst ohne seine kleine Künftige hausen wird. Trotz der mager ausgestatteten Junggesellenwohnung war es recht behaglich, und unsere Theestunde, morgens und nachmittags, wurde redlich zu vertrautem Plaudern, auch zu allerart uns gefälliger Leserei ausgenutzt; auch Mörike's und Ihrer wurde warm dabei gedacht. Sie haben ja den herzlichen Menschen, meinen Ernst, mehrfach als Studenten bei sich gehabt; und es gehört das zu seinen liebsten Erinnerungen.

Den Stoff zu der beigehenden Novelle fing ich mir, als ich im vorigen Herbste im Pfarrhause unserer Kinder zu Heiligenhafen in Begleitung unserer Dodo 14 angenehme Tage verlebte; und so geschieht es, daß Sie in *dieser* Dichtung zugleich ein ziemlich getreues Bild von Lisbeth's Wohnort erhalten. Dort habe ich denn auch im nächsten Monat Hoffnung, einmal etwas dauernder Großvater zu werden; das erste Kind, wie ich Ihnen wohl schrieb, eine Frühgeburt, lebte kaum 14 Tage. Lisbeth ist übrigens dießmal sehr frisch und kräftig; ich werde Ihnen p. Karte Nachricht senden.

— — Ich nehme eben Ihren Brief v. 30/11 81 zur Hand, und erschrecke fast, dß wir bald wieder dieß Datum pr. 82 haben. Sie sprechen dort so theilnehmend von unsrer Lucie, und mit Recht; es kommt dazu, daß ein, man weiß nicht recht, ob nervöses od. auch rheumatisches, ihr seit Jahren anhaftendes Leiden sie auch noch verhindert eine andre Stellung im Leben einzunehmen, und daß dieß Wollen und Nichtkönnen in ihr selbst eine Unruhe u. Unbefriedigtheit hervorruft. Gegenwärtig ist sie auf ihren Wunsch für ein Jahr als Kostgängerin bei Ernst's künftigen Schwiegereltern, lieben Leuten, die einen kleinen Haushalt mit (außer Ernst's Braut, die nicht zu Hause ist) einer Tochter von etwa Lucie's Alter u. einer jüngeren führen. Ihr Leben hat aber sein Ziel verloren u. kann kein neues finden. Sie ist jetzt mein Sorgenkind; Hans, der Arzt in Frammersbach bei Lohr ist es nicht mehr; prom⟨p⟩t an jedem andern Sonntag Morgen liegt ein Brief von ihm auf unserm Frühstückstisch, der stets nur Gutes u. Zufriedenes meldet — möge es so bleiben! Sein Bruder Karl hat ihn in den Sommerferien von seinem Varel aus auf 3 Wochen besucht, und schreibt darüber sehr befriedigt. — Daß Sie Katholikin sind, wußte ich nicht; ich stimme Ihnen völlig bei, zwei Menschen verschiedener Confession, die auch nur noch an einer Faser mit der Confession zusammenhängen, in die sie hineingeboren sind, die sollten keinen Ehebund schließen. Es wird mir durch diese Mittheilung auch, was Sie, liebe und verehrte Frau, erfahren haben, wenigstens um etwas erklärlicher. — Um noch ein Wort von unser in einigen Monaten 20 jährigen guten Ebbe (Elsabe — Ton auf der ersten Sylbe)[5] zu reden, so wird sie zur großen Genugthuung unserer Heiligenhafener im nächsten Monat dahin gehen, um ihrer Schwester Haushalt in den Wochen zu führen, wo es heißt:

„Frau Adelheid[6], Frau Adelheid, in ihrem Bettlein feine
Muß ferne sein, muß ferne sein; doch ist sie nicht alleine."

O wie muthen mich diese Verse aus dem „Nolten" an, da ich sie niederschreibe, wie goldner längstvergangener Sonnenschein; mir ist als stünden die Todten wieder auf. Aber — wir wollen sie schlafen lassen; und das Weiterleben aufs Beste zu besorgen suchen, wenn's auch immer etwas mühsamer wird.

Lassen Sie nun, bitte, gelegentlich auch ein Wörtchen hören, wie es in der langen Zeit Ihnen und Ihrer Fanny ergangen, und ob, wie ich wünsche, Ihnen das 64ste Jahr besser gerathen ist als, nach Ihrem letzten Briefe, das 63ste. Meine Frau Do, die freilich 11 Jahre jünger ist als ich, der ich in diesem Monat mir meine 65 auflud, hält sich recht wacker, und da auch die drei Jüngsten froh und gesund sind, auch unser Haus sich nun für die schlimme Jahreszeit schon als warm und behaglich ausgewiesen hat, so gehe ich, obgleich weniger kräftig als im vorigen Jahre, dem Winter doch mit leidlicher Ruhe entgegen.

Und so seien Sie, liebe Frau Margarethe und Ihre Fanny von uns allen hier aufs Herzlichste gegrüßt!

Ihr alter

Th Storm.

36. Margarethe Mörike an Storm

Merg. den 21ten Nov. 82.

Geehrtester lieber Herr und Freund!

Sie werden sich wohl kaum zurecht zu legen wissen warum ein herzlicher Dank für Ihren gütigen Brief, das werthvolle Geschenk Ihrer neuen geistigen Arbeit[1], und für das liebe Bildchen[2] Ihrer Töchter, so sehr verspätet bei Ihnen eintrifft — während es mir doch eine Ehre und große Freude hat sein müßen daß Sie, verehrter Herr, mich auch noch am Schluße Ihres Briefes zu einem Wiederschreiben so freundlich aufforderten. Mit welchem Vergnügen habe ich auf der Adreße Ihre Schriftzüge begrüßt — wie beglückt den Inhalt des Umschlags entfaltet — mich an Ihrem herzlichen Schreiben erquickt — mich durch zweimaliges Lesen der Novelle in dieselbe hineingelebt, und dabei Sie selbst als den Verfaßer stets in der Erinnerung getragen — wie endlich die Gesichtszüge von Frl. Gertrud und Friederike mir tief eingeprägt durch oftmaliges langes Anschauen!! Dieß Alles hätten Sie mit eigenen Augen ansehen sollen um daraus zu erkennen, und sich versichert zu halten, *wie* dankbar Ihre Freundschaft und die Fortdauer Ihres Wohlwollens sich an mir erwiesen hat! Glauben Sie ja nicht, ich wüsse angenehm tönende Worte blos zu schreiben — wo sollte ich solches gelernt und geübt haben?! — ist doch der Briefwechsel mit Ihnen der Einzige dieser Art, wo mir das Herz aufgehen und es reden darf und kann im Vertrauen! ich freue mich von Herzen Ihnen wieder schreiben zu dürfen, habe ich doch seit dem letztenmale bis daher oft im Geiste mich Ihrem lieben Hause nahe gefühlt; — wie aber faße ich nun das vielerlei was ich denke und Ihnen sagen möchte hübsch kurz und klar zusammen?! Zuerst muß ich meine wehmüthige Theilnahme Ihnen bezeugen wegen des körperlichen Leidens[3] über das Sie klagen; — ich kenne gerade jene Beschwerden schon seit Jahren und weis gut wie viel man dabei leidet; es sind freilich Tage die uns nicht gefallen, aber zum Trost sind sie doch nicht beständig, und dazwischen liegen auch wieder Zeiten wo die Sorgen schwinden und man sich befreit fühlt — so treibe ich es lange schon und mit Hilfe Gottes vielleicht noch länger; möchten Sie nach vielen Jahren diese gleichen Worte gebrauchen können. Welch einen genußreichen heiteren Sommer mögen Sie nicht verlebt haben im Kreise Ihrer zahlreichen lieben Gäste — wie kann ich mich hinein denken in *solchen* lebhaften Verkehr, der ja auch einmal in des lieben Eduard Hause stattgefunden hat! Und Ihre gemüthliche Niederlassung bei Herrn Ernst, wie wird sie noch lange Sie Beide erquicken! — daß bei den Rückerinnerungen in die ferne Vergangenheit der Mörik'ischen Familie gedacht wurde ist sehr lieb und danke ich Ihnen. Dachte ich mir es doch, verehrter Freund, daß Sie die schön beschriebene und wie ein lebendes Bild vor den Leser hingestellte Landschaft in der Novelle, *mit eigenen Augen* geschaut haben müssen! welch einen noch besonderen Werth hat sie durch die nahe Beziehung zu der Heimath Ihrer lieben Frau Tochter! — mit großem Intereße sehe ich der mir von Ihnen zugesagten Anzeige über das glückliche Ereigniß in Heiligenhafen entgegen; — vielleicht, und dieß wünsche ich, sind schon jetzt alle vorhergehenden Sorgen in den Hintergrund getreten, und herrscht im Eltern und Großelternhause das volle Glück über das Dasein des l. Kindes! seien Sie Alle meiner warmen Mitfreude versichert. Was Sie mir sonst über Ihre Familie mittheilten ist ja alles so schön und gut wie man es sich gerne wünscht; nur Frl Louise[4] sollte nicht ausgeschloßen sein — ich habe tiefes aufrichtiges Mitleiden für sie! —

Zwei Tage habe ich an diesem Wenigen geschrieben — wurde oftmals gestört — und muß den 2ten Theil des Briefes abermals vertagen!

24ten. Sie erwarten gewiß nicht ein Urtheil über Ihr⟨e⟩ Novelle — *ich wollte sagen*: *eine Meinung*, von einer einfachen alten Frau, die ich nicht geben dürfte und könnte; — nur so Viel erlauben Sie mir darüber zu sagen: Alles, was von Ihnen stammt, auch das Neueste, macht stets einen großen Eindruck auf mich -- mag es nun Heiteres oder Trauriges beschreiben, es erfrischt und erwärmt mich, und bleibt *so* im Gedäch⟨t⟩niß haften, wie kaum etwas Anderes; — ist das nicht auch Ihnen ein⟨e⟩ freundliche Auffallenheit? — Bitte, lassen Sie Geist und Feder noch lange nicht ruhen — Sie bereiten damit Freunden und Fremden reichen und tief gehenden Genuß!

26ten Inzwischen hatte ich einen starken Anfall von Schwindel und Uebelsein — geht mir aber heute wieder beßer, so daß mein zögerliches Schreiben, hoffe ich, doch seinen Schluß erreichen wird. — Fanny ist seit dem 15ten Okt. die glückliche Frau ihres glücklichen Georgs! — als Ihre liebe Sendung hier ankam standen wir schon tief im Umtrieb und den Besorgungen für[s] Fannys nahe Trennung von Mergentheim; — doch fand sich noch die gemüthliche ruhige Zeit um des Abends Ihre Novelle zusammen zu genießen — nachdem endlich bei uns das richten u. packen u. versenden sein Ende gefunden hatte, verließen wir Beide selbst den Wohnort um nach *Blaubeuren* zu reißen; dort ist die Schwester Georgs verheurathet — und in deren Hause und Familie wurde das Hochzeitfest[5] auf recht schöne festliche und äußerst behagliche Weise begangen! — gerne habe ich es angenommen daß die l. Verwandten mir die Sorge und Arbeit im eigenen Hause von den alten Schultern nahmen — die frischen jüngeren Kräfte dort brachten Alles richtiger zu stande. Während des Essens ward von 2 anwesenden Herren: Dr. Welcher aus Stuttg. und einem Blaubeurer Herrn, in langen Reden, des Hutzelmännleins gedacht — Blaubeuren, Stuttgart, Ulm, die Donau in welche ja der Blautopf fließt dann das schwarze Meer, und Kischineff von woher Georg Eingang dieses Jahres gekommen war, wurden an der Hand von dem Märchen wie Weisagungen des Vaters der Braut behandelt — es gelang wirklich rührend schön! Während das junge Paar an den Bodensee zu einer Tante gereißt war, ordneten wir die neue Haushaltung in Ulm; ich sah dann die Reißenden zu letzt noch für einige Stundten, dann brachte mich der Bahnzug allein zurück nach Merg.! — Zu Hause brach ich zusammen, die große und lange Anstrengung für Körper u. Gemüth mußte es *so* bringen; zugleich aber war dieses auch wieder mir förderlich zur Zufriedenheit mit mir allein, und zum Bedürfniß und Dank für die Stille und Ruhe welche ich jetzt habe. Fanny schreibt oft und viel, ich antworte treulich, und so ist der geistige Verkehr nicht nur da sondern noch bewußter und reichlicher als es oft geschieht wenn man Tag für Tag sich persönlich hat. Und jetzt, als Letztes, noch Etwas das ich gerne von Seite zu Seite verschoben habe, das ich aber doch nicht mit Stillschweigen übergehen kann — von mir aus soll kein Irrthum unbenommen bleiben: Sie haben in den verschiedenen Confessionen bei Ed. und mir, einen Beitrag erblickt zu der Maase von Bestätigungen, daß sich nur Gleich und Gleich paaren solle; — wenn ich auch zugeben *muß* daß eben meine Religion im Gegensatz zu der großen *ganz* lutherischen Verwandschaft und Freundekreis Eduards schwer gewogen hat also wie eine fremde Ausgestoßene ingnorirt hat, so kann ich doch *durchaus nicht ein Wort* oder *eine That* von meinem Manne mir denken, wo er mich d. h. mich völlig verabsäumt, unbekümmert ja herzlos bei Seite gelassen, und in dieser Beziehung gekränkt, oder mir meine Religionsausübung erschwert, und mir irgend etwas in den Weg gelegt **hätte**; im Gegentheil er war da immer gut, und blieb auch in Stuttg. wie er in Merg. war: er intereßirte sich für das Katholische — ging mit mir (*wie oft*!) in eine kath. Kirche wenn wir an solcher vorbeikamen — machte mir im Leben viele Freude durch kl. Handarbeiten etc die Bezug auf meine Kirche hatten; kurz in Beziehung auf unsere verschiedenen Bekenntniße ist *niemals* zwischen uns ein mißliebiges Wort geredet noch der Friede gebrochen worden; — ich habe aber auch das Bewußtsein daß ich *niemals* den Meinigen mit meinem Denken und Thun anstößig geworden oder zur Last gefallen bin. Das gräuliche, *jetzt noch* und *nie* faßliche Unheil ist durch ganz anderes angerichtet worden! — Eifersucht — ein gewisser Uebermuth, und eine Unzufriedenheit — dann die Erweiterung und Verstärkung des Unrechts durch einen Wall von Freunden die Ed. immer näher umschloßen und mit der äußeren Trennung auch die Kluft nach Innen größer machten — und endlich *das Gefährlichste*: (Ihnen darf ich es wohl in⟨s⟩ tiefste Herz lege:) Des lieben guten Mannes *weichen* vor der Gewalt, und *meine* Erschrockenheit und Verzagtheit die mich unfähig machte irgendwo Hilfe und Rettung zu suchen — Dieß Alles *mußte* mich und Eduard verderben! o ich weis *gewiß* wären nicht Andere und endlich Viele zwischen uns getretten u. hätten einen Plann verfolgt, so *wäre* es *nie* möglich gewesen *uns* so zu stellen! Ed. wußte meine *treue* Liebe zu ihm — ich auch die seinige zu mir; und doch war es möglich daß er mich verlassen konnte! so viel vermag das Einreden u Drängen! — Daß Ed. mich immer lieb behalten hat, daß er nach mir geseufzt aber nachdem er sich auf den ersten unglückseligen Schritt eingelassen immer *gut und frei* zurück konnte, *das weis ich*; — und so ist der Arme aus Gram seinem bälderen Tode entgegengegangen! — und ich trage bis zum Tode ein grausam zerstörtes Dasein! Bitte, *keine* Antwort auf Obiges. Verzeihen Sie mein übergeströmtes Herz. 1000 Grüße an Sie u Alle Lieben.

Treu ergeben

Ihre

M. M.

37. Margarethe Mörike an Storm

Pfingstsonntag den 13ten Mai 83.

Verehrtester Herr und Freund!

Sie haben mich heute früh, als ich eben das Haus verlassen wollte um in die Kirche zu gehen, durch Ihre liebevolle Doppelsendung (von Briefkarte[1] und Paketchen[2]) so sehr erfreut und beglückt, daß ich *unmöglich* meinen warmen Herzensdank zurückhalten kann bis zum Tage an welchem mir noch Größeres wiederfahren soll d. h. wo ich einen lieben Brief Ihrer Hand in Empfang nehmen darf! lassen Sie es sich darum gefallen, bester Herr! daß ich diese Zeilen sogleich niederschreibe und absende ehe ich nur noch die neueste Novelle gelesen habe; ich freue mich *unbeschreiblich* darauf morgen mich recht in Ihr Geistesprodukt zu versenken — heute raubten mir einige Besuche die angenehme Zeit; doch habe ich mir schon den Umfang des Heftes angesehen und mit großer Befriedigung gefunden daß *alle* Blätter zusammen gehören und kein

Abschnitt von einer andern Erzählung fremder Art sich anschließt. Ich weis schon zum Voraus, daß Ihr „Schweigen" mir sehr gefallen wird, auch wenn Sie selbst nicht vollkommen eben so denken wollen; — ich kenne diese Zweifel auch bei der besten eigenen Arbeit recht gut von dem lieben Eduard her. Und wie haben Sie mir noch eine besondere schöne Pfingstfreude bereitet damit daß ich überhaupt wieder von Ihnen hören durfte. Wie oft habe ich schon inzwischen an Sie Alle gedacht, immer in freudiger Erwartung baldiger Gelegenheit zum schreiben an Sie; — aber die verheisene Kunde von der glücklichen Entbindung Ihrer Frau Tochter[3] traf nicht ein — so nehme ich denn *recht gerne* an es sey jene Katastrophe glücklich überstanden worden zu Ihrer Aller großen Herzensfreude, und ich würde bei späterer Veranlaßung von Ihnen darüber erfahren. Dann zeigte sich noch ein zweitesmal mir die Freude zum schreiben, aber auch sie ging verloren! ganz zufällig hörte ich einmal von einer Bekannten: sie habe vor so und so viel Wochen im Merkur gelesen daß Dichter Storm eine Ordendekoration[4] erhalten habe; genauer konnte sie nichts mehr sagen. Ich verschaffte mir nun einen Pack jener Zeitung, fand aber nirgend Etwas! was blieb mir nun übrig als auch zu „schweigen" — wußte ich ja nicht einmal welcher Orden und von Wem? So leid es mir war Ihnen nicht meine herzliche Theilnahme an der hohen Anerkennung Ihrer, Ihnen sogleich bezeugen zu können, tröstete ich mich damit daß Sie, lieber verehrter Freund, wenn auch verspätet so doch noch meinen innigen Glückwunsch aufnehmen, wie es nun heute geschieht.

Ihren heutigen Zeilen glaube ich entnehmen zu dürfen daß in Ihrem lieben Hause, und auswärtiger Familie, Alles gut und heiter steht — auch bei mir liegt kein Unwohlsein noch sonst Unangenehmes vor; doch Sorge und Unruhe habe ich genug! In vorigen Monat habe ich meinen ersten Besuch in Neu Ulm bei meinen Kindern[5] ausgeführt, bin 4 Wochen gerne und mit ihnen vergnügt dort gewesen, und seit 3 Tagen erst wieder zu Hause; — Ende Juni ruft mich die Pflicht und Sorge für dort schon wieder nach Ulm — Fanny hat um diese Zeit ein Wochenbett zu erwarten! Bis jetzt steht blos Befangenheit und Sorge im Vordergrund, wenn Fanny auch im Befinden und Aussehen keine Ursache dazu giebt; möge seiner Zeit das Bangen verschwunden sein und wir die reine Freude und das Glück genießen!

Noch eines mich herzlich erfreuenden Zufalls will ich hier gedenken, lachen Sie mich aber nicht aus — oder ja, wenn Sie wollen. Als ich heute Ihre Sendung empfangen hatte ging ich ja gleich zur Kirche — der H. Stadtpfarrer fing seine Predigt *so* an „es ist eine schöne Sitte unter den Menschen, daß sich die so sich nahe stehen und lieben, wenn sie sich trennen und weit aus einander wohnen, *Briefe* und *Geschenke* senden — ähnlich machte es der liebe Heiland als er die Seinen auf Erden verließ u. s. f. — Wohl Keines in dem Gotteshaus hatte wie ich so frisch und neu es empfunden *wie* solche Briefe u. Geschenke Freude bereiten; — ist aber dieser Zufall nicht sonderbar? Nun will ich für diesmal es beschließen. — weis ich doch das ist nur der Vorläufer eines beßeren weniger eilenden Briefes.

Empfangen Sie nochmals *besten* Dank für Alles Gesendete, insbesondere für Ihr treues liebreiches Gedenken an meine Person, was mir oft Nachdenken und Staunen macht — *nie* aber werde ich es begreifen können wie Solches kommt daß *Sie* mir trauen und so viel Aufmerksamkeit schenken da ich Ihnen doch nach Herz und Seele fremder bin als ich es meiner Stuttgarter Familie war; — einen Gottessegen aber *müssen S[s]ie* jedenfalls dafür empfangen für die Wohlthaten welche mein Gemüth schon so oft von Ihnen gehabt! und wenn es Sie erfreuen kann darf ich auch noch sagen „Keine einzige Seele aus Eduards Verwandschaft und Freundschaft (män⟨n⟩licherseits) kümmert sich um mich, *außer Sie*! ich will nicht sagen daß sie mir feind sind, es ist ja genug an der Gleichgültigkeit! Und nun leben Sie wohl; ich grüße Sie und die lieben Ihrigen Alle von Herzen und bin und bleibe stets

Ihre aufrichtig ergebene

M. Mörike.

38. Storm an Margarethe Mörike

Hademarschen bei Hanerau 17/5 83.

Liebe verehrte Frau!

Aus Ihrem Briefe habe ich mit Freuden ersehen, dß es mir gelungen ist, meine kleine Sendung zu den Festtagen in Ihre Hand zu bringen; ich machte mir Gedanken, Sie möchten bei Ihren Kindern sein, was ja denn vorher der Fall war. Möge es nun nächstens mit Ihrer Fanny so glücklich gehen, wie es mit unsrer Lisbeth, die seit 24 Oktbr (ihrem Hochzeits-Datum) v. J. ein gesundes Töchterlein im Arm hat[1], Alles ging glücklich von Statten, ihre 20jährige Schwester Elsabe (Ton auf der ersten Sylbe) stand ihr fast ein halbes Jahr in dem nicht kleinen Haushalt tapfer zur Seite; das Kind wurde nach ihrer mütterlichen Großmutter, an deren 58st. Geburtstage (5 Mai) die Nachtigall, und dann nicht wieder, in meinem Garten schlug, „Constanze" getauft. Am Sonntage vor Pfingsten hielt mein Schwiegersohn eine Wahl-Gast-Predigt in Hamburg (St Pauli) und ich hoffe, daß er wenigstens auf den engern Wahlaufsatz kommt. Sie sind in der kleinen abgelegnen Stadt Heiligenhafen für ihre geistigen Bedürfnisse, Anregung durch entsprechenden Umgang, etwas zu sehr isolirt; eine Versetzung nach Hambg. würde ich als ein rechtes Glück betrachten. Doch rechne ich selbstverständlich nur auf eine Möglichkeit.

— Eben komme ich aus dem Garten, wo es in den letzten schwülen Tagen — es soll 22° Reaumur im Schatten gewesen sein — mit Grünen u. Blühen wie im Sturm gegangen ist. Aus dem anstoßenden Felde schlug die Wachtel, die mir, in Ermangelung der Nachtigall, auch recht lieb ist.

Unsre Pfingstgäste haben uns gestern verlassen, und nun ist, bis etwa um 14 Tage mein Bruder Doctor aus Husum mit Familie kommt, für's Erste etwas Ruhe, Lucie, jetzt die Aelteste zu Hause, geht vielleicht im Sommer zu Hans nach Frammersbach, um ihm dort einen kleinen eignen Hausstand zu führen; im Spätsommer werden wir Uebrigen, d. h. wir beiden Alten mit Elsabe u. Gertrud u. Dodo nach Tondern reisen, um im Hause seiner Schwiegereltern unsern Ernst zu verheirathen. So rückt das Leben weiter, und es scheint, wie auf abschüssiger Bahn desto schneller zu gehen, je mehr es sich dem Ende nähert. Uebrigens bin ich nach dem schlechten Sommer im vorigen Jahre im Winter leidlich gesund gewesen, habe gearbeitet und auch mit Frau u. jüngster Tochter den jährlichen Januar-Besuch in Husum von etwa 3 Wochen glücklich durchgemacht, wo denn das Quartier zwischen meinem Bruder und Graf Reventlow's, dem dortigen Landrath[2], unsern nächsten dortigen Freunden, getheilt wird. Jetzt lebt die ganze Familie wo möglich nur im Freien, auf der Terrasse, wohin eine Thür aus der Eßstube führt u. an die sich eine geschlossene Veranda stößt, oder morgens gegenüber unter den jungen Linden, wo eine Schutzplanke die Ostsonne abhält. In dem großen Garten ist, besonders bei solcher Dürre, auch genug zu thun. Ringsum, auf meilenweit sichtbar, breitet sich echt holsteinische Landschaft in Wald und Flur, Alles jetzt im schönsten Frühlingsschmuck. Zu Weihnachten u. Neujahr hatten wir unseren Musiklehrer Karl aus Varel hier, der seine Sommerferien dießmal bei Hans im Spessart zugebracht hatte; zum Sylvesterabend kam auch noch mein lieber junger Freund, der Literaturhistoriker Erich Schmidt[3], Universitätsprofessor in Wien der in der Hambgr Bibliothek Lessing-Studien trieb — — Sie sehen, einsam bin ich nicht, mag's auch nicht sein, so lang die Kräfte reichen.

Von meiner Frau und den Meinigen die freundlichsten Grüße, und so wollen wir für jetzt nichts Andres wünschen, als daß Sie, liebe Freundin, bald in Freuden mögen Großmutter werden! Ihr getreuer

ThStorm

Ja, da fällt mir noch die Ordensgeschichte ein: es ist der Maximilians-Orden, den ja Ihr Eduard auch hatte.[4] Als abgehender Beamter traf mich der rothe Adlerorden Cl. IV dessen Ausbleiben für ein Mißfallen, dessen Erhalten für keine besondre Ehre anzusehen ist.

39. Margarethe Mörike an Storm

Neu Ulm[1] den 20ten July 83.

Lieber verehrter Herr!

Nachdem gerade zwei volle Monate vorübergegangen sind seit dem Empfang Ihres Briefes vom 18ten Mai, ist uns vorgestern, durch Fanny, ein liebes kräftiges Knäblein[2] zur Welt gekommen! auf dieses Ereigniß habe ich seit Wochen täglich gewartet um Ihnen, vereint mit dem herzlichsten Danke für den innigen Genuß welchen mir Ihre neueste Novelle[3] bereitet hat, diese frohe Kunde zu senden. Wie wir dieser hoffnungsreichen und bangen Zeit entgegen gelebt, wie wir die Entscheidung erstanden haben; in welcher Stimmung des Herzens wir uns jetzt befinden, dieß alles brauche ich nicht gegen Sie auszusprechen — kennen Sie doch aus noch nicht ferner Erfahrung dergleichen Gefühle! Nehmen Sie, lieber Herr und Freund, mit all Ihren Lieben die besten Glück und Segenswünsche zur kl. Enkeltochter[4], Nichte, und Töchterlein; — wie weit ist jenes liebe Kind schon gediehen und welche große Freuden hat es schon gemacht! bei uns ists noch der erste Anfang und vorerst Viel Mühe und Sorgen um das hilflose Geschöpfchen zu erfahren! Wie es wohl gegangen ist mit Ihrem Wünschen und Hoffen in Bezug auf Ihren Herrn Schwiegersohn und Hamburg?[5] möchten Sie mir bei Gelegenheit mittheilen können daß es so geworden ist wie Sie es für möglich hielten; — es würde mich sehr freuen. Wie lieblich und liebreich wird der Sommer in Ihrer l. Familie herum gegangen sein — vielleicht sind Sie Alle eben noch mitten drin im Genuße zu Hause — und daran wird sich noch Viel reihen durch Ihre Reiße und die Vermählung Ihres Herrn Sohnes[6]; nehmen Sie Alle insbesondere Herr Ernst meinen herzlich empfundenen Glückwunsch!

Überhaupt habe ich mich über so Vieles zu freuen was mir Ihr l. Brief erzählt, z. B. daß es letzten Winter mit Ihrem Befinden wieder beßer ging als vordem — dann Ihre schöne Reiße mit Familie nach dem l. Husum (mir klingt dieser Name immer ganz besonders wohl und heimelt mich an, denn von dort aus lernten wir Sie kennen, und wie oft trugen Ihre Briefe oder Eduards Briefcuvert „Husum!"); — von Allem ab kann ich mir denken: *wie* auch Sie noch mit dem Herzen dorthin lenken! Sie haben mir ein reizendes Bild Ihres Hauses und Gartens entworfen — wie leid ists mir daß Sie, und Alles, so weit weit entfernt ist, und jedes Verlangen darnach sogleich abprallen muß an der Unmöglichkeit! — ganz leer gehe ich aber doch nicht aus, weis ich doch daß Sie mich auch so freundlich aufnehmen würden wie viele andere Ihrer nicht verwandschaftlichen Gäste; — und Ihr *gewiß* sehr wohlgetroffenes Bild[7] erquickt mich auch oft im Zusammenhange mit Ihren freundlichen brieflichen Aussprüchen, welche mir mehr in dem Sinn liegen als Sie denken.

Nun kehre ich nochmals zurück zum Anfange dieses Briefes um noch zweierlei zu ergänzen d. h. deutlicher auszusprechen *wie groß* mich Ihre Novelle erfreut hat! halte ich mich auch durchaus nicht für befähigt das eigentlich Schönste und Ruhmwürdigste Ihrer Geistesarbeiten zu erkennen und zu beurtheilen, so weis ich doch in Wahrheit so Viel zu sagen: daß mich Alles was ich von Ihnen noch gelesen (und das ist eine hübsche ansehnliche Zahl) ganz besonders anzieht, ich Ihre Sachen stets Anderem vorziehe, und mir es eben wohl dabei ums Herz ist mag auch der Stoff oft noch so ernst sein ; — Ihre Persöhnlichkeit, das Sich von Angesicht kennen, erhöht noch mehr den angenehmen Eindruck welchen Ihre Werke *jedenfalls* machen müssen; — Letzteres ist mir schon mehrfach bezeugt worden durch Freunde und Bekannte, dennen ich meine l. Geschenke mittheilte. Lassen Sie doch noch recht Viel auf diese Weise von sich hören! Fanny befindet sich über Erwarten gut; es war ihre Zeit lange eine sehr schwere und leidende, und vollends das Letzte hat großen Kampf gekostet und viel Sorge gemacht! *wie* würde Eduard beglückt sein hätte er diesen einen Enkel erlebt! Mit was soll ich Sie jetzt noch unterhalten? ich weis ka⟨u⟩m mehr Etwas das Werth hätte und beanspruchen könnte von Ihnen gelesen zu werden.

Fanny grüßt mit mir Sie und Ihre Lieben Alle von Herzen, und ich verbleibe in unwandelbarer treuer Anhänglichkeit und vollkommenster Hochachtung Ihre ergebene

Margarethe Mörike.

Mein Schwiegersohn läßt sich Ihnen bestens empfehlen.
Ohne unbescheiden zu sein darf ich doch hoffen noch oft von Ihnen, lieber Herr, zu hören?

40. Storm an Margarethe Mörike

Hademarschen, 30. Juli 1883

Meine verehrte Freundin!

Ihr Brief vom 20. d. M. hat keine nähere Adresse[1], und so schreibe ich Ihnen unter der alten unser Aller herzliche Glückwünsche zu der so glücklich angelangten Enkelin. Sagen Sie auch den jungen Eltern — Frau Fanny lag ja noch in der Wiege, als ich damals bei Ihnen einkehrte — unsre besten Grüße! Ich habe gegenwärtig außer meinem Musikus auch die Lisbeth, mit ihrem kräftigen und allerliebsten Töchterchen, jetzt fast 10 Monate alt, hier im grünen Hademarschen. Beide, von denen die Letztere eben bei mir sitzt, lassen ganz besonders grüßen. Es steht alles wohl bei uns, und morgen fahre ich selb siebent an Weib und Kindern nach Tondern, um dort unsern Ernst, den Amtsrichter, mit seiner kleinen Braut zu verheiraten[2]; alles an Kleidern, Spitzen und Blumen ist glücklich in Ordnung; möge nun nur der Himmel seinen Sonnenschein dazu geben. Am 3. August denken wir wieder hier zu sein, wo es in der Tat so anmutig und ringsum so frisch grün von quellendem Laube ist, daß ich mich immer schwerer davon trenne. Eine kleine Arbeit, was, wie Sie wohl auch einst bei Ihrem Eduard empfunden haben, zur vollen Behaglichkeit gehört, ist auch wiederum begonnen, schreitet bei den vielen einkehrenden Gästen aber nur langsam vorwärts, obgleich, als eine Art Nötigung der Titel „Alte Kunden"[3] schon groß darüber geschrieben ist. Ob's was wird? — Nous verrons.

Von den vier jüngsten Töchtern wird nur Lucie bei der Hochzeit fehlen, sie ist seit einigen Wochen nach Bayern gegangen, um dort mit ihrem Bruder Hans, dem Arzte, der vor kurzem nach dem freundlichen Mainstädtchen Wörth a. M. übersiedelte[4], einen kleinen Haushalt zu begründen, der denn in diesen Tagen auch begonnen hat. „Flädele-Supp" mit gekochtem Fleisch etc — der Himmel weiß, was das für eine Suppe ist! — ist das erste Gericht und die erste Probe von Lucies Kochkunst gewesen; aber der Bruder schrieb: „das Diner ist gut ausgefallen und hat noch zum Souper gereicht." Wir hoffen für Beide Befriedigung von diesem Zusammenleben. Der Bruch in ihrem Leben ist doch noch nicht so ganz verwunden. Zur Hochzeit können die beiden freilich nicht kommen.

Ich schließe, liebe Frau; nochmals mit Grüßen an die junge Mutter. Möge Tochter und Enkelkind Ihnen noch lange zur Freude sein!

Herzlich Ihr

Th. Storm.

41. Margarethe Mörike an Storm

Neu Ulm den 6ten August 83.

Verehrtester, lieber Herr und Freund!

Ihrem freundlichen gütigen Briefe[1] zu folge, für welchen wir *Alle* herzlichst Dank sagen, sind Sie mit den lieben Ihrigen jetzt wieder zu Hause eingekehrt — Dieses, und meine warme Theilnahme an dem Wichtigen und Schönen das Sie zusammen in den jüngst vergangenen Tagen verlebten, muthet mich sehr an (auf die Gefahr hin, durch zu rasches Aufeinanderfolgen meiner Briefe, Ihnen beschwerlich zu fallen) zu gegenwärtigem Schreiben; — — ich möchte Ihnen so gerne sagen: *wie* lebendig ich im Geiste Ihr Thun und Ihre Empfindungen während der Reiße und an Ort und Stelle des glücklichen Ereignißes festgehalten und verfolgt habe, wobei meine besten Segenswünsche für das junge Paar und für Sie Alle nicht fehlten! Wüßte ich: daß Ihr Herr Sohn noch Nichts besäße von meines l. Mannes Arbeiten, so würde es mir ein Vergnügen sein, später wenn ich wieder zu Hause bin, ihm eins und das andere von Eduards Werken, durch Ihre freundliche Vermittlung, in den neuen Hausstand zu bestellen. Wie hat selbst *mir* das Herz gelacht als ich gelesen habe von Ihren häuslichen und Familienfreuden ohne Zahl! wie der Besuch lieber Kinder mit den eigenen Ausflügen so schön und kaum mit Unterbrechung abwechselt! und dann das erste liebe Enkelchen im Großvaters Hause! — ich kann ja jetzt aus Erfahrung es wissen welchen doppelten Zauber so ein Geschöpflein auf unser Herz ausübt; — und nun vollends ein liebliches Mädchen von 10 Monate Lebenszeit! Bitte, grüßen Sie Frau Lisbeth, die glückliche Mama, recht sehr von mir; auch Fanny bittet um gleiches. Schon in Ihrem vorigen Briefe ist mir aufgefallen daß Sie den Namen „Speßart" nannten, und nun das „Mainstädchen Wörth" — Beides klingt ja für mich ganz nachbarlich! — Dort also wäre Ihr Herr Sohn Hans und Frl. Louise?[2] o, da gibt es doch gewiß (wenn Beide heimisch da werden, und bleiben) eine Veranlaßung daß Sie sich einmal nach diesen entfernten Lieben umsehen — und welche Hoffnung *ich* noch darauf setze, das denken Sie sich wohl! Wie weit Wörth von Mergentheim entfernt ist weis ich im Augenblick zwar nicht, doch wäre es vielleicht nicht so unausführbar daß Fräulein Louise einmal eine kl. Ferienreiße zu mir machen könnte und dürfte, was mich herzlich freute! — sie könnte in Merg. noch weiteres in Erfahrung bringen von der Kochkunst bei uns zu Lande. „Flädlessupp" ist übrigens was Gutes, und zählt zu den feinen Suppen; — eine solche müssen Sie bald einmal in Wörth speißen und beurtheilen.

Ich danke Ihnen *recht* daß Sie mir durch die Mittheilung: eine kleine Arbeit[3] sey unter Ihrer Feder, eine große Vorfreude bereitet haben! — es ist eben so: kaum hat man etwas Neues von Ihnen genoßen so möchte man wieder ein Weiteres. Diesmal ist nun der wehmüthige Gedanke: es möchte jetzt wohl eine längere Pause des Harrens geben, beseitigt, und ich darf mich freuen auf etwas Liebes *bald*; — bald, weil ich denke daß Sie nach so vielen Anfrischungen von Außen und Stärkungen von Innen, mit besonderer Lust und Dauer Ihren schaffenden Geist werden walten lassen. Ihrem „Ob's was wird?" — setze ich mein „Ja, es wird was — anders kann's gar nicht sein!" entgegen. Wissen Sie aber, liebster Herr, daß das Bild Ihrer lieben Frau Gemahlin immer noch in meine lieben Stormischen Bilder fehlt? Dieselbe einmal von Angesicht zu Angesicht zu sehen, würde mich freilich noch viel mehr erfreuen!

Noch muß ich zwei Irrthümer ins Klare setzen: Fannys Kind ist kein Mädchen sondern ein Knabe; er soll nächsten Sontag getauft werden, und den Namen *Eduard* bekommen; — ob er wohl sonst etwas ähnliches von seinem Großvater mit zur Welt gebracht hat?

Dann: adreßirten Sie diesmal nach Cleversulzbach[4], statt Mergentheim oder *für jetzt* Neu Ulm; — in ersterem Ort bin ich eine ganz Fremde. Wie lange ich noch hier sein werde weis ich nicht; wahrscheinlich noch bis zum September — dann aber wird mir die Ruhe zu Hause wieder wohl thun. Bitte, die lieben Ihrigen, Alle, bestens von mir zu grüßen; Hildebrands schließen sich meinen Grüßen an Sie verehrter Herr an und danken mit mir nochmals. Möchten Sie recht gesund und heiter (in Ihrem schönen Heim) den Herbst durchleben, und ebenso den doch auch lieblichen Winter; Letzterer soll aber nicht zu Ende gehen ohne daß wir wieder von einander gehört haben. Leben Sie wohl! in bekannter Verehrung und Ergebenheit

Ihre

M. Mörike.

42. Margarethe Mörike an Storm

Mergentheim den 28. Sept. 83.[1]

Verehrter Herr und Freund!

Nachdem ich endlich in voriger Woche aus Neu Ulm in meine alte Heimath Mergentheim zurück gekommen bin und mich da erst ein wenig umgesehen d. h. wieder eingelebt habe — nach 15 wöchigem Fortsein — ist es mir ein inniges Bedürfniß Ihren lieben Brief zu erwiedern und herzlich dafür zu danken! Wie Sie mich durch die rasche Aufeinanderfolge Ihrer schriftlichen Grüße und Mittheilungen überraschten und erfreuten vermag ich gar nicht auszudrücken — aber auch Sie werden keine Vorstellung davon sich machen können! je älter ich werde, und je mehr ich einsam stehe, auch mich selbst von dem persönlichen Verkehr entferne, desto werther und wohlthuender wird so ein einzeln existirender Beweis (wie Ihre Briefe) von der Möglichkeit und dem Bestehen einer treuen uneingennützigen aufrichtigen Freundschaft in der Welt! ich habe ja gar keine Anwartschaft an Sie — daß ich den Namen Mörike zufällig trage, und daß ich Sie und die lieben Ihrigen hochschätze, verehre und liebe, das ist Alles; und dafür sind Sie so gütig und freundlich gegen mich! Mit großem Vergnügen habe ich gelesen wie lieblich und schön das Hochzeitsfest im glücklichen Familienkreise gefeiert worden ist[2] und wie Sie Alle wieder gut zu Hause anlangten. Herrn Amtsrichter habe ich (wie Sie mich ermunterten) ein Brieflein geschrieben[3], und ein Buch beigelegt; leider ist das Geschenkte nicht von außen geziert sondern im einfachsten Kleide!

Es soll mich sehr freuen wenn ich einmal ein Stormisches Lebenszeichen aus Wörth[4] bekomme! Auf das Bild Ihrer lieben Hausfrau, welche ich ganz besonders zu grüßen bitte, freue ich mich; entschließen Sie sich Beide doch bald dazu — sonst könnte ich mich am Ende nur kurz damit erfreuen, oder gar nimmer! In Ulm habe ich Alle gesund und vergnügt verlassen; der kl. Eduard[5] gedeiht, ist ein großes starkes Kind und macht den Eltern viel Freude; ich bin endlich mit Sehnsucht der Heimath zugeeilt, gründlich in der Erfahrung: daß man mit 65 Jahren nimmer mitten ins Leben hinein taugt d. h. ich nicht noch einmal anfangen kann mit den jungen Leuten zu wirthschaften und zu sorgen, vielmehr meine Ruhe und Stille mir erhalten muß; — auf den von Fanny mit dem lieben Kind mir bis Frühjahr versprochenen Besuch freue ich mich und werde während des Winters schon Vorgenüsse haben! — Die Adreße lautet: *Georg Hildebrand in Neu Ulm Insel No 4.*

Wie oft gehen Sie und die lieben Ihren an meinem Geiste vorüber! erst gestern schaute ich wieder die Bilder meines Albums an. Leben Sie wohl, lieber Herr und Freund! — Dieß soll mein Letztes sein fürs laufende Jahr, sonst könnte es Ihnen mit Recht zu viel Plauderei von mir werden. Mit vielen Grüßen Ihnen Allen

Ihre
ganz ergebene
M. Mörike.

43. Storm an Margarethe Mörike

Hademarschen-Hanerau, 27 Aug. 1884.

Es wird Herbst, liebe Frau Mörike, und da bin ich wieder; freilich noch nicht mit „Grieshuus“[1] das werde ich Ihnen erst nach einigen Wochen senden können; sondern um Ihre Hülfe zu einer kleinen ungefähr fertigen Arbeit[2] zu erbitten, worin schwäbisch gesprochen wird. Und ich möchte mich nicht blamiren. Karl war in seinen Sommerferien hier, und eines Abends, da wir in einer prächtigen Julinacht mit Freunden auf der Terrasse saßen, erzählte er, seine Pfeife rauchend so lebhaft ein Ereigniß aus seiner Conservatorienzeit, mir freilich von früher schon bekannt, daß ich es aufzuschreiben beschloß. Allerlei Leute sprechen schwäbisch darin; ein Gastwirth vom Lande, 2 Bäcker aus Stuttgart u. aus Waiblingen, eine Tischlermeister Tochter aus Stuttgart, eine Schildwache. Sie brauchen wohl nicht ganz Dialect zu sprechen, aber was sie an Dialect sprechen, müßte doch richtig sein; originelle malerische Worte hätte ich gern. Ich erlaube mir, Ihnen diese Gespräche hier vorzulegen, mit der Bitte, sie mir corrigirt zurück zu schicken. Finden Sie irgendwo ein lebendigeres eigenthümlicheres Wort — nur muß es im Zusammenhang den Norddeutschen verständlich sein — so schreiben Sie es, bitte, dabei. Ich werde Ihnen nachher die Druckbogen schicken. In der ersten Scene ziehen Nachts drei Conservatoristen aus (Karl war der eine) u. ersingen sich durch ein Terzett Frühstück u. Morgenkaffee.

Wenn Sie die einzelnen verbesserten Ausdrücke nur auf ein Stück Papier für sich schreiben, so finde ich mich auch zurecht u. brauche dann das Beiblatt nicht wieder. — —

Uns geht es allen leidlich; die 21 jährige Elsabe ist schon länger in Wörth a/Main bei den Geschwistern Hans u. Lucie; aber ich muß sie wohl bald nach Haus beordern.[3] Bei Ernst in Toftlund ist eine Tochter geboren[4] u. Karl reiste im Juli von hier zur Taufe dahin. — Große Freude machte uns ein dreiwochentlicher Besuch meiner Tochter Lisbeth, der Heiligenhafener Pastorin, mit ihrem prächtigen Mädel von 1¾ Jahren, die bei dem schönen Wetter hier recht im Garten laufen konnte. Sie werden auch Großmutterfreuden genießen, u. bitte ich, Ihre Kinder freundlich von mir zu grüßen.

Darf ich Sie noch bitten, mir recht bald zu an⟨t⟩worten, da das Manuscript in ein paar Tagen fertig sein wird.

Meine Frau grüßt Sie herzlich.

Ihr alter und ergebner Freund

Th Storm

43a. Beilage zum Brief Storms an Margarethe Mörike vom 27. 8. 1884 (Nr. 43)

Der Stuttgarter Bäcker[1]

„Ho, meine Herre, was machens denn! Sie alarmire ja das ganze Haus! — Lassens' das Zinselwerk und gehens heim! // Todtschlage? Wissens, die hätten Sie können lebe lasse! // Ach Herr Franz, die Schabe habe mir no (noch) nimmer aa (auch?) nur ein Schwänzle von meim kurzen Schlaf abbisse!"

Der Cannstatter Nachtwächter.[2]

„He, die! Was machens denn für Heidi! Das ist allhie nit Brauch. // Da haben's die Rappen aa schon an die Füß." (Rappen = Schusters Rappen, Stiefel)

Der Waiblinger Bäckermeister.[3]

„Ei meine Herren, Sie sein ja früh auf! // „Ei, was, scho von Stugart? Das wäre!" // „No nit, aber bald; habens die Güt' und treten derweil in die

Stube! // Ei ja, die Herren verstehens besser; und schön wars, das soll mir niemand streite! Wir habe hier aa eine Sängergesellschaft; aber's ist nur eine stehende, keine fahrende, und i ghör aa mit zů; weil i die Wecken und die Hörnle liefer; verstehens zu den Sommerfahrten!" // „Mei Sach; is alles scho (schon?) in Richtigkeit, no habt Dank für sottig schönen Morgengruß!

Der Wirth vom Dorfe.[4]

„Wissens noch, wie wir zsammenfuhre? Sie wollten nach Stugart aufs Conservatori! Die Luft weht kühl vom Fluß herauf." // „Gelt, wie gehts? Was treibens denn? Sie sind a bissel schmaler (um die Backen) worden." // „Das wär; i das wäre // „I was, so machens ka Geschicht! I hab ja nit den allermindsten Zweifel. // Nein, so was! So schöns! Wo habens das (?) denn profitirt? // I hol mei Weib. Ah, als die jung gwese, hats aa gsunge wie a Lerchenvogel. Da singens halt noch amal wieder! // Verclausulirens mit einand!" // „Nu Ihr Herre, was habens ausgefunde? // Nu Weib, wenns amal nit sein kann! Schenk die Tasse voll; die Herre habe noch a langen Weg. //

Die Frau Wirthin dort.[5]

„Wissens, wir haben a Hochzeitle heut im Dorf; da müßten Sie singe, das gäb a Freud! S'ist a alte Holdschaft, des (?) Bräutgams Vater hat nit wollen, und er hats Gwes' ghabt.

Die Stuttgarter Tischlermeistertochter.[6]

„Wie kannst mi nur so lieb habn?" / „Ach, i weiß, i bin ja nimmer schön!" / Was sagst, Adolph? Das (?) versteh i nit. / Ja freili; aber nu halt ein! (hör auf) // „I hab Di was zsagen, Adolph; 's druckt mi's Herz ab." // O, Adolph, ich möcht Di so hinmache (tödten); aber nu aa (auch) mit selbem. // Laß mi bei Dir sein; nur bei Dir sein! Morgen will i Dir Alles schreibe.

Ein Brief von ihr.[7]

I hab gestern Aschied von Dir nommen, Adolph; Du bist mein Einzechts auf der Welt; aber es gang doch so nit meh: Dein Vater ist ein fürnehmer Gelehrter und i bin nur ein Meistertochter; das paßt nit zsammen. — I schick Dir aa (auch) Dei liebs Bild, das Du mi schenkt hast; i darfs nit anschaun mehr. Aber behalt Du meins, Ihr Männer habt a stärkere Natur. O mei Schatz, mei lieber Schatz, und so bhüt Di Gott viel tausendmal!" // „'s is Alles aus, lieber Herr! Und i mußt's doch; es war ja nur mei Pflicht.

Stuttgarter alter Polizeidiener.[8]

„Die Soldate habe wüescht mit ihm verfahre; nu, Sie werdens selber sehe!"

Schilderwache[9]

Sie dürfe hier nit solchen Lärm mache" // So machees rasch; denn sottichs dürfe mir nit dulde.

44. Margarethe Mörike an Storm

Mergentheim den 1ten Sept. 84.

Lieber Herr und Freund!

Ihr l. Brief ist ganz zeitrichtig mir zugekommen und traf mich zu Hause — *wie* habe ich mich schon beim ersten Blick auf Ihre Handschrift gefreut, und dann erst über alles andere was in den Zeilen stand! vor allem aber freut es mich herzlich daß Sie gesund und heiter sind, und desgleichen die lieben Ihrigen. Ich beeile mich Ihnen vorläufig eine noch unvollkommene Antwort auf I[i]hre ausgesprochenen Wünsche zu geben — hoffe aber bald dann Sie beßer befriedigen zu können. Sie haben, verehrter Freund, mich wohl überschätzt; jedenfalls war es sehr gewagt mich mit solchem zu betrauen. Doch hat mir die Freude Ihnen auch einmal mit etwas nützlich sein zu dürfen, und die Ehre Ihres Gesuches, bald aus meiner Unkenntnißverlegenheit herausgeholfen; — ich verfügte mich baldmöglichst zu unserem lieben Herrn Stadtschuldheißen um seinen Rath einzuholen; er wies mich an einen Herrn Revisor hier der lange in Schwaben gelebt und lebendig darin sey; — von jenem Herrn komme ich soeben nach Hause. Er gestand mir: *recht gerne* das fragliche Manuscript zu korregiren wenn er sichs getraue es aufs pünktlichste hinauszuführen, da er eigentlich nicht in der Waiblinger und Stuttgarter Gegend so gründlich bekannt geworden sey — *doch könne er der Sache dienen* wenn ich ihm das Concept Ihrer Hand anvertrauen wolle; er habe in Stuttgart einen Freund welcher seit 15 Jahren alle Wochen 2 mal nach Waiblingen und ins Remsthal komme, und der Sprache dort *vollkommen* mächtig sey — dieser werde Ihren Wunsch aufs Beste und freundlichste besorgen. Habe ich nun recht gethan daß ich darauf einging? auf andere Weise wäre hier nicht zu helfen gewesen, da wir gar zu ferne von jener Gegend sind, wo ja schon einige Stundten oft großen Unterschied im Ausdruck der Sprache machen. Herr Revisor ist nun so gut heute noch Ihr Blatt mit einem erläuternden Briefe nach Stuttgart zu senden — morgen verreißt H. Revisor; am Freitag kommt er zurück und bis dahin erwartet er auch die Rücksendung von Stuttgart — dann wird er sie mir *gleich* zustellen, und ich werde nicht säumen dieselbe alsbald an Sie weiter zu befördern. Ich bedauere recht daß sich Ihr Wunsch nicht so schnell erfüllen ließ — daß Sie aufgehalten sind! wenn aber dann Alles recht und gut geworden ist verschmerzen Sie diesen Zeitverlust gewiß leicht. Herzlichste Gratulation zum Erstgeborenen Töchterchen Ihres Erstgeborenen![1] und zu Allem was Sie freut und beglückt in Ihrer lieben Familie. Von Ihren Lieben in Wörth[2] habe ich eben noch nichts gesehen — ich wäre freilich über die beste Sommerszeit nicht da gewesen, und sehe einer abermaligen Reiße nach Ulm entgegen, zum 2ten Wochenbett Fannys! vielleicht habe ich aber im kommenden Jahre dann desto gewisser die Freude des Besuches von einer Fräulein Storm; nicht wahr?

Noch zum Schluß eine Entschuldigung daß ich nicht umgehend gehandelt und geantwortet habe; — ich erwartete als Ihr Schreiben kam eben meine Schwägerin Clara, die aber doch nicht kam sondern ein anderer unerwarteter Gast der mich aufhielt in Ihrer Angelegenheit. *Sehr* freue ich mich auf Ihre

Abb. 7. Theodor Storm 1879. Foto, das dem Brief vom 1. 1. 1881 beigelegt war

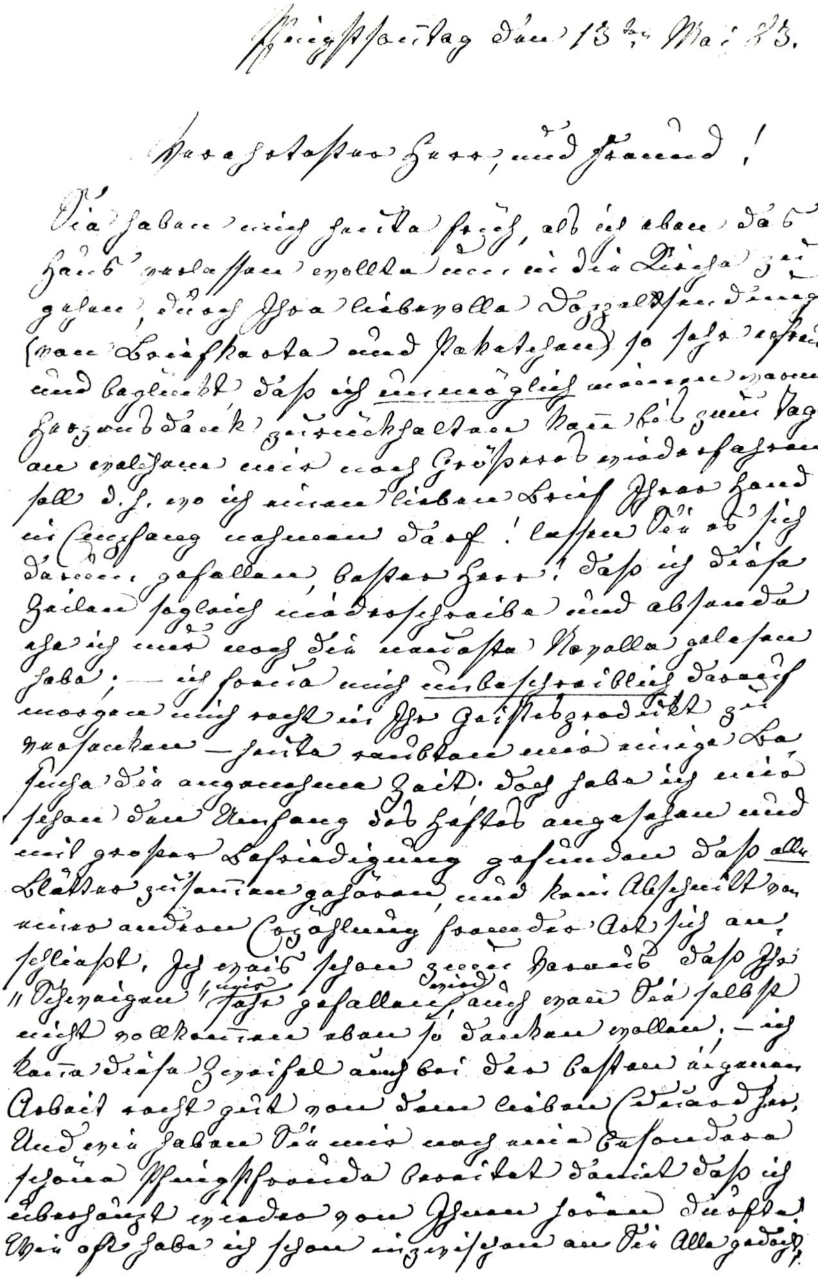
Pfingstfeiertag den 13ten Mai 83.

Hochgeehrter Herr, und Freund!

Sie haben mich heute früh, als ich eben das Haus verlassen wollte um in die Kirche zu gehen, durch Ihre liebevolle Doppelsendung von Briefkarte und Paketchen so sehr erfreut und beglückt daß ich unmöglich meinen warmen Herzensdank zurückhalten kann bis zum Tage an welchem mir noch Größeres widerfahren soll d.h. wo ich einen lieben Brief Ihrer Hand in Empfang nehmen darf! lassen Sie es sich darum gefallen, bester Herr! daß ich diese Zeilen sogleich niederschreibe und absende ehe ich nur noch die neueste Novelle gelesen habe; — ich freue mich unbeschreiblich darauf morgen mich recht in Ihr Geistesprodukt zu versenken — heute verbieten mir's einige Besuche die angenehme Zeit. doch habe ich mir schon den Anfang des Heftes angesehen und mit großer Befriedigung gefunden daß alle Blätter zusammengehören, und kein Abschnitt von einer andern Erzählung fremder Art sich anschließt. Ich weiß schon genau daß Ihr "Schweigen" mir sehr gefallen wird, auch wenn Sie selbst nicht vollkommen eben so denken wollen, — ich kenne diese Zweifel auch bei den besten eigenen Arbeit recht gut von dem lieben Verstorbenen her. Und nun haben Sie mir noch eine besondere schöne Pfingstfreude bereitet damit daß ich überhaupt wieder von Ihnen hören durfte. Wie oft habe ich schon inzwischen an Sie alle gedacht.

Abb. 8: Brief Margarethe Mörikes an Storm vom 13. Mai 1883

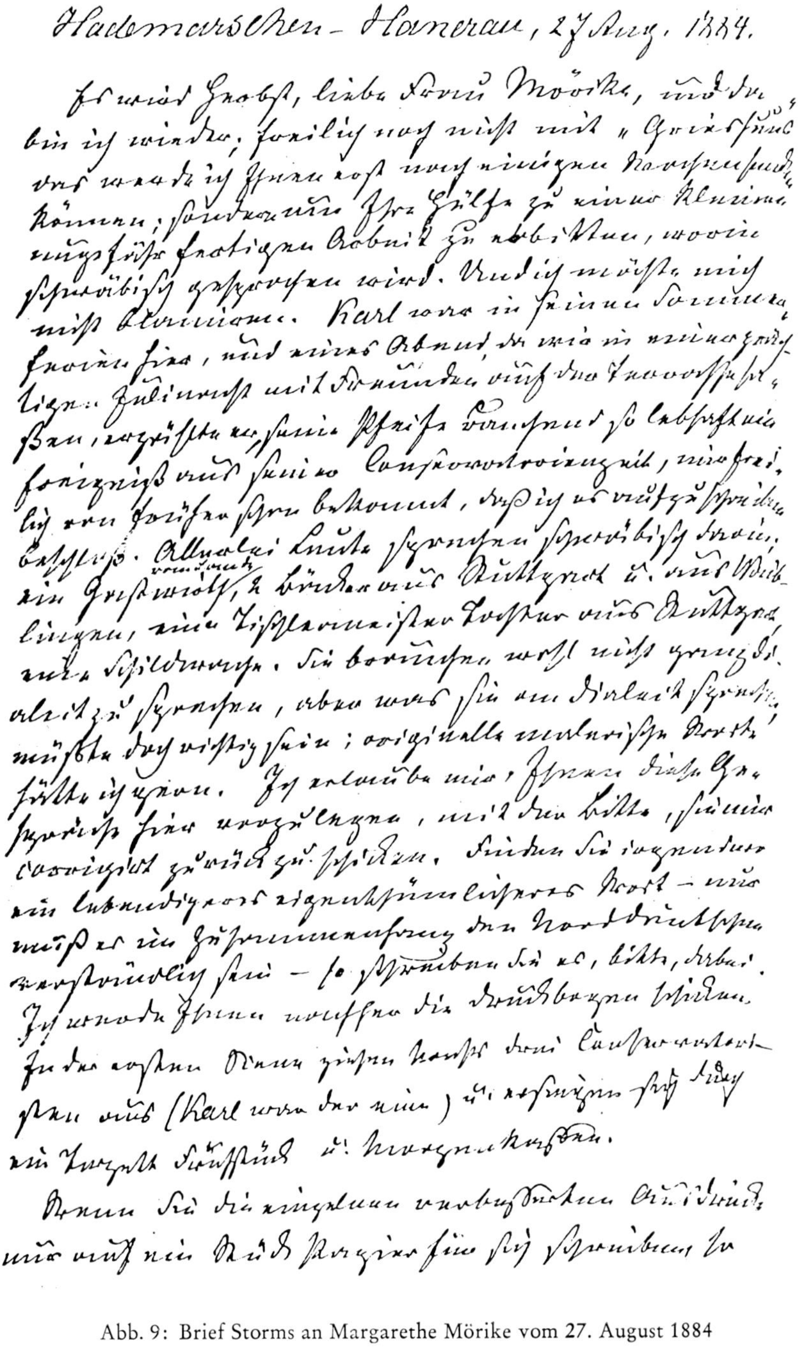
Hademarschen-Hanerau, 27 Aug. 1884.

Abb. 9: Brief Storms an Margarethe Mörike vom 27. August 1884

Abb. 10: Margarethe Mörike 1875

neue poetische Arbeit[3] — darf ich denn Alles was Sie schaffen mitgenießen und haben?! — ein großes Verdienst erwarben Sie sich wohl damit daß Sie einer Wittwe — meiner Art — stets so gütig gedenken! Leben Sie wohl! bald habe ich ja wieder das Vergnügen mit Ihnen plaudern zu dürfen. Herzliche Grüße der lieben Frau Storm und allen Ihren Angehörigen.

Ihre aufrichtig ergebene

M. Mörike.

45. Margarethe Mörike an Storm

Merg. d. 9ten Sept. 84.

Verehrtester lieber Freund!

Zu meinem Bedauern hat es länger angestanden, als ich berechnete, bis Sie *diese* Sendung erhalten! Wohl ist am vorigen Samstag mir das Manuscript vom Herrn Revisor zurückgegeben worden, jedoch in Begleitung der beifolgenden Karte! — *was* sollte, *was* konnte ich nun thun? ich besann mich hin und her, da ich doch das Papier (wegen Zeitmangel) nicht nochmals ins Schwabenland hinaus schicken wollte, und hier so mancher Herr in den Ferien verreißt ist. Da fiel mir endlich doch noch Einer ein Herr Koloprator Dörr; — gestern früh begab ich mich zu ihm, traf blos die Frau, hörte aber zu meiner Freude: daß Herr Dörr, wiewohl kein Schwabe, sich *sehr* für alle Dialeckte des Landes intereßire, und seiner Arbeit wegen schon deshalb einen Preiß bekommen habe. Gestern Nachmittag war H. Dörr selbst bei mir, behandelte die Sache sehr pünktlich, fand verschiedene Fehler, und unterzog sich nun nach Kräften Ihren Wunsch zu erfüllen. *Heute* Mittag will er sein Werk mir schicken zur Weiterbeförderung; — ich schreibe diese Zeilen im Voraus, um dann keine Zeit mehr zu verlieren. Herr Dörr hält es für nöthig daß Sie den Korekturbogen mir senden, damit er (wenn er den Zusammenhang der Reden mehr bekommt) einen allenfallsigen noch vorhandenen Fehler *genau* verbeßern kann. Nun ruhe meine Feder bis aufs Weitere.

Dienstag Abend. Erst vorhin, in der Dämmerung verließ mich Herr Dörr, er brachte mir seine Arbeit selbst und versicherte mich, alles recht gerne gethan zu haben; wenn Sie so freundlich sein wollen und den Druckbogen uns zusenden so wird es H. Kolopator gleichfalls eine Freude sein die letzte verbeßernde Hand ans Werk zu legen. Herrn Revisor Schmieg[1] seine Karte hat nun gar keine Bedeutung mehr da er ja glaubte *es sei fast recht*, während H. Dörr so *vieles* ändern mußte; ich lege sie nur bei zu meiner Entschuldigung. Sie hatten in Ihrem Text *viel* bairischen Dialeckt — nun aber ist alles *ächt* aus der Stuttgarter Gegend.

Ich habe *merkwürdiger* und zufälliger Weise *heute* ein Büchlein geliehen bekommen, das, weil es gerade in der schwäbischen Sprache redet, Sie intereßiren und unterhalten wird; — ich werde es Ihnen (ehe ich es lese) unter Kreuzband zuschicken; *leider* muß ich es, weil es fremdes Gut ist, mir in einigen Wochen wieder zurück erbitten. Nun genug für heute — der Brief muß auch fort. Seien Sie mit all den lieben Ihrigen herzlichst gegrüßt von Ihrer ergebensten

M. Mörike.

46. Margarethe Mörike an Storm

Neu Ulm den 7ten Januar 85.

Verehr⟨t⟩ester Herr und Freund!

Ihre reiche liebevolle Sendung[1] hat mich noch rechtzeitig in Mergentheim angetroffen, wurde aber dann sogleich zu dem Reißgepäck gelegt um die Feiertage mich und die Meinigen mit angenehmster Lectüre zu vergnügen, — so ist es auch geworden, und haben wir uns mit ganz besonderer Freude (weil es von Ihnen kam) recht sehr damit unterhalten! Zuerst wurde das kleinere Heftchen zur Hand genommen, das nicht nur sehr liebliche Sprache führt auch für uns Schwaben und Stuttgarter noch extra sein Anziehendes hat. —

Ihr Grieshuus aber erst das hat uns bis in die späte Nacht hinein festgehalten und das Intereße daran immer höher gesteigert nicht nur Sie selbst spürte ich wie geistig neben mir stehen, auch die so deutlich gezeichneten Personen und Örtlichkeiten stellten sich mir dar als ein wirklich schon geschautes Bild! Ich danke Ihnen *recht herzlich* für *diesen Genuß* der noch viel theuerer dadurch wird weil *Sie selbst* es mir in Freundschaft gesendet haben! Aber denken Sie, wie der Zufall uns günstig gewesen ist — ich kam in den Besitz von 2 Exemplaren „Grieshuus" zuerst ohne die Stuttgarter Erzählung, dann mit ihr; — Wenn Sie, lieber Herr! nun Nichts dagegen haben d. h. das eine Exemplar nicht zurückverlangen, so werde ich es meinen Ulmer Leutlein von Ihnen verehren; — das andere aber werde ich im Kreise von Mergentheimer Freunden noch öfters mit Vergnügen genießen. Und kaum kann ichs glauben, schon wieder ist Ihr reger frischer Geist in Thätigkeit mit der Schöpfung von etwas Neuem, auf das ich mich freuen darf[2] wie Sie mir geschrieben haben! Wie so glücklich sind Sie stets gewesen, und noch, gegen unseren Eduard; — derselbe hatte ja auch so viel Freude und Stoff dieser Art, und hätte *so viel* Andere damit beglücken können, aber ein Etwas ließ es nicht heraus treten aus ihm!

Da fällt mir wieder ein, daß ich Ihnen noch ein Wort schuldig bin in Bezug auf die Herausgabe von Briefen durch H. Hartlaub.[3] Mir ist von der ganzen Sache *nur* das bekannt was Sie davon geschrieben haben. Hartl. ist freilich im Besitz einer reichen Briefsammlung aus früheren Zeit, die Eduard an ihn geschrieben hatte; was Clara (seine intimste Freundin) dazu noch gethan hat, weis ich nicht; nur das weis ich: daß nach des l. Eduards Tod ich keinen einzigen Brief aus dieser Corespondenz späterer d. h. meiner Zeit mehr vorfand; blos einen geschloßenen Pack „die früheren Hartlb' Briefe an Eduard; — in erster Zeit hob ich alles unangetastet auf, aber dann kam bald Clara einmal auf Besuch zu mir nach Mergentheim, und entführte mir die Hartl'b Briefe!

als ichs entdeckte schrieb ich an H. — nicht seine Briefe reklamirend sondern blos Eduards Briefe an ihn dagegen zurück fordernd, *was gewiß* billig und recht gewesen wäre — aber H. fertigte mich mit Nichtssagendem ab! ich war zu gebeugt und resingirt um noch weiter mit ihm zu verkehren, und seitdem ist es ganz todt zwischen uns! ach, was hat denn am Ende noch irgend einen Werth für mich gegenüber der Welt und den Menschen von Ansehen Ehre u. d. g. wenn man mir das Beste Edelste und Heiligste verdorben und genommen hat! mag er drum anfangen und thun mit seinem Schatz was er will, ich werde weder ihm noch Clara ein Zeichen geben daß ich um ihre Heimlichkeiten (vor mir) etwas weis. So unglücklich mich diese Leute auch gemacht haben bin ich doch im Gewissen beßer daran als sie; Gott sey Dank der stille Frieden ist mir dabei geblieben, wenn es auch zuweilen aufs Neue kränken will, und namentlich der l. Eduard mich arg dauert daß *er so schwer* darunter leiden mußte! *Bitte*, sehen Sie Alles als nicht geschrieben an. Möchten Sie mit den lieben Ihrigen, Nah und Ferne, das neue Jahr gesund und heiter begonnen haben; hier war es der Fall; — Hildebrands empfehlen sich mit mir und grüßen Sie Alle.

Leben Sie wohl Verehrtester Herr! in Dankbarkeit und Ergebenheit bin ich wie immer Ihre

M. Mörike.

N. S. ich kann im Augenblick Ihre letzten lieben Zeilen nicht finden, darum entschuldigen Sie wenn ich vielleicht irgend etwas zu erwähnen versäume.

47. Margarethe Mörike an Storm

Mergentheim den 11 Okt. 85.

Verehrtester Herr und Freund!

Wie soll ich beginnen, und überhaupt mich in Worte finden, um Ihnen zu danken für das neueste große gütige Geschenk[1], um Ihnen zu sagen *wie sehr* Sie mich damit überrascht und erfreut haben schon durch dessen Empfangnahme — und dann vollends bei der Lesung der ergreifend schönen Darstellung!! lassen Sie mich lieber vorerst um etwas in der Zeit zurück gehen, und bekennen: daß ich wieder einmal so thöricht und verzagt gewesen bin mich abzuängsten, „Sie möchten meiner nicht mehr gedenken, oder doch wenigstens vorübergehend könnte ich Ihrem treu freundschaftlichen Andenken entschwunden sein"! Daß dem nicht so sey, und sein könnte, hat mir wiederholt Ihre werthvolle Gabe gezeugt; — ich schäme mich nun auch des leisesten Zweifels an der unwankbarsten Treue *Ihrer* Gesinnungen gegen mich; zur Buße lege ich Ihnen dieses Bekenntniß ab. Daß ich aber zu solch trauriger Vorstellung kommen konnte, nicht wahr, liebster Herr! das begreifen Sie wohl bei dem Rückblick auf meine Laufbahn mit seinen vielfachen Erfahrungen.

Mein letzter Brief an Sie liegt schon so weit hinter mir daß ich nimmer weis ob ich ihn noch von Neu Ulm aus oder später in Mergentheim geschrieben habe — deshalb weis ich auch nicht haben Sie Kenntniß erhalten von dem Tode meines ältesten l. Enkels[2] oder nicht? Das l. Kind starb im Januar 1½ Jahr alt an Gehirnentzündung! ich war zugegen, habe all den Jammer persönlich mit durchgemacht, und kam recht elend nach Hause; — im April darauf war Fanny mit ihrem zweiten Söhnchen für 3 Wochen bei mir zu Besuch; — mir aber wollte es gar nimmer beßer werden und meine Nerven wurden immer kränker; — da mußte ich mich entschließen (das erstemal im Leben) eine ausdrückliche Luftkur zu beginnen. Zu diesem Zwecke war ich über 4 Wochen in Wertheim am Main — dort erholte ich mich endlich wieder; hatte aber auch die *große* Freude da Ihre liebenswürdige Sendung zu erhalten! *Wie* hat sie mich, und noch Andere, mit Intereße erfüllt! zweimal wurde sie im Freundeskreis vorgelesen — dann entzückte ich auch einen Herrn Profeßor (Stadtmüller) aus Heidelberg aufs höchste damit; der liebe Mann war mir *sehr* dankbar für diese Mittheilung. Es war aber Ihr Neuestes nicht das Erste was Herr Profeßor von Ihnen gelesen — er ist ein beseelter Anhänger Ihrer Werke, und kannte sie *Alle* bis zum Jahre 78 etwa; — wir waren Beide herzlich froh aneinander als wir uns als Ihre Verehrer erkannten. Herr Profeßor war auch Kurgast und saß mir gegenüber bei Tisch; — als wir uns trennten versprach ich ihm, all die neueren Drucksachen (6 an der Zahl), die er noch nicht kannte, zuzuschicken; — indessen schrieb mir seine Frau schon einmal und rühmte die Freude ihres Mannes darüber, und bat noch um eine kl. Frist weil *er* die schönen Sachen nicht allzu flüchtig sondern mit Genuß in sich aufnehmen möchte. Haben Ihnen im Monat August nicht die Ohren geklungen ob unserer Unterhaltung über Sie? — Nun bin ich an der Jetztzeit angekommen, von der ich als das Beste sagen kann und will: daß ich mich gesundheitlich ordentlich befinde. —

Nachdem ich so lange von Ihnen selbst und den l. Ihrigen nichts mehr erfahren habe werden Sie gewiß meine Bitte um wieder eine Nachricht nicht für unbescheiden halten; — ich möchte Sie nicht mit schreiben plagen aber doch gerne wissen ob Sie Alle gesund heiter und glücklich sind, was mein herzlicher Wunsch ist! Könnte ich nicht gelegentlich von Ihnen erfahren *wo* Ihr Herr Sohn mit Frl. Louise[3] haußt? sagten Sie nicht Lohr? *wo* liegt dieses Lohr? — ich knüpfe an die Beantwortung dieser Fragen eine Hoffnung. — Ob Sie, in Ihrer schönen Heimath, wohl auch so trauriges Herbstwetter gehabt und noch haben? heute hat hier die Weinlese begonnen, und der Regen fällt, wie lange schon, auch heute wieder vom Himmel! Wie so arm komme ich mir vor, Ihnen gegenüber, an Unterhaltungsstoff für Sie! *was* könnte Sie denn intereßiren von dem Vielen was zwar fort und fort an mir vorüberkommt mich beschäftigt und die Zeit ausfüllt? ich weis Nichts was den Werth hätte es zu schreiben. So schicke ich mich nun an mein Brieflein zu schließen; Sie mit der lieben Frau und Familie herzlich grüßend, mich Ihrem Wohlwollen empfehlend und Sie alle meiner treuesten Anhänglichkeit und ergebenen Freundschaft versichernd, verbleibe ich Ihre

Margarethe Mörike.

48. Margarethe Mörike an Storm

Mergentheim den 12/3 86

Verehrtester Herr! getreuester Freund!

Kann ich es Ihnen denn sagen: *wie sehr* Sie mich *wieder* überrascht und beglückt haben, in den letzten Tagen, durch Ihre werthvolle Sendung![1] ach nein, ich kann es nicht — es fehlen mir alten Frau die meine Gefühle richtig bezeichnenden Worte! so nehmen Sie, lieber Herr, an, meine einfache aber *herzlichst* empfundene Dankesweise! Und welch eine zweite Herzensfreude haben Sie mir in Bälde zugesichert! ich freue mich *sehr* auf einen Brief Ihrer gütigen Hand, ich sage: Ihrer fortgesetzten Wohltätigkeit gegen mich! Halten Sie mich nicht für unbescheiden wenn ich diesen Ihren lieben Brief nicht zuerst erwarte, sondern mir erlaube heute schon zu schreiben; — anfangs wollte ich mich gedulden, dann dachte ich wieder: Sie könnten (wie es oft geht) nicht in nächster Zeit das Vorhaben ausführen können, und ginge es doch gar zu sehr gegen das Drängen meines Wunsches: Ihnen zu danken! auch will ich nur ganz aufrichtig sein — das antworten auf Ihr Schreiben ist dann wieder eine besondere Ehre und Freude für mich, welche ich nicht zusammenschmelzen möchte mit meinen heutigen Zeilen, die mir gleichfalls ein großes Vergnügen gewähren! Was, verehrtester Herr! Könnte ich dem Obengesagten noch anfügen? ich freue und sehne mich mit wahrem Verlangen auf die Stundten wo ich Ihre Novelle in innerer und äußerer Ruhe und Behaglichkeit werde genießen — was in den letzten Tagen leider nicht zu erreichen war!

Habe ich stets, von Zeit zu Zeit, in die weite Ferne zu Ihnen hin gedacht mit den innigsten Wünschen für Sie und die lieben Ihrigen — so erfaßte mich nun bei Ihrem neuesten Geschenk, *und vollends* bei der Verheißung eines nachfolgenden Briefes, ganz gewaltig ein Betroffensein, und die Frage „wie? und warum? kommt Dir Solches zu! — *mit was* hast Du es gerade an diesem vorzüglichen Manne verdient, daß er so ausdauernd Dich mit Güte und Wohlthat überhäuft und beglückt?“ — Die Erklärung ist freilich leicht zu finden. Fürs Erste hat mir der liebe Gott, *durch Ihre Person*, diesen Sonnenstrahl und diese Erquikung der Seele gesendet — dann darf ich mich *gewiß* auch freudig damit erheben: daß ich Ihnen nicht nur eine Verunglückte bin, des Mitleides werth, sondern Ihr edles Herz *mehr* erkannt hat und in sich birgt über die *Wahrheit* der Geschicke, als die Welt weis und wissen will!

Und nun sei es für diese Post genug. Nochmals vielen vielen Dank! Herzlichste Grüße der ganzen Familie Storm

von Ihrer

aufrichtig ergebenen

M. Mörike.

Die gegenwärtige Angegriffenheit meiner Augen sehen Sie wohl der schlechten Schrift an.

49. Storm an Margarethe Mörike

Hademarschen-Hanerau, 16/3. 86.
Schleswig-Holstein.

Verehrte Freundin!

Die Ursache meines langen Schweigens lag darin, daß ich das letzte Jahr mich mit einer Magennerven-Schwäche plagte, die mir nur an den Vormittagen Kraft zur Arbeit ließ, an den Nachmittagen nur so viel, um das Nothwendigste erledigen zu können. Jetzt aber geht es endlich wieder aufwärts, und Sie werden nächstens zu dem „Fest auf Haderslevhuus", das inzwischen noch in Styl verbessert, auch stärker motivirt worden[1], noch ein Neues erhalten „Aus engen Wänden"[2], wo eine Geschichte aus dem Leben eines kleinen Handwerksmanns erzählt ist. In meiner Familie ist jetzt leider allerlei Kranksein: meine 25 jährige Lucie ist schon seit 2 Monaten in einer Kieler Klinik wegen ausgeprägter Nervosität u. Ischias, ohne daß sich eine Besserung zeigen will; mein Aeltester, mein Sorgenkind, der Arzt in Wörth a/Main ist auch schwer erkrankt, hat 2 Mal in 8 Tagen Lungenblutungen gehabt und liegt noch danieder. Da weder in väterlicher noch mütterlicher Familie kranke Lungen vorkommen, so kann ich sein Leiden nur seinem Leben zuschreiben; ich schrieb es Ihnen wohl schon, daß dieser mannigfach Begabte dem Trunk verfallen ist, wogegen die erdenklichsten Opfer nicht haben Abhülfe leisten können. Es ist wohl ein altes Er⟨b⟩übel in der väterlichen Familie; nur unser Vater war ganz frei davon. Auf seinen armen Enkel aber ist ein schweres Theil gefallen. Sie wissen es, daß die Schwestern es vergebens resp. i und 2 Jahre mit ihm auszuhalten suchten.

Meine 23 jährige Elsabe werde ich etwa Ende April nach Weimar bringen, wo mein junger Freund, vordem Professor der Deutsch Literatur in Wien, Erich Schmidt[3], seit einiger Zeit Director des neu eröffneten Göthe-Archivs ist. Sie soll sich dort im Clavierspiel vervollkommnen und etwas an der Geselligkeit theilnehmen, soweit Freund Erich u. seine junge Frau etwas dazu thun können.

Der Amtsrichter und schlechteste aller Briefschreiber Ernst lebt in seinem Toftlund in idyllischer Häuslichkeit mit seiner jungen fixen Frau und erwartet sein zweites Kind im Mai. Im Sommer waren ich und meine Frau mit einer Tochter dort und fanden Alles, wie sich's Menschen mit bescheidenen Wünschen nur erhoffen können. Auch bei der Aeltesten, unserer Frau Pastor Lisbeth auf ihrer neuen großen Dorfpfarre in Grube (Holstein) war ich mit meiner Jüngsten im August/Septbr v. Js fast 3 Wochen und erhielt dort auch Ihren vorletzten Brief. Auch dort war alles, wie ichs wünschen konnte. Die braune dreijährige Enkelin war nun schon eine bemerkenswerthe Person in Haus und in dem großen baumreichen Garten am Gruber See. — Auch die beiden Jüngsten sind gesund u. frisch. Ich und meine Frau werden ein wenig alt; aber es läßt sich noch immer tragen.

Ende v. Ms erhielt ich einen, den ersten, Brief von Dr. Jacob Baechthold[4] — ich hatte ihm geschrieben da Erich Schmidt, der ihn für einen trefflichen und tüchtigen Mann erklärt, mir gesagt hatte, ein Brief von mir würde ihn sehr erfreuen. Sie werden wissen, daß er seit lange zu einer Mörike-Biographie sammelt, dessen besten Theil die Briefe bilden sollen. Ich bot ihm dazu die Benutzung meiner Briefe von M. an; „die reichste und hellste Quelle", schreibt er, „werden die Briefe an Hartlaub[5] bilden; die Briefe an Schwind[6] u. Heyse[7] wird er auch verwenden können; nur die Familie Kurz[8] will die ihren dazu nicht hergeben; aber der interessante Briefwechsel zwischen den beiden derzeit so weltfremden Poeten ist ja schon selbständig 1885 von Baechthold herausgegeben. So wäre denn Aussicht, noch ein zusammenhängendes Buch über Mörike mit einem großen Theile seiner Correspondenz zu erleben; und ich möchte Sie, verehrte Freundin, bitten, mit dem, was Sie etwa beisteuern können, an *Bericht* u. Briefschaft, nicht zurückzuhalten. Dr. Baechtholds Wohnort ist Fluntern-Zürich; Straße etc ist nicht nöthig: doch hat er wohl schon selbst an Sie geschrieben.[9]

Ich schließe für heute, schicke aber in 3 Wochen Ihnen mein „Aus engen Wänden". Möge der Frühling — komme bald! — Ihnen und uns allen das Herz verjüngen! Die Meinigen, soweit ich sie hier habe, grüßen freundlichst.

Ihr alter Freund

Th Storm.

[Am Rand:]

Für Ihren gestern empfangenen Brief meinen Dank. Aber, liebe verehrte Frau, wenn ich Ihnen die Abdrücke meiner Sachen sende, so thu ich ja nur, was mich selber freut, und wofür mich Ihre Briefe reichlich belohnen.

50. Storm an Margarethe Mörike

Hademarschen, 25 Septbr. 1886.

Sie hätten am Ende denken können, liebe und verehrte Frau Mörike, daß ich Ihnen gar gänzlich ausbleiben würde; es war nur, ich wollte nicht mit leerer Hand kommen, und das beigehende „Aus engen Wänden"[1], das unter kleinen Leuten — Schauplatz Husum — spielt, hat bis zum ersten Heft des neuen Jahrgangs im Pult der Redaction geruht. Mögen Sie auch dem einige Theilnahme entgegenbringen.

Von uns ist, leider nicht viel Fröhliches zu melden; es ist ein Jahr voll langwieriger Krankheitszustände. Meine Frau leidet — es bereitete sich im Frühjahr schon vor — an einer nervösen Affection des linken Oberbeins, was ihr auch die Nachtruhe nimmt, u. alles Electrisiren und Massiren war bisher umsonst. Lucie, die zweite Tochter, hielt ich von Januar an ca 5 Monate unter ärztlicher Behandlung in Kiel, was auch kein rechtes Resultat gehabt hat; jetzt ist sie bei ihrer Schwester Lisbeth, der Frau Pastor im Kirchdorf Grube; Elsabe brachte ich im Frühjahr zur Zeit der Göthe-Tage nach Weimar[2] und führte sie dort und in Jena — in Erfurt u. Gotha lebten ihr schon Freunde — in die besten Häuser ein; sie soll sich dort im Clavierspiel vervollkommnen;

aber Pfingstabend überfällt sie in Folge Magengeschwürs ein heftiger Blutsturz, der sie drei Monate unfähig machte. Zum Glück ging die gefährliche Geschichte gut, und sie kann jetzt wieder ihren Studien obliegen und ist dort sehr froh.

Hans hatte im Frühjahr bedeutende Blutstürze aus der Lunge — weder in väterlicher noch mütterlicher Familie ist dergleichen — seit etwa 3 Wochen ist er wieder lungenkrank, bettlägerig, zum Skelett abgemagert, er wünscht nach Hause, sobald er noch einmal reisen kann; — es wird wohl nur sein, um hier zu sterben.[3] Ob die Reise bei dem anrückenden Winter möglich sein wird, weiß ich nicht.

Den andern Kindern Ernst, Karl, Gertrud und Dodo (Friederike) geht es gut; bei Ernst ist im Frühling zu seinem Mädel auch unser Stammhalter, der erste Urenkel meines Vaters — Sie sahen damals in Stuttgart doch meine Eltern? — angelangt. „Ihm Deinen Poeten-Namen zu geben", schrieb mir Ernst, „das wollte ich ihm doch nicht anthun." Und so ist er nach seinen beiden Großvätern „Hans Adolf"[4] getauft; den Namen Hans trage auch ich u. alle Erstgeborenen des Storm-Geschlechtes.

Lassen Sie nun mich, liebe Frau, gelegentlich Gutes von Ihnen und den Ihrigen hören; Ihre Familie ist ja nicht groß wie die meinige, und Sie haben Ihr Leid ja schon gehabt; ich verlor bis jetzt kein Kind.

Noch eine Frage möcht' ich thun: bei Ihnen in Stuttgart damals sah ich ein so schönes Knabenbild[5] von Ihrem Eduard, ich meine in Bleistift. Ich wüßte gern ob und wo dasselbe jetzt existirt. Sollte Baechthold[6] mit Herausgabe der Briefe zu Stande kommen — es wird ihm leider nicht bereitwillig genug geholfen — so müßte dieß Knabenbild u. das Bild des reifen Mannes die Herausgabe begleiten. Eventuell möchte ich bitten, wenn Sie es besitzen, für mich $^1/_2$ Dutzend Bilder in Miniaturformat davon photographiren zu lassen und den Photographen zu ersuchen, nachdem Sie sich das Beste davon ausgesucht, mir die übrigen 5 Abdrücke unter Nachnahme zu schicken.

Meine Frau und ich grüßen Sie freundlichst. Die zweite auch unter „kleinen Leuten" spielende Novelle[7], von der der Anfang in K. E. Franzos' neuer Zeitschrift gedruckt ist, hoffe ich Ihnen ganz im Januar oder Februar 87 schicken zu können.

Und nun grüßen Sie auch freundlich Frau Fanny von mir!

Wie immer

Ihr

Theodor Storm

51. Margarethe Mörike an Storm

Mergentheim 26/10 86.

Verehrtester Herr und Freund!

Seit einigen Tagen wieder von Neu Ulm zurück gekehrt — wo ich für 7 Wochen bei Fanny und ihrer Familie gewesen bin — ist es mein erstes und sehr liebes Schreibgeschäft das ich heute für Sie vornehme. Ich habe Ihnen abermals viel zu danken, und thue es nun aus Herzensgrund; — lassen Sie meine wortlosen Gefühle, welche ich ja doch nicht lebendig genug gegen Sie auszudrücken vermögte gelten wie wenn ich recht viel gesagt hätte über all Ihre Güte und Liebenswürdigkeit gegen mich, über all die dankbare Freude, welche mir Ihr neuestes Geschenk[1] gebracht hat, und auch noch das was Sie mir bereits ankündigten![2] Darf ich denn nicht mit Zuversicht mir sagen: daß Sie *überzeugt* sind *wie sehr* ich hochschätze Alles was von Ihnen kommt — sonst würden Sie mich doch nicht dessen für werth halten und mich fort und fort beehren und erfreuen wollen. Mit aufrichtiger Theilnahme und großem Bedauern muß ich mich sogleich dem mehrfach traurigen Inhalt Ihres Briefes zuwenden! — wie viel Schmerzen Kummer und Sorgen haben sich eingedrängt in die sonst so harmlos glückliche Familie Storm, und trüben den Sonnenschein welcher da und dort hell aufleuchten möchte um Sie herum!! wir sind freilich Alle hienieden im Thale des Jammers, wo da bald dort später erst das Leiden eintritt und sich wie einnistet; — es will mir aber gerade in Ihrem lieben Hause gar nicht wie verständlich und recht vorkommen, und sollte da anders sein!

Das längere und schmerzhafte Leiden Ihrer lieben Frau hat mich sehr überrascht und ist mir herzlich betrübt; wie doppelt schwer mögen Sie Alle an diesem zu den anderen Sorgen und Anliegen noch hinzugekommenen Kranksein tragen! möchte doch bald ein günstiger Wendepunkt einkehren, und Ihre nächste Nachricht in dieser Beziehung beßer sein. Was aber werden Sie mir mittheilen über Ihren kranken Herrn Sohn! ich kann wohl nichts anderes erwarten, Ihren letz⟨t⟩en Worten nach, als daß sein Leiden aufgehört für immer und er erlöst wurde von allem Erdenelend![3] Es ist sehr sehr traurig ein solches Auseinandergehen — aber es ist kein Joda daran zu ändern! möchte doch Ihrem Kranken möglich geworden sein das Elternhaus noch zu erreichen und seine letzten Wohlthaten ihm dort von Eltern und Geschwister gespendet werden — welch ein Trost wäre dieß für Alle! — Denke ich an Frl. Louise[4] thut mir das Herz weh! wie ist sie um ihre schöne Jugend gekommen! ach und immer noch nicht genesen! Kann man denn nicht hoffen daß ein längerer Aufenthalt bei der l. Schwester, wo sich vielleicht durch andere Luft Beschäftigung Zerstreuung u. s. w. vortheilhafte Veränderungen ergeben, es anders und beßer werde? wie oft hat auch schon die Zeit, und gar kein Artzt, etwas Gutes zustande gebracht; wollen wir hoffen. Wie merkwürdig Viel haben Sie aber diesen Sommer zu überstehen gehabt — auch der leidige Zwischenfall bei Frl Elsabe gehört dazu! ich freue mich daß der Anfall so bald und gut vorüber gegangen ist und es der lieben Tochter an den hübschen und berühmten Orten nun gesundheitlich wie gemüthlich so wohl ergeht. Daß ich *zuletzt* Ihrer gesunden und glücklichen Angehörigen gedenke werden Sie, verehrter Herr natürlich finden; — zum ersten Enkelsohn gratulire ich bestens! In Ulm habe ich die Meinigen gesund u. heiter getroffen und verlassen, auch sie freuten sich Ihrer lieblichen Erzählung recht, und haben mir Empfehlung und Grüße an Sie Alle aufgegeben. Mein einziger Enkel wird im November 2 Jahre alt, ist aber so groß kräftig und vor an im Denken und Thun daß man ihn für bedeutend älter halten könnte; — was würde Eduard für eine Freude an ihm haben! ach, überhaupt, *was* könnte nicht jetzt noch alles sein! Ihren freundlichen Wunsch mit der Bleistiftzeichnung[5] habe ich gleich nach meiner Zurückkunft in Ausführung gebracht; der Photograph versprach mir: es werde gut werden; — in etwa 8 Tagen will er es abliefern. Von Herrn Bäch⟨t⟩hold[6] weis ich gar nichts seit Jahr und Tag d. h. nicht einmal mehr durch Clara meine Schwägerin; — *wer* wäre es denn der von ihm angesprochen nicht bereitwillig ihm zum Werke helfe? *Um Eduards willen* ist es freilich schade daß H. Bächthold nicht den *richtigen* Weg zu mir finden konnte und gefunden hat, durch anderer Menschen Wirken; — meine eigene Scheue wäre eher zu überwinden gewesen als die Zwischenpersonen. Nun ists eben *so* geworden wie es ist — ich bin alt und stumpf geworden — mir deucht ich sey niemals in so engen Beziehungen zu Eduard Mörike gestanden — und doch *wie viel* besitze ich noch von seiner Hand, wo ich denken muß „was wird damit sein wenn ich gestorben bin? für Niemand wird es mehr einen Werth haben was ich als Schatz verwahrte! O, es wird gut sein wenn mit dem Leben, auch einmal verschwinden und aufhören wird das Chaos der Empfindungen und Gedanken, in welchem ich, trotz aller Abwehr, doch oft umherirre! Verzeihen Sie diesen eigentlich unerlaubten Schlußsatz des Briefes. Herzliche Grüße Ihrer lieben Frau Gemahlin und Allen, mit den wärmsten Wünschen für baldige Beßerung und Erhaltung der Gesundheit. In unwandelbarer Freundschaft und Ergebenheit

Ihre

M. Mörike.

Fast hätte ich vergessen Ihnen zu danken für das mir zugedachte Exemplar der neuen Bildchen — ich strauchle noch es anzunehmen da ich ja das Original besitze und Sie die Abdrucke sicher gut zu verwenden wissen.

52. Storm an Margarethe Mörike

[in Dodos Handschrift:]

Hademarschen
Hanerau 6ten November
86.

Liebe Frau Möricke!

Es ist noch etwas Krankheit mehr hinzugekommen, gestern vor 5 Wochen hat mich eine Rippenfellentzündung auf's Bett geworfen und obgleich dem bösen Tanatos entronnen bin, so lieg ich doch noch arbeitsunfähig im Bette, und Sie erhalten diesen schön von meiner Dodo verzierten Brief[1] auf mein Dicktat. Hans lebt auch noch, sein Bruder, der Amtsrichter Ernst, ist kürzlich bei ihm in Wörth a/M gewesen, hat ihn aber nur soweit transportfähig gefunden, daß er ihn in das städtische Krankenhaus nach Aschaffenburg bringen konnte, wo er in einem netten Zimmer, unter barmherzigen Schwestern, gut untergebracht ist. Nach Ernst Aussage ist Hans heiter und voll großer Pläne für sein künftiges Leben; die Aerzte aber geben ihm nur noch eine Lebensfrist von etwa einem Monat; das wäre denn noch vor Weihnachten. Es ist das erste Kind das ich verliere —

Eine außerordentliche Freude haben Sie mir mit der Aussicht auf eine Photographie von Mörickes Knabenbild[2], der kleinen Bleistiftzeichnung, gemacht, deren Besitz ich mir so viele Jahre hindurch gewünscht habe. Ich danke Ihnen recht sehr dafür. Von Eichendorfs Enkelin[3] erhielt ich in ähnlicher Weise ein Jugendbild ihres Großvaters aus seiner Studentenzeit, dergleichen sind meine liebsten Besitzthümer,

Die beifolgende Photographie[4] von mir ist im Sommer dieses Jahr's gemacht; im September 1817 bin ich geboren.

[in Storms Handschrift:]

So weit die Schrift meines Kindes, verehrte Frau; nun komme ich noch selbst mit einem bittenden Wort: ich meine die Angelegenheit mit Dr. Baechthold.[5] Ihre Empfindungen — haben Sie Dank für das Vertrauen, daß Sie sie gegen mich ausgesprochen — sind mir freilich verständlich; aber gelten lassen dürfen Sie dieselben doch nur für den ersten Augenblick! Das ist ja nicht Clara's, nicht Ihre Sache, sondern es handelt sich darum daß Mörike sein Recht bekomme, die Sache des theueren Todten ist es und wenn Sie wollen die Sache der deutschen Literatur. Der *Weg*, auf dem diese Dinge erhalten werden, der hat ja gar nichts zu bedeuten, sehr viel, ja ungeheuer viel, daß es nicht versäumt werde. Ich möchte Sie bitten bei dem, was Ihnen heilig ist, sich ruhig und — mit Ihren Gedanken weit weg von Clara — darüber zu bedenken.

Aber ich darf nicht weiter schreiben.

Ihr alter Freund

Th. Storm.

53. Margarethe Mörike an Storm

Mergentheim 9/11 86.

Verehrter, lieber, lieber Herr!

In meiner großen Herzensfreude über Ihre heutige Sendung[1] *muß* ich mich unverweilt zum schreiben an Sie niedersetzen — und (ich fürchte nicht, daß es unbescheiden ist, oder Sie langweilen wird da es ja von Ihnen selbst handelt) Ihnen zur Erklärung dieser *ganz besonderen* Freude erzählen wie ich indessen Sorge Angst und Trauer um Sie ausgestanden habe! Gleich den Tag nach Abgang meines vorigen Briefes an Sie bin ich durch die schriftlichen Worte von Clara tief erschreckt worden „ach, und daß Storm nun auch gestorben ist!“ wie stritt es da in mir: ob es *wirklich* wahr sey daß ich meinen besten ja einzigen *Freund* fürs Leben verloren habe! — oder ob hier eine Täuschung möglich wäre und die flüchtige Nachricht Claras auf den Tod Ihres Herrn Sohnes bezogen werden könnte?! in dieser peinlichen und mich beugenden Ungewißheit lebte ich wohl 8 Tage, bis ich zufällig von einer Bekannten hörte, sie habe vor einigen Wochen in einer Zeitschrift von *Ihrem schweren* Erkranken gelesen — weiteres wußte sie nicht. Was sollte, was konnte ich nun thun? zum schreiben nach Hanerau war ich wie gelähmt! — erwartete also in Traurigkeit einen Brief von dorther! Und nun, vor wenigen Stundten, wie bin ich aufgerichtet und beglückt worden! Das Postzeichen „Hanerau", und *die Adreße von Ihrer Hand*, was sagten sie mir nicht Alles zum Troste! Ach, verzeihen Sie, bester Freund, wenn ich jetzt nicht mehr die Worte finde zum richtigen Eingehen in Ihre Erkrankung und was damit verbunden war — die erste Hiobspost und *wie* mich dieser Schlag traf, dann die heutige Glückspost, sie lassen mich schweigen über Das was zwischen Beiden liegt! deßhalb wissen Sie doch *wie sehr* ich im stillen klage, und Sie Alle innigst bedauere um des gehabten großen Leides und der Sorgen um Sie, zu den manchen anderen Anliegen Ihrer Seelen! — ich kann mich jetzt *nur* freuen daß der gnädige liebe Gott das Drohende abgewendet, und Sie den Ihrigen, dem Leben, und mir, aufs neue geschenkt hat — glauben Sie mir: ich habe Ihm sogleich aus dem Herzen dafür gedankt! Daß ich von Ihrem armen Sohne in ganz entgegen gesetzten Empfindungen sprechen muß ist mir ein Schmerz! da es mit ihm *so weit* gekommen ist was ist zu hoffen? — Nichts mehr für das Leben! was ist zu wünschen — eine sanfte friedliche Auflößung! um Letz⟨t⟩eres werde ich für den bedauerungswürdigen jungen Mann inständig zu Gott bitten; auch daß ihm die noch wenigen Tage auf Erden möglichst leicht und erquicklich dahin gehen möchten unter der sorgsamen liebreichen Pflege der Barmherzigen Schwestern; — was Sie Alle aber in der Ferne indessen gemüthlich durchkämpfen werden *seinerwegen* o, das weis ich zur Genüge aus Erfahrung!! Wäre ich jünger noch, und kräftiger, wie gerne würde ich (statt Ihrer) einen Besuch bei dem Dahinsiechenden machen; Aschaffenburg ist verhältnißmäßig gar nicht weit von hier — das Mitgefühl drängte mich auch — aber ich kann und darf ein Solches doch nicht wagen — im Geiste jedoch bin ich gewiß Viel bei Ihnen und Ihrem Kranken! Möchten Sie glücklich über die kommenden schweren Tage hinüber kommen d. h. an Ihrer nun so zarten Gesundheit durch die Kümmernisse nicht Schaden leiten; — überhaupt erlaube ich mir Sie recht angelegen zu bitten: um die *höchste* Schonung Ihrer Gesundheit — um *Geduld* und *Ergebung* bei der Pflege der lieben Ihrigen und den Anordnungen des Artztes — wie leicht glaubt man sich *zu früh* losgesprochen von diesen Feßeln, zumal bei Ihrem so rastlos thätigen Wirken der geistigen Kraft; und ein wenn auch kleiner Rückschritt in der Genesung wäre sehr zu beklagen! Ihr liebes treues Bild wie freut es mich! *besten Dank dafür*; — es ist mir ganz tröstlich zu erfahren wie nahe wir uns im Alter stehen: Sie anno 17, ich 18; — hoffen wir, mit Gottes Hilfe, auf eine weitere Wanderung hinieden in die 70er hinein! Die zierliche Handarbeit[2] von Fräulein Dodo wie freundlich eröffnete sie den Eingang zum Briefe! — auch hierfür danke ich herzlich.

Daß Ihnen die Bildchen Eduards so große Freude bereiten werden *freut mich wohl noch mehr!* schade daß ich nicht früher schon eine Ahnung davon hatte; — daß der Photograph so zögerlich ist verdrießt mich recht; — zweimal war ich selbst dort, zweimal schickte ich darnach; — die Bildchen seien fertig, er habe nur auf beßeres Wetter zur Vollendung gewartet, ließ er mir sagen; — nun aber darf ich jeden Tag sie zu bekommen hoffen, und dann sollen sie sogleich zur Post.

Und nun, bester Herr Landrath bin ich bei der schwierigen Stelle meines Briefes angelangt: es ist mir wahrlich *bange wie* ich Ihnen werde zur Befriedigung antworten können wegen H. Baechthold![3] Haben Sie Geduld mit mir. — Es kommt mir vor wie wenn *ich* nicht *deutlich* genug mich gegen Sie geäußert haben müßte, so daß Sie meinen wahren Sinn nicht erkennen konnten — oder, sind die Kräfte meines alten mürben Kopfes *so beschränkt* geworden daß ich Ihre gütigen jüngsten Worte (in Betreff dieser Angelegenheit) nicht richtig zu erfassen vermag! ach, wie oft oft habe ich mir schon gewünscht: *nur ein einziges mal* Ihnen gegenüber zu stehen — Ihnen Alles zu sagen — Ihren treuen Rath entgegen zu nehmen; was wäre dieß längst schon *für des lieben Eduards Sache fördernd* gewesen, und hätte mir Ruhe und Frieden gebracht; — es war aber nicht möglich, und wie schwer ist es für eine einfache wortarme Frau, *gerade da*, brieflich was zu thun! Aber ich komme schon wieder vom mir vorgesetz⟨t⟩en geraden und kurzen Wege ab; — ich wollte nur sagen d. h. Sie fragen, *und herzlich bitten*, um Ihre mit wenigen aber *bestimmten Worten* gegen mich auszusprechende Meinung, Ihre Wünsche *für das was ich thun soll*! ich bin ja zu Allem (ohne irgend eine Ausnahme) bereit was Sie mir bezeichnen zu vollbringen. Wie ich, wahrhaftig nie was anderes im Auge und Sinn gehabt habe so ist es unverändert noch: Eduards Ehre und wohlverdienter Ruhm sollte (wie Sie sagen) zu seinem Rechte kommen, und keine Rücksichten auf die schmerzlichen Zerwürfniße in der engsten Familie genommen werden. Es hätte ja auch *so* gehen können und H. Baechthold wäre zu seinem Zwecke gekommen — ohne ein Zuthun von mir — wenn Hartlaubs und Clara das ihre und ihnen zu Gebot stehende Material hätten verwenden lassen; — aber auch sie haben vielleicht mehr aus Befangenheit ihrer selbst wegen als aus Intereßelosigkeit für die Sache, nicht frey und offen und mittheilsam zu H. Baechthold gestanden; — was werden diese Leute, besonders Frau Hartlaub, nun mit ihrem reichen Schatz von schriftlichem anfangen? ich stehe in gar keinem Zusammenhang mehr mit ihnen seit Eduards Tod! Was mich betrifft, in Bezug auf den Besitz Hartlaubs[4], so bin ich mit *ganzer Seele* los davon — es dürfte Alles, auch Alles was die Welt besitzt, Wahres u Unwahres, Ächtes und Falsches gedruckt und veröffentlich⟨t⟩ werden; ich bin — Gott sey Dank! — der Menschen wegen ruhig und gleichgültig darüber; — ich habe zu Viel Erlebtes stets lebend in mir, als daß mich das außer mir noch jetzt beschäftigen könnte.

Warum ich aber einer früheren Annäherung H. B. scheu entgegengekommen bin, wissen Sie ja; — es war nicht ein böses Gewissen, es war nicht Angst meinetwegen, nein es war blos meine unsterbliche Liebe zu Eduard, und sogar eine Treue noch zu Clara, welche mich zurück beben ließ vor dem Bekenntniß der traurigen Wahrheit; — daß es aber *ohne ein solches Bekenntniß* gar nicht möglich gewesen wäre mit H. Baechthold zu verkehren, werden Sie, verehrter

Herr, mir zugestehen. Trotzdem hoffte ich seit Jahren auf einen gelegentlich versprochenen Besuch jenes Herrn, wo ich dann dem lieben Gott das Weitere empfohlen hätte. H. B. kam nicht — was mir als Zeichen galt daß er irre gemacht *auf mich ganz verzichtete*. Denken Sie sich: *ich allein* dastehend — *keine einzige Seele* in der Welt die etwas von mir wollte, die *ein Wort* über Eduard mit mir sprach *als Sie*! *wie konnte* es da anders gehen und werden als daß ich in Rathlosigkeit und Hilflosigkeit *unthätig* versank! O, was hätte ich nicht noch zu sagen das Sie edler menschenfreundlicher Herr nicht begreifen und glauben würden, von dem Herzen und Gewissen der Freunde und Verwandten des Hauses Mörike. *Unverständlich* ist mir auch jetzt noch: *wie ein Lebensbild* Eduards ausgeschloßen bleiben kann neben seines Geistes Produktionen? — ein solches kann aber nur gegeben werden *mit* und *in* seiner Familie, denn von da aus ließe sich so sehr Viel des wahrhaft Erfreulichen und ihn rühmenden sagen; und nun komme ich wieder dahin: *wo* bleibt dann die Wahrheit? die Aufrichtigkeit und Klarheit? — wie so herzlich gerne wollte ich für mich auf Alles verzichten vor der Welt, wenn es auch einmal bestand und galt — nur *ihm* werde was ihm gebührt; und darum danke ich Ihnen, treuester Freund des Verstorbenen hier recht sehr was Sie ihm noch gönnten u. thun möchten! *Mir ist* sonst *Niemand bewußt* unter Eduards zahlreichen Freunden der jetzt noch sich es angelegen sein ließe etwas für ihn zu thun! Nachdem es fast unverzeihlich geworden ist *wie* ich lange Ihre Geduld mit meinem schreiben auf die Probe gesetzt habe, *bitte* ich Sie von Herzen: lassen Sie *alles* was dahinten geschrieben steht als unwerth bei Seite liegen, und geben Sie mir nur mit einigen Zeilen *Ihre Wünsche und Ihren Willen kund;* — *welchen Weg* soll ich einschlagen, nach Ihrem Sinne? — *worüber sollen* meine Gedanken sich bedenken weit weg von Clara? — sehen Sie mich an als ein altes wieder zum Kinde gewordenes Leben, und leiten Sie mein Thun durch Ihren gütigen Rath! ich verspreche Ihnen, mit meinen schwachen Kräften das zu thun was Sie mir sagen. Das Mißlichste aber wird sein: daß ich außer mündlicher Überlieferung aus dem Gedächtniß, und *vieler* schriftlichen Andenken aus der Zeit unseres Sichkennens, welche immer wieder das häusliche u Familien Leben beleuchten, *fast* Nichts von Werth d. h. nichts noch Unbekanntes zu bieten habe! es ist freilich unnatürlich daß alles Andere auswärts ist! Was Sie noch wünschen und mich darum bitten „ruhig zu sein" ist in voller Wahrheit erfüllt; — ich bin mit allem zufrieden wie es steht und vielleicht noch geht — nur will es mir hie und da noch wehmüthig werden: wie Vieles von Eduard verloren ging, und noch verloren geht wenn ich es einmal zurücklasse.

In Wiederholung alles deßen was der erste Theil dieses Briefes ausspricht, und mit den wärmsten Wünschen für das möglichst rasche Voranschreiten Ihrer vollen Genesung; mit der Bitte um *Verzeihung* meines vielen schreibens, und mit den aufrichtigsten herzlichsten Grüßen an Sie Alle,
verbleibe ich Ihre

ergebenste

M. Mörike.

N. S. Haben Sie mir nicht früher einmal etwas über Schwinds Briefe geschrieben?[5] diese habe ich noch glücklich aus dem Schiffbruch gerettet; ob sie aber veröffentlich⟨t⟩ werden dürften? die Familie lebt noch und Frau von Schwind ist sehr zurückhaltend, auch kommt viel persönliches darin, aber kostbar! ich wollte Sie könnten und würden sie lesen. Von Strauß[6] ist auch ein Päckchen da — werden aber auch verhängnißvoll sein! Vischer[7] gab ich die seinigen zurück. Würde H. B. bei Gelegenheit seiner Reißen nach Würtemberg doch vielleicht einmal nach Merg. kommen, würde ich ihm natürlich alles vorlegen, auch das was sich vereinzelt vorgefunden an Briefen von Persönlichkeiten. Von Eduards Verleger weis ich auch gar nichts mehr seit vielen Jahren! so geht es wenn eine Frau verlassen allein steht, und sich überall gehemmt sieht! alles ist todt u still um mich betreffs des Dagewesenseins meines lieben Mannes!

53a. Margarethe Mörike an Storm (Visitenkarte)[1]

[Mergentheim, November 1886][2]

Lieber verehrter Herr und Freund!

Endlich, endlich kommen die Bildchen; sie sind dem Original *sehr* gleich — — möchten Sie von der ganzen Ausführung befriedigt sein! Ich bin doch schwach gewesen und der Versuchung unterlegen: ein Exemplar zu behalten! Das beiliegende Bildchen vom kleinen *Max Hildebrand*[3], zweiten aber noch einzig lebenden *Enkel Eduards*, freut Sie vielleicht auch. Gestern war er 2 Jahre alt — die Photographie ist schon vom letzten Mai her. *Wie* es wohl bei Ihnen und all den l. Ihren steht? ich denke oft an *Alle*, besonders in der Kirche! Nicht wahr? ich darf doch bitten (in einiger Zeit) um eine Nachricht über Ihr Befinden — natürlich nur kurz auf einer Karte. Wie viele Gedanken ziehen von mir nach Aschaffenb⟨urg⟩.[4] — Können sie dort doch dem Kranken sich kund thun in herzl. Theilnahme und Trost!

Die besten Grüße u. Wünsche von mir.

Margarethe Moerike
geb. Speeth[5]

54. Margarethe Mörike an Storm

Mergentheim 7/1 87.

Lieber Herr und Freund!

Darf ich nicht fürchten vor Ihnen als unbescheiden zu erscheinen wenn ich, ohne ein Wort Ihrer gütigen Hand zuvor abzuwarten, Sie mit diesen Zeilen belästige? — ich bin aber in so manichfacher Weise viel mit Ihnen und den lieben Ihrigen durch die Gedanken beschäftigt daß ich schreiben *muß*! Fürs Erste ist es mir ein Anliegen: *wie geht es* mit Ihrem Befinden? haben Sie sich wieder gekräftiget, und sind alle Nachwehen der heftigen Erkrankung glücklich beseitigt? ich hoffe: Sie sehen dem Frühjahre mit noch vollkommeneren Erholungsfreuden entgegen! Dann: wie ist es indessen mit Ihrem armen kranken Herrn Sohne gegangen?[1] hat sich sein trauriges Geschick nach der Meinung der Ärtzte erfüllt, oder hat der liebe Gott ihm noch eine längere Lebenszeit gegeben und ihn die Elternheimath erreichen lassen?! Beides, d. h. das Letztere wäre ja möglich mit Gottes Willen.

Eine weitere Anfechtung ist mir schon oft der Gedanke an die Photographiebildchen[2] geworden — ob sie wohl *gut* und zu Ihrer Befriedigung dort ankamen? verzagt und ängstlich mit ihrer richtigen Verpackung nahm ich es an daß Herr Holl sie selbst zur Post brachte, was wie er sagte fast immer so geschehe; erst nachher machte es mir sorge: ob auch Alles *ganz recht* auf diese Art geordnet worden ist? aber nachfragen konnte ich doch nicht! —

Von Herrn Dr. Baechthold[3] bekam ich im Dezember einen Brief — stehe nun wieder im Verkehr mit ihm — wollen nun sehen was er für Früchte daraus ziehen kann.

Läge nicht die schwere Angelegenheit mit Ihrem Herrn Sohne zwischen hier und dort mir auf dem Herzen, so wollte ich mich der Freude hingeben: daß Sie, lieber Herr Landrath, in der Familie ein heiteres glückliches Weihnachten und Neujahr gefeiert haben — *so aber* stehe ich in banger Erwartung Ihrer nächsten Nachrichten! bitte, lassen Sie mich doch bald erfahren wie es bei Ihnen Allen geht; — nicht einen Sie vielleicht anstrengenden Brief sondern nur eine Postkarte erwarte ich. Ich schließe mit viel herzlichen Wünschen und Grüßen für Sie Alle, und bin und bleibe Ihre

treu ergebene

M. Mörike.

55. Storm an Margarethe Mörike

[in der Handschrift von Lisbeth:]

Hademarschen d 9 Januar 1887.

Meine liebe Freundin

Seit Beantwortung Ihres letzten Schreibens war ich wieder rückfällig und fiel aus einer Krankheit in die andere, hatte drei Aerzte, ging mehrere Male am Abgrund des Todes dicht vorbei. Weihnachtabend, wo außer Gertrud und Dodo nur Karl zu Hause, Lucie bei meiner Pastorin Lisbeth, der Altersgenossin Ihrer Fanny, war ich aufgestanden bald darauf wurde es wieder schlimmer und heute wo ich es wesentlich mit einer Dickdarmgeschwulst zu thun habe, kann ich es wohl wagen wieder ein Brieflein zu dictiren. Nachdem mein Ernst bald nach seinem Hiersein auf 10 Tage mit Hans in Aschaffenburg (städtisches Krankenhaus) gewesen, ist mein armer Junge dort sanft mit freundlichem Antlitz entschlafen.[1] Er ist in der letzten Zeit recht heiter gewesen, dortige

Aerzte haben ihn besucht und er hat neben den Ruf seiner Schwäche den Ruf eines besonders ingeniösen und den armen hilfreichen Arztes hinterlassen.

Ich habe hier zum ersten Mal ein Kind, und schwer verloren. war aber so krank daß ich kein Zeichen von mir geben konnte; auch heute noch muß ich Sie bitten meine hoffentlich noch folgende Gesundheit abzuwarten; ich wollte Ihnen sogleich schon schreiben daß Ihre scheinbare Furcht das intimste mit Mörike herzugeben, nur außen vorzuliegen scheint. Aber freilich die genannten Briefwechsel, etwaige Tagebuchblätter und dergleichen dürften kaum verborgen bleiben doch davon hoffentlich einige Wochen später. Für die Morikischen Knabenbilder[2] — das war mir leid daß ich den Dank nicht mit einem Wort an Sie los werden konnte: Sie sind beide überaus schön der Knabe und das Bild und es soll mir meine paar Lebensjahre wie ein Heiligthum sein. Meine Frau und die beiden Haustochter grüßen freundlich und freuen sich, daß es mir besser geht.

[in Storms Handschrift:]

Sorgen Sie liebe Frau, dß recht ein bischen bei der Sache herauskommt; das wär' mir große Freude

Ihr Th Storm.

[Nachschrift von Lisbeth:]

Verehrte Frau Mörike!

Vater hat mir den Brief an Sie dictirt und so möchte auch ich Ihnen einen freundlichen Gruß senden. Vater erzählte mir eben daß ich die kleinen Schühchen von Ihrer Fanny als Kind getragen. Als der Tod unseres lieben Bruders erfolgte, lag mein Vater schwerkrank und so ist es versäumt Ihnen, verehrte Frau, eine Todesnachricht zu schicken. Seit vierzehn Tage⟨n⟩ bin ich zur Pflege meines lieben Vaters hier und haben wir in den letzten Tagen alle wieder frohe Hoffnung gefaßt.

Mit einem freundlichen Gruß

Ihre Lisbeth Haase

56. Margarethe Mörike an Storm

Mergentheim 3/9 87.

Verehrtester Herr Landrath!

Auch wenn es noch 10 Tage sind bis wir — nah und ferne — Ihr liebes Geburtsfest[1] feiern, so erlauben Sie meiner Ungeduld: daß ich heute schon mich einstelle mit den herzenswarmen besten Wünschen und der innigsten Gratulation zu Ihrem 70sten Jahresfeste! im Geiste werde ich sicher an jenem schönen Familienfeste bei Ihnen und den lieben Ihrigen sein, das wollen Sie, Verehrtester, doch nicht vergeßen.

Das Erscheinen dieser Zeilen wird Sie ein wenig überraschen weil ich so lange geschwiegen hatte; desto mehr aber dachte ich an Sie, mit der steten Erwartung eines Lebenszeichens aus Ihrem Hause; — Sie wissen wohl kaum mehr *wie lange* ich Nichts mehr von Ihnen erfahren durfte! auch die mir gütigst zugedachte neuere Geistesarbeit[2] ist ausgeblieben! — in meiner immer schnell erstandenen Zaghaftigkeit und Befangenheit wartete ich eben immer zu ohne selbst zu schreiben! — Durch H. Baech⟨t⟩old bekam ich die Notiz von Ihrem baldigen Geburtstage, und nun habe ich wieder rasch den freudigen Muth erlangt: Ihnen mit gegenwärtigem zu nahen! Daß Sie *Alle* gesund und heiter sind das nehme ich so gewiß an als hätten Sie es mir selbst gesagt — und so hoffe ich auch auf einen recht guten gemüthlichen Winter besonders für Ihre subtile Gesundheit, im Rückblick auf voriges Jahr!

Von mir weis ich Ihnen eigentlich nicht Viel und Gutes gar Nichts zu erzählen. Das Alleinsein und die Ruhe, namentlich das beständige Darbenmüssen an einem Verkehr d. h. intimen treuen Umgang wenigsten⟨s⟩ mit *einer* Seele *nur*, das läßt mich aus der Traurigkeit, zu welcher sich ohnehin mein Gemüth hinneigt, nicht aufkommen! so erschöpft meine Körperkräfte auch sind so aufgeregt ist mein Denken und Empfinden. Doch ich sagte zu Viel mit dem „daß ich ganz allein stehe" — es sind ja hier so Viele, ja die meisten Leute aufmerksam und gut gegen mich; *ich* aber schöpfe aus all diesen Freundlichkeiten keinen Nutzen mehr, je älter ich werde; — es fehlt mir eben *ein Eigenes*! Fanny hat ihren Familienkreis, und außer ihr wäre mein Nächstes „Clara" welche aber gewohnte andere Wege geht! Verzeihen Sie mir wenn ich ein wenig geklagt habe; wenn man aber so das Bedürfniß hat nach einer körperlich und geistig verwandten Seele — wenn man mit 11 Geschwister zusammen gelebt hat — wenn Eltern, Mann und Kinder von uns geschieden sind, und sonst *kein* einziges weiteres Familienglied mehr lebt — da ist es ein trauriges Alter. Von Neu Ulm habe ich auch Ihnen Manches mitzutheilen — am 23sten August kam dort ein gesundes Mädchen zur Welt — nach den 2 Buben nun die größte Freude der Eltern! Die ersten 14 Tage ging alles gut — da in der zweiten Hälfte der dritten Woche erkrankte das l. Kind rasch — und in 2 Tagen war es einer Blutung am Nabel, die unstillbar war, erlegen! F. trauert sehr und ihre Nerven haben viel Schaden genommen — in den nächsten Tagen wird sie mit ihrem noch einzigen Buben „Max" zur Erholung zu mir kommen. Mäxle wird bald 3 Jahre alt. So haben wir unseren Sommer zuerst ausgefüllt gehabt mit Sorgen fürs Kommende — dann trat für ganz kurz die Freude ein — und ihr folgte die Trauer und der Schmerz! Nicht wahr, lieber Herr Landrath, Großeltern stehen mit dem Herzen wohl auf der gleichen Stufe wie die Eltern der lieben Kleinen! So sehr es mich beglücken würde wieder von Ihnen und den Ihrigen zu hören, so erwarte ich durchaus nicht Ihre eigenen Schriftzüge — einige Zeilen anderer Hand auf einer Karte werde ich freudig und dankbar begrüßen. Nun aber empfehle ich mich Ihnen und all den Lieben Ihren von Herzen — wiederhole meine Glück⟨-⟩ und Segenswünsche — und verbleibe in Hochachtung und Treue Ihre

unwandelbare

M. Mörike.

57. Storm an Margarethe Mörike

Hademarschen 11 Juni 1888

Liebe verehrte Frau!

Sie könnten denken ich gedächte nicht mehr Ihrer, und freilich hätte ich Ihnen schon seit Anfang v. Ms den *„Schimmelreiter"*[1], den Sie hier erhalten schicken können. Aber ich vergesse Ihrer u. Mörike's Wittwe nicht; es ist, leider, ganz anders: das zweite Jahr nach meiner schweren Krankheit scheint mich statt hinauf, nur tiefer hinabzuführen, ich kann mich nicht mehr zurecht leben. Eine außerordentlichste Verdauungsschwäche ist seit Anfg März, wo ich den „Schimmelreiter" vollendet hatte, immer mehr aufgetreten, deren Folgen mir stete schlaflose Nächte bereiten und mich so heruntergebracht haben, daß ich total arbeitsunfähig bin und ein Brieflein, wie dieß, nur selten von mir geleistet werden kann. Ich weiß wohl, es führt noch nicht zum letzten Ende[2], und hoffe auf etwas Sommerwärme, die noch immer nicht kommen will, wenngleich es in meinem großen Garten blüht und grünt und unablässig vom Gesang des Schwarzplättchens[3] und des Gartenlaubsängers klingt.

Aus meiner Familie kann ich in so fern Gutes melden, als, wie ich vielleicht schon erzählte, mein trefflicher Sohn Ernst, seit Mai v. Js seine Amtsrichterstelle in Nordschleswig aufgegeben hat, u. Rechtsanwalt u. Notar in der alten Vaterstadt Husum ist. Sie sahen ihn als Studenten ja mehrmals bei sich und entsinnen sich vielleicht noch seines edlen und lieben Antlitzes. Er hat schon ein bedeutendes Ansehn dort; das Vertrauen der Menschen kommt ihm in Fülle entgegen u. mit Recht. Pfingsten war er mit Frau u. zwei Kindern bei uns; lauter liebe Menschen.

Unsre Ebbe[4] ist noch in Weimar u studirt Musik; mit den übrigen ist keine Verändrung vorgegangen; sie sind noch an ihren alten Plätzen. Meine Frau Pastorin Lisbeth in Kirchdorf Grube hat immer nur noch ihr einzig Töchterlein; im Uebrigen geht's ihr trefflich. Sie ist ja die Altersgenossin Ihrer Fanny, der es hoffentlich auch wohl geht.

Und nun, meine liebe Freundin, muß ich für dießmal schließen; der „Schimmelreiter", dieß Altersproduct, hat mir von meinen Freunden Paul Heyse u. Erich Schmidt die begeistertsten Zurufe[5] eingetragen: möge er auch Ihnen etwas abgewinnen.

Frau u. Töchter legen freundliche Grüße an Sie und die Ihrigen ein.

Wie immer
Ihr alter Freund
Theodor Storm

58. Margarethe Mörike an Storm

Neu Ulm, 27/6 88. Maximilianstraße No 1

Verehrtester, lieber Herr Landrath!

Wie habe ich nach der Zeit verlangt in der es möglich würde Ihnen zu schreiben — und wie freue ich mich *jetzt* daß ich Ihnen danken kann für den lieben werthvollen Brief und das zugleich mir gewordene Erzählungsheft; — Beides hat mich *sehr* erfreut, und das große herzliche Schreiben *doppelt* da es Ihnen gewiß mühevoll, und ein Opfer für die Freundschaft war; — ich weis es aber auch hoch zu schätzen, und könnte (falls mir nicht alle Gründe zu einer Erhebung fehlten) stolz darauf sein. Wenn es auch noch so lange gewährt hat bis ich Ihre liebe treue Schrift wieder lesen durfte so wußte ich doch daß Sie mich nicht vergessen haben — daß ich aber fürchten mußte: Ihre leidende Gesundheit[1] gestatte Ihnen nicht mehr den brieflichen Verkehr das that mir wehe! Sie jedoch durch einen abermaligen Brief an mich zu mahnen und zu drängen, das wollte ich mir nicht erlauben so gerne ich von Ihnen Allen Nachricht gehabt hätte! und nun haben Sie mich mit Ihrem reichhaltigen Briefe *so belohnt* für das Ausharren. Aber ach, Sie konnten nicht Gutes von Ihrem Befinden mittheilen! ich bedauere Sie herzlich und schmerzlich! doch trostlos bin ich Ihretwegen nicht, da meine eigenen stehenden und mich *oft* so herunterbringenden Leiden daß ich meine: es gehe schnurgerade dem Ende zu, und es sey noch nie so elend als eben jetzt gewesen, doch bisher immer wieder ein Aufraffen und sich erheben ermöglichten; könnte es denn nicht auch bei Ihnen, verehrtester Freund, so geschehen? da alles was Sie von Ihren Zuständen schreiben ich schon mehrmals selbst in Erfahrung brachte; — ich glaube die gewaltigen bösen Nerven sind es oft alleine welche uns so elend machen daß man glaubt schon halb gestorben zu sein — und sie haben ja den ganzen Körper unter sich! Sind mir Ihre Unterleibleiden auch nicht fremd so conzentrirt sich bei mir der Schaden besonders auf den Kopf; ich bin oft betäubt und schwach im Kopf daß *jeder* Gedanke mir Schmerz macht und ich oft gar nichts denken kann, dazu kommt dann noch eine totale Körperschwäche; — wie oft schon glaubte ich am äußersten Rande des Lebens zu stehen, und wunderbar: immer ging es noch einmal zurück ins Dasein! — — solches hoffe ich auch von Ihren leiblichen Bedrängnißen, und *w i e will ich mich freuen* Ihres nächsten Briefes mit der gewünschten beßeren Kunde! Da seit der Absendung Ihres l. Briefes der Sommer sich nach so langer kalter Witterung prächtig eingestellt hat, kann ich Sie mir nur als behaglichen Spazirganger in Ihrem hübschen Garten denken! wie so gerne stände ich auf Augenblicke neben Ihnen und den l. Ihrigen — doch ein Solches kann und wird ja *nie* geschehen! wie so schön und traulich mag es doch in Ihrem Heim sein. Gegenwärtig bin ich eben im Lesen Ihres jüngsten Geschenkes[2] begriffen — habe es als *Erstes* vor mich genommen am neuen Wohnort[3], und der Anfang der Erzählung hat mich schon wieder ganz in Ihr besonders merkwürdiges intereßantes Heimathland eingeführt; — ich freue mich weiter zu lesen was langsamer als sonst geht, da ich erst seit 14 Tagen hier bin — gleich zum Anfang viel unwohl war — und jetzt noch tief in Unordnung und den Eingewöhnungspeinen stecke; — mit 70 Jahren da geht es schon schwer sich von der Geburtsstätte (wo ich mit Ausnahme der 23 Jahre in Stuttg) immer lebte loszureißen! ich that es Fanny zu lieb, auch wohl mir selbst da ich in meiner Schwäche das Alleinstehen nicht mehr ertrug. Sie werden am besten es begreifen daß ich so spät noch diesen Schritt that, da Sie das Familienglück selbst in vollen Zügen genießen dürfen! es belebt mich stets so oft ich von

Ihnen den Namen „Ernst“ vernehme; wie gut ist mir dessen damalige Persönlichkeit noch im Sinne — nun würde er mir wahrscheinlich mit fremd gewordenen Anlitze entgegen treten. wie herzerfreuend hat es nun sich gewendet daß *er* von dem fernen einsamen Winkel in die *uns* zuerst und *so oft* ins Ohr klingende Vaterstadt *Husum* sich eingebürgert hat! ich kann ganz *mit Ihnen* fühlen wie dadurch die Herzen erwärmt wurden; — da werden Sie gewiß auch einmal hingezogen werden! Bitte, grüßen Sie Herrn Ernst mit Familie. Frl. Ebbe ist immer noch ferne von der lieben Heimath?! Frau Lisbeths Altersgenossin, Fanny(s), erfreut sich gleichfalls guter Gesundheit und frohen Muthes; — Fannys ihr einziges Söhnchen Max ist ein gedeihlicher lebhafter Schwätzer — daß sie schon 2 l. Kinder: einen Knaben und ein Mädchen verlieren mußte, wissen Sie schon. Sagte ich Ihnen auch? daß im April ich die Ehre und Freude hatte Herrn Bächtold bei mir zu sehen[4]; — wir waren 12 volle Stundten zusammen, und wünsche ich nur: daß das Viele welches ich ihm vorgesprochen habe *recht und gut* war! vielleicht schrieb er Ihnen von den günstigen oder schlimmen Eindrücken die er bei mir sich geholt.

Daß das Leiden Ihrer lieben Frau sich nun wieder ganz verloren hat bin ich froh für Sie Alle; — so geht doch immer eines um das andere an uns vorbei! Nochmals danke ich Ihnen für die neueste Sendung; kann ich auch noch nicht über den Schimmelreiter mich gegen Sie aussprechen, so weis ich doch daß es mir als Ihr Produckt *nur* Freude machen kann! wie reich ist aber mein Besitz von Ihren geistigen Schöpfungen nach und nach geworden! Bei Ihrer vorletzten freundlichen Gabe war es mir auffallend: daß es blos *ein Theil* der Geschichte war, dagegen zwei ganz gleiche Exemplare es waren; — sollten Sie sich vergriffen haben oder käme die Fortsetzung (Schluß) noch nach?[5] Jetzt aber darf ich schließen; wenn Sie nur nicht schon ermüdet sind! Ihnen und der sämtlichen l. Familie 1000 Grüße und gute(n) Wünsche — auch von Fanny —;

In treuester Ergebenheit Ihre

Marg. Mörike.

Ich weis Ihnen so gar keine Freude zu machen für die viele welche Sie mir fort und fort bereiten!

Meine Erinnerungen an Eduard Mörike

Von Theodor Storm

Auf der alten Gelehrtenschule[1] meiner Vaterstadt wußten wir wenig von deutscher Poesie, außer etwa den Brocken, welche uns durch die Hildburghausensche „Miniaturbibliothek der deutschen Classiker“[2] zugeführt wurden, deren Dichter aber fast sämmtlich der Zopf- und Puderzeit angehörten. Zwar lasen wir auch unseren Schiller, dessen Dramen in der Stille eines Heubodens oder Dachwinkels von mir verschlungen wurden, und selbst ein altes Exemplar von Goethe's Gedichten cursirte einmal unter uns; daß es aber *lebende* deutsche Dichter gebe, und gar solche, welche noch ganz anders auf mich wirken würden, als selbst Bürger und Hölty[3], davon hatte mein siebzehnjähriges Primanerherz keine Ahnung.

Erst auf dem Lübecker Gymnasium, das ich vor dem Abgang zur Universität[4] noch eine Zeit lang besuchte, las ich Goethe's Faust und Heine's Buch der Lieder, und mir war dabei, als seien durch diese beiden Zauberbücher doch erst die Pforten der deutschen Dichtung vor mir aufgesprungen. Von den neueren schwäbischen Dichtern kam nur Uhland[5] in meine Hände; aber trotz der schönen frühlingsklaren Lyrik blieb dessen dichterische Persönlichkeit mir ferner, vielleicht weil in der Sammlung der Gedichte die Balladenpoesie einen so breiten Raum einnimmt, die man damals ganz in den Vordergrund geschoben hatte, zu der, mit wenigen Ausnahmen, ich aber niemals ein Verhältniß finden konnte.

Die Gedichte Eduard Mörike's, des letzten Lyrikers von zugleich ursprünglicher und durchstehender[6] Bedeutung, der während meines Lebens in die deutsche Literatur eingetreten ist, lernte ich erst mehrere Jahre nach ihrem ersten Erscheinen (1838) während meiner letzten Studentenzeit in Kiel kennen. Wir waren dort derzeit eine kleine übermüthige und zersetzungslustige Schaar beisammen, die geneigt war, möglichst wenig gelten zu lassen; aber vor diesem Buche machten wir unwillkürlich Halt. Da war Tiefe und Grazie, deutsche Innigkeit verschmolzen oft mit antiker Plastik, der rhythmisch bewegte Zug des Liedes und doch ein klar umrissenes Bild darin; die idyllischen, vom anmuthigsten Humor getragenen Stücke der Sammlung von farbigster Gegenständlichkeit und doch vom Erdboden losgelöst und in die reine Luft der Poesie hinaufgehoben. „Mich kann nichts so gefangen nehmen, als solche Ergüsse, die uns jählings umwogen und aus jedem Fleck der Erde eine Insel machen, von der man ungern wieder scheidet;" schreibt kurz vor dem Erscheinen der Gedichte Mörike's vertrautester Jugendfreund Ludwig Bauer[7] in seinen unten zu erwähnenden Briefen; und wir waren in ähnlicher Weise von diesen Dichtungen getroffen. In dem später (Kiel, 1843) von uns herausgegebenen jugendlichen „Liederbuche dreier Freunde"[8] findet sich aus jener Zeit unter der Ueberschrift „Eduard Mörike" ein Sonett von Th. Mommsen:

Vorüber fluthen stolz des Elbstroms Wellen,
Die Schiffe tragend mit dem goldnen Horte —
Der Reichthum wohnt hier wohl am weiten Porte;
Allein der Friede weilet bei den Quellen.

So will der Strom der Dichtung auch sich schwellen
Und weiter strebt er von der stillen Pforte,
Wo Blumen wuchsen am verborgnen Orte,
Und wo am Waldsaum gaukelten Libellen.

Ach! Wir sind oft anmuthig, oft erhaben;
Allein Gervinus stellt uns zu der Prose,
Und Recht behält er, sind wir erst begraben.

Da fand ich in dem eignen Bett von Moose,
Erblühend im geheimsten Thal von Schwaben
Des reichen Liedersommers letzte Rose.

Man sah durch diese Gedichte wie durch Zaubergläser in das Leben des Dichters selbst hinein, das zwar auf einen kleinen Erdenfleck beschränkt, aber dafür mit diesem auch desto inniger vertraut und überdies mit einem phantastischen Märchenduft umgeben war, der bei aller anmuthigen Fremdheit dennoch dem Boden der Heimath zu entsteigen schien, und aus dem die bald zarten, bald grotesken Gestalten,

Die sel'gen Feen,
Die im Sternensaal
Beim Sphärenklang und fleißig mit Gesang
Die goldnen Spindeln hin und wieder drehn[9],

wie der gespenstische Feuerreiter[10] mit seiner rothen Mütze bis zur sinnlichen Deutlichkeit hervortreten. Diese Poesie erregte, wie von E. Kuh[11] in seinem schönen „Gedenkblatt" treffend bemerkt ist, ganz von selber den Wunsch, die besonnten Rebhügel, die heimlichen Waldplätze oder stillen Dorfseiten aufzusuchen, denen sie entstammt ist; noch lieber, in ⟨des⟩ Dichters Pfarrgarten einzutreten und bei ihm selber anzusprechen. Aber freilich dazu fehlte mir derzeit auch das bescheidenste Legitimationspapier.

Nach den Gedichten lasen wir auch die Novelle „Maler Nolten", und trotz der mystischen Zwiespaltigkeit der Dichtung und des Mangels befriedigender Lösung der darin angeregten Conflicte, welches Beides auch einem jugendlichen Leser nicht leicht entgehen kann, waren wir doch darüber einig, daß der Dichter, wie sein Freund Bauer gleich nach dem Erscheinen des Buches schreibt, „seinen Nolten aus dem dämmernden Brunnenstübchen hervorgeholt habe, wo Kunst und Natur als nachbarliche Quellen rauschen;" ja, daß in einzelnen Partien vielleicht das Höchste geleistet sei, was überall der Kunst erreichbar ist. Noch entsinne ich mich, wie ich eines Tages beim Eintritt in mein Zimmer einen unserer Genossen, einen eifrigen Juristen, mit feuchten Augen vor meinem Clavier auf einem Stuhle hängend fand; in der einen Hand hatte er das Heft der von Mörike selbst geschätzten Compositionen von Hetsch, welche damals dem Buche beigegeben waren; mit der anderen suchte er unter Heraufbeschwörung seiner vergessenen Notenkenntniß auf den Tasten sich Agnesens Lied zusammen:

Rosenzeit, wie schnell vorbei
Bist du doch gegangen![12]

Leider verfiel ich, da ich nach abgelegtem Staatsexamen in meiner Vaterstadt seßhaft geworden war, in den seltsamen Irrthum, meine Begeisterung auch bei allen anderen Menschen vorauszusetzen; derart, daß ich den „Nolten" der Lesegesellschaft unserer „Harmonie" höchst dringend anempfahl. Das Buch wurde auch angeschafft; aber — ich konnte mich bald kaum noch irgendwo sehen lassen, ohne ein mitleidiges Kopfschütteln der rüstigen Geschäftsleute und Beamten dafür einzucassiren. Ich hatte mich von vorn herein um allen Credit gebracht. — Setzte es doch sogar einen Schriftsteller, wie A. v. Sternberg[13], mit dem ich in den fünfziger Jahren zusammentraf, in Erstaunen, daß ich Mörike überhaupt eine Bedeutung einräumen wollte. Er hatte zur Zeit, da dieser an seinem Nolten arbeitete, ihn persönlich kennen lernen, wußte von ihm aber nur mit herablassendem Lächeln zu erzählen, wie Mörike ihn eines Tages gefragt habe, ob er wohl auch eine Gräfin könne Staub wischen lassen, worauf er ihn dann beschieden, ja wenn es grad' nicht nöthig sei, da könne auch wohl einmal eine Gräfin zum Staubtuch greifen. — Die Stelle findet sich übrigens Bd. I S. 225 im Nolten, und wird von Vischer[14] in seinen „Kritischen Gängen" gegen einen Recensenten vertheidigt, da der Vorgang als ein ungewöhnlicher psychologisch motivirt sei.

Und hier stehen wir vor der Frage: woher kommt es, daß Mörike selbst in Betreff der Gedichte noch heute ein so kleines Publicum hat? — Der gänzliche Mangel der flüssigen Phrase und jener aus der Alltäglichkeit der Anschauungen hervorgehenden bequemen Verständlichkeit schließt allerdings bei unserem Dichter den größten Theil der Jugend, insbesondere der jugendlichen Frauenwelt von vorn herein aus; abgesehen davon, daß die Stoffe vielfach jenseits des gewöhnlichen Gesichtskreises dieses Alters und Geschlechtes liegen. Aber auch reifere Frauen oder Männer, denen man sonst wohl etwas zumuthen kann, wissen oft sich nicht hineinzufinden.

Ich möchte Nachstehendes hervorheben. Einmal hat das Phantastische, das bei Mörike überall hindurch spielt, gegenwärtig überhaupt wenige Liebhaber; hier aber hat es noch dazu in mehreren Gedichten — so in der, allerdings köstlichen, 16 Seiten einnehmenden Erzählung vom „sicheren Mann"[15] — eine mythische Welt zur Voraussetzung, die nur dem Dichter selbst und seinem engeren Kreise bekannt war. Als Tübinger Studenten auf einsamen Spaziergängen oder in einem fremden Gartenhause auf dem Oesterberge, wo sie sich heimlicher und nächtlicher Weise einnisteten, erschufen Mörike und Bauer diese Welt, die irgendwo im stillen Ocean liegende Insel Orplid mit der Hauptstadt gleiches Namens und ihrer Schutzgöttin Weyla, deren auf und über der Erde spielende Geschichte bis ins Einzelne von ihnen ausgebaut wurde. Bauer schrieb später auf Grund dieser Erfindungen seine Dramen: „Der heimliche Maluff" und „Orplid's letzte Tage"; Mörike die in den Nolten aufgenommene Scene „Der letzte König von Orplid". Die in letzterer enthaltenen und dieser Mythenwelt entsprungenen kleineren Gedichte: „Gesang Weyla's", „Gesang zu Zweien in der Nacht", „Elfenlied", „Die Geister am Mummelsee", sind dann auch, und freilich mit vollem Rechte, in die Sammlung der Gedichte übergegangen, aber sie beruhen sämmtlich auf unbekannten oder ungewohnten Voraussetzungen. Weniger noch als mit diesen und dem „sicheren Mann" werden manche Leser mit dem gleichfalls dem Nolten entnommenen Cyklus „Peregrina"[16] anzustellen wissen; die reizende Gestalt des Wundermädchens ist wie ein Irrlicht, von dem wir nicht wissen, ob wir es wirklich sehen oder ob es nur ein Bild der eigenen Phantasie vor unseren Augen spielt.

Es kommt noch ein Anderes hinzu. Insbesondere die Idyllen, die einen großen und köstlichen Theil der Sammlung ausmachen, haben in ihrer Vortragsweise, in Ausdruck und Redewendung etwas, das der antiken Dichtung abgelauscht und das, so fein und anmuthig es sich der heimischen Weise einfügt, denen, die keine classische Schulbildung hinter sich haben, nicht sofort geläufig sein mag. Wie es bei der Persönlichkeit dieses Dichters nicht anders sein konnte, die Welt seiner Studien verschmilzt sich mit seiner eigenen; der Verfasser schnupft zwar nicht, aber unleugbar ist es, daß er Lateinisch und vortrefflich Griechisch kann; und das von ihm verspottete „Schulschmäcklein"[17] kommt hie und da, wenn auch in stets graciöser oder bewußt humoristischer Weise, in seinen eigenen Gedichten zur Erscheinung.

Das Alles sollte freilich die ernsteren Leser nicht veranlassen, das unvergleichliche Buch nach dem ersten Einblick ungelesen zur Seite zu legen; gleichwohl vermag ich nach eigener Erfahrung, trotz meiner vielfachen Bemühungen dafür, eine Vergrößerung der Mörike-Gemeinde nicht zu verzeichnen. Scheint doch auch, nach dem eingeklebten Titelblatt, die letzte, sechste Auflage der Gedichte nur eine maskirte fünfte[18] zu sein.

Nachdem von Mörike bereits 1846 die „Idylle vom Bodensee“ und 1848 die zweite Auflage der „Gedichte“ erschienen war, ließ auch ich ein wenig bemerktes Buch „Sommergeschichten und Lieder“[19] in die Welt gehen, worin eine Auswahl meiner Gedichte und meine ersten Prosadichtungen zusammengestellt waren. Mit diesem in der Hand, wagte ich es bei Mörike, wenigstens aus der Ferne, anzuklopfen; im November 1850 schickte ich es ihm und schrieb ihm dabei von seinen norddeutschen Freunden und meiner dauernden Liebe zu seiner Dichtung, den Ausspruch eines heiteren Genossen nicht verschweigend:

Die echten Lieder halten aus in Sommern und in Wintern;
Sie haben aber Kopf und Fuß, dazu auch einen H—[20].

Es vergingen ein paar Jahre, ohne daß ich über die Aufnahme meiner Sendung etwas erfahren hätte. — Dann im Mai 1853 erhielt ich aus Stuttgart das eben erschienene „Hutzelmännlein“, das die Perle der von dem Dichter erfundenen Sage von der schönen Lau enthält, zugleich mit dem herzlichsten Schreiben, das mir diesen Frühlingstag zu einem der schönsten meines Lebens machte. Was mir später von Oester⟨r⟩eich aus[21] entgegengekommen ist, schrieb mir schon derzeit Mörike: „Höchst angenehm frappirt hat mich die große Aehnlichkeit Ihres Nordens mit unserer süddeutschen Gefühls- und Anschauungsweise“; und näher dann auf den Inhalt meines Büchleins eingehend: „Ihre Neigung zum Stillleben thut gegenüber dem verwürzten Wesen der Modeliteratur außerordentlich wohl. Der alte Gartensaal, der Marthe Stube und so fort sind mir wie altvertraute Orte, nach denen man sich manche Stunde sehnen kann.“ — — —[22] „Das (Gedicht) von den Katzen wußte ich bald auswendig und habe Manchen schon damit ergötzt. Von wem ist das? frug ich unlängst einen Freund. Nu, sagte er lächelnd, als wenn es sich von selbst verstünde — von dir! Die Zuversichtlichkeit des schmeichelhaften Urtheils hat mich natürlich nicht wenig gaudirt.“[23] — Mörike wird sich bei dieser freundlichen Aeußerung freilich wohl bewußt gewesen sein, daß dies Gedicht, wenn es auch nicht von ihm herrührt, schwerlich so entstanden sein würde, wenn der Verfasser nicht fleißig bei ihm in die Schule gegangen wäre. Schließlich wünschte er eine Andeutung meiner äußerlichen Existenz; das Eine wolle mich zum Arzt, das Andere zum Prediger machen.

Ich ließ mich selbstverständlich nicht vergebens bitten.

Später, in den Jahren, die ich während der Dänenherrschaft in dem großen Militär-Casino Potsdam[24] verlebte, sandte ich ihm das aus unserem Berliner Kreise hervorgegangene belletristische Jahrbuch „Argo".[25] Ich sammelte damals für ein Album[26] zum Geburtstage meiner Frau Erinnerungsblätter aus der Heimath und handschriftliche Gedichte von mir bekannten Verfassern. Kugler hatte mir sein „An der Saale hellem Strande" schreiben müssen; von Eichendorff, mit dem ich in des Letzteren gastfreiem Hause — „am ewigen Heerd" — im Freundes- und Frauenkranze einen heiteren Tag verlebt hatte, erhielt ich das: „Möcht' wissen, was sie schlagen, so tief in der Nacht"; nun bat ich auch Mörike um sein „Früh, wenn die Hähne kräh'n".

Und rechtzeitig im April 1854 langte zur Antwort eine reiche Sendung bei mir an; dem ausführlichen Briefe war außer dem gewünschten Autograph und einem desgleichen von Kerner mit dem charakteristischen Datum „Weinsberg im unglücklichen April 1854" — er hatte damals eben sein „Rickele"[27] verloren — eine werthvolle Gabe beigeschlossen: „Ludwig Bauer's Schriften; nach seinem Tode in einer Auswahl herausgegeben von seinen Freunden." Das Buch ist ohne Angabe eines Verlegers 1847 zu Stuttgart erschienen. Mörike's Frau, Gretchen, geb. v. Speth, auf welche, wie der Dichter mir verrathen und ich wohl weiter ausplaudern darf, sich die in seiner Sammlung befindlichen Gedichte „Ach muß der Gram", „O Vogel, es ist aus mit dir", „An Elise", „Wehet, wehet liebe Morgenwinde"[28] beziehen, hatte es mit einer Widmung an die „Freunde in Schleswig" begleitet. Er selbst schrieb dazu: „Sie werden den herrlichen Menschen bald darin erkennen. Was die vorangedruckten Briefe betrifft (an deren Auswahl ich natürlich einen Antheil habe) — wenn Sie im Stande wären, Alles gehörig abzurechnen, was jugendliche Freundschaft nach der ihr eigenen Uebertreibung Gutes an ihrem Gegenstande findet, so könnte es mir schon lieb sein, daß Ihnen ein Stück Leben von mir und meinem Kreis damit vorgelegt wird."

Und in der That sind diese Briefe Allen zu empfehlen, denen daran liegt, den Jugendspuren unseres Dichters nachzugehen. Man sieht die beiden Freunde in die Sommernacht hinausschwärmen, und sich auf einsamen Berghöhen und Waldplätzen zu künftigen Werken begeistern; von Mörike erfahren wir (1824), daß er ein Trauerspiel[29] vollendet, aber dann verbrannt habe, weil es nicht die ganze Höhe seiner Idee erreichte. Ueberall aber zeigt sich die beiden Freunden gemeinsame Neigung zum Phantastischen und Geheimnißvollen; noch als

Pfarrer zu Ernsbach macht Bauer den Vorschlag, sich für Tag' und Nächte in dem verödeten Schloß zu Ingelfingen einzuquartieren, „in einem Zimmer, wo, wenn man allein ist, man sich zu Tode bängeln kann." Es ist, als ob die jungen Dichter aus der Einsamkeit in der Natur, aus der Stille der Nacht die Offenbarung der Poesie erwarteten; und die „Felsenglocke Orplid's, von welcher nur die Gazellen geweckt werden, seitdem die Gassen der heiligen Stadt verödet sind", klingt überall hindurch. Hie und da in diesen Briefen wird uns, als läsen wir ein Gedicht von Mörike selbst.

Zwischen den Blättern dieses so willkommenen Buches fand sich überdies die Nummer einer würtembergischen Kirchen-Zeitung mit dem ersten Abdruck des trefflichen „Thurmhahns"[30], worüber Mörike mittheilte, daß er als Pfarrer zu Cleversulzbach aus Anlaß einer Kirchenreparatur solch' ein altes Inventarienstück zu sich genommen habe, während das Ganze unter Sehnsucht nach dem ländlich pfarrlichen Leben entstanden sei.

Auch die Silhouetten des Dichters, seiner Frau und seiner Schwester Clara, der beständigen Genossin seines Lebens, waren beigefügt.

In seiner liebenswürdigen und bescheidenen Weise gab Mörike dem jüngeren Freunde über die Entstehung einzelner seiner größeren Dichtungen Auskunft; in Betreff seines „Nolten" schrieb er: „Verschiedene Partien im ersten Theil desselben sind mir selbst widerwärtig und fordern eine Umarbeitung. Was denken Sie deshalb für den Fall einer zweiten Auflage? Ich möchte Sie nicht gern zum zweiten Mal als Corrector unzufrieden machen."

* *
*

Im August 1855 wurde mir die Freude, mit meinen Eltern eine Reise in den deutschen Süden zu machen. Das Endziel war Heidelberg, wo mein Vater einst als Student der Rechte zu des alten Thibaut[31] Füßen gesessen hatte, auch mit ihm befreundeten Söhnen eines Hainbundgenossen[32] mitunter von dem alten Johann Heinrich Voß[33] in dem Rebgange seines Gartens war empfangen worden. Ich aber dachte noch ein paar Meilen weiter zu einem lebenden Dichter, nach Stuttgart, wo Mörike derzeit mit seiner jungen Frau und seiner Schwester sein bewegliches Wanderzelt aufgeschlagen hatte. Während nun mein Vater, nur von seinem spanischen Rohre begleitet, in Heidelberg die Stätten seiner Jugend aufsuchte, setzte ich mich auf die Eisenbahn und fuhr nach Stuttgart.

Mörike war nicht im Wartesaal, wie er mir geschrieben hatte. Meine Ankunft war mit einer Literaturstunde zusammengefallen, die er derzeit als Professor am Catharineum[34] zu geben hatte. Als die Menge sich verlaufen, blieb ich mit einem schwarzen Herrn auf dem Perron zurück, der nach dem mir bekannten lithographirten Bilde von Weiß[35] jedenfalls nicht Mörike sein konnte; der aber bald auf mich suchend Umherblickenden zutrat und mir ein mit Bleistift geschriebenes Billet überreichte. „Salve Theodore!" schrieb Mörike, „Negotio publico distentus amicum, ut meo loco te excipiat, mitto carissimum."

Dieser Freund war Wilhelm Hartlaub[36], dem die erste Auflage der Gedichte gewidmet ist, und der jetzt von seiner Dorfpfarre[37] bei dem Dichter auf Besuch war. „Sie kommen zur glücklichen Stunde;" sagte dieser, als wir durch die Straßen schritten; „der Eduard hat grade etwas fertig, was von überwältigender Schönheit ist." — Die Dichtung, welche er meinte, war die Novelle „Mozart auf der Reise nach Prag".

In der einfach aber nett eingerichteten Wohnung[38], freilich mehrere Treppen hoch, wurde ich von Frau und Schwester empfangen. Mörike selbst war noch nicht da; aber während ich mich an einem Glase jungen Weins, noch aus dem Garten zu Mergentheim, nach der heißen Fahrt erquickte, trat auch er herein. Er war damals erst 51 Jahre alt; in seinen Zügen aber war etwas Erschlafftes, um nicht zu sagen Verfallenes, das bei seinem lichtblonden Haar nur um so mehr hervortrat; zugleich ein fast kindlich zarter Ausdruck, als sei das Innerste dieses Mannes von dem Treiben der Welt noch unberührt geblieben.

Er faßte mich an beiden Händen und betrachtete mich mit großer Herzlichkeit. „Gelt, Alte!" sagte er dann zu seiner Frau, „so habe wir ihn uns ungefähr gedacht. Als ich eben da herauf gegangen bin, da hab' ich mir die Stufe angesehen und gedacht, ob wohl der Storm da herüber gestiegen ist?"

Bei den Gesprächen, in die wir bald vertieft waren, offenbarte sich überall der ihm inwohnende Drang, sich Alles, auch das Abstracteste, gegenständlich auszuprägen; die Monaden des Leibnitz[39] erschienen ihm wie Froschlaich; von den kleinen Naturbildern des ihm befreundeten Dichters Karl Mayer[40] sagte er: „Er kann nichts passiren lassen, ohne es auf diese Art gespießt zu haben." — Ueber dem Sopha zwischen den Lichtbildern[41] von mir und meiner Frau, die wir als Erwiederung der Silhouetten[42] gesandt hatten, hing eine in Oel gemalte Mondscheinlandschaft[43]; Mörike meinte, es stecke ein Gedicht darin. „Eine Nachtuhr!" sagte er und zeigte auf einen Felsblock im Vordergrunde des Bildes, über den, vom Mond beleuchtet, ein rieselndes Wasser tropfenweise herabfiel. Aber so viel ich weiß, ist dies schon keimende Gedicht nicht zur Entfaltung gediehen. Wir kamen auf Heine[44] zu sprechen. „Er ist ein Dichter ganz und gar;" sagte Mörike; „aber nit eine Viertelstund' könnt' ich mit ihm leben wegen der Lüge seines ganzen Wesens." — Dagegen fühlte er sich zu Geibel und Heyse[45], dessen eben erschienene „L'Arrabbiata"[46] er „eine ganz einzige Perle" nannte, hingezogen und wünschte sich nur Jugend und Gesundheit, um ihnen recht feurig entgegenkommen zu können; auch von unserer persönlichen Begegnung wünschte er, daß sie in eine frühere Zeit seines Lebens gefallen sei.

Von mir, der ich damals erst im Beginn meiner Prosa-Dichtung stand, hatte Mörike kurz zuvor die kleine Idylle: „Im Sonnenschein"[47] zugesandt erhalten. „Als ich das gelesen," sagte er, „da habe ich gleich gesehen, das ist so mit einem feinen Pinsel ausgeführt; das mußt du Satz für Satz lesen. — Wisse Sie was!" fuhr er dann fort; „drei Stellen daraus möchte ich auf Porzellan gemalt[48] haben." — Er hatte eben nicht Unrecht mit dieser freundlichen Kritik. Dann aber meinte er wieder: „Sie habe das an sich, so leise zu überraschen: Es war eine andere Zeit!"

Ich hatte ihm erzählt, daß mein Vater, ein Müllersohn vom Dorfe, von seiner Jugend her eine Liebhaberei für Vögel habe und noch jetzt mit Behagen dem Treiben der Staare um die ausgehängten Brutkästen zuschaue. Als wir später bei der Besichtigung der Wohnräume in das Zimmer kamen, wo sein erst einige Monate altes Töchterlein[49] in einer Wiege schlief, sagte er mir, daß er diese Liebhaberei meines Vaters theile, und zeigte auf zwei Rothkehlchen, die im Bauer vor dem Fenster standen: „Richtige Gold- und Silberfäde ziehe sie heraus; sie singe so leise, sie wollen das Kind nit wecke."

In meiner Heimath, wo das Plattdeutsche der Volkssprache sich schärfer von der Schriftsprache scheidet, ist man nicht gewöhnt, einen derartigen Anflug von Dialekt in der Unterhaltung zu hören; auch Mörike's Gedichte, hatte ich sie nun laut oder leise gelesen, waren mir stets nur in meiner eigenen Sprache dagewesen. Nun hörte ich den Dichter selber in behaglichster Weise sich in der Sprache seiner schwäbischen Heimath[50] ergehen, insbesondere beim Mittagstische im Gespräch mit seinem Jugendfreunde Hartlaub. Als ich ihm meine Gedanken darüber kund that, legte er zutraulich die Hand auf meinen Arm und sagte lächelnd: „Wisse Sie was? Ich möcht's doch nit misse." — Noch ein Anderes hatte mich stutzen gemacht, ohne daß ich gleicherweise einen traulichen Bescheid darauf bekommen hätte. Es war dies das Tischgebet, das Mörike kurz vor Beginn der Mahlzeit sprach. Ich mußte schweigend darüber nachsinnen, ob das ein Rest des früheren Pfarrlebens sei, oder vielleicht nur einer allgemein schwäbischen Haussitte angehörte; eine solche formulirte Kundgebung wollte mir zu dem *Dichter* Mörike nicht passen, wenngleich in seinen Gedichten sich nichts findet, das dem Glauben an eine persönliche dem Herzensdrange des Menschen erreichbare Gottheit widerspräche. Die Verse aber[51]:

... Aus Finsternissen hell in mir aufzückt ein Freudenschein:
Sollt ich mit Gott nicht können sein,
So wie ich möchte, Mein und Dein?
Was hielte mich, daß ich's nicht heute werde?

Ein süßes Schrecken geht durch mein Gebein!
Mich wundert, daß es mir ein Wunder sollte sein,
Gott selbst zu eigen haben auf der Erde!

sind erst in der Ausgabe von 1867 veröffentlicht.

Als das Gespräch sich auf das poetische Schaffen überhaupt wandte, meinte Mörike, es müsse nur so viel sein, daß man eine Spur von sich zurücklasse; die Hauptsache aber sei das Leben selbst, das man darüber nicht vergessen dürfe. Er sagte dies fast so, als wolle er damit den jüngeren Genossen warnen. Und daß es nicht ein blos hingeworfenes Wort gewesen, beurkunden seine Gedichte, in denen der Inhalt eines reichen, wenn auch noch so stillen Lebens wie von selber ausgeprägt ist.

Am Nachmittag wurde mir zu Ehren auf nordische Weise der Theetisch[52] hergerichtet; Mörike meinte, o sie kennten das hier auch. Dann schleppte er mir selbst aus seinem Studirstübchen seinen großen Lehnstuhl herbei, und als ich mich hineingesetzt hatte, begann er seinen „Mozart“ vorzulesen. Die noch jugendliche Frau[53] des Dichters ging indessen, wie ein freundlicher Hausgeist, ab und zu; die wirthschaftliche Sorge für die Gäste hatte sie genöthigt, sich dem pantomimisch kundgegebenen Wunsche ihres Mannes, sich mit in unseren Kreis zu setzen, mit dem liebenswürdigsten Ausdruck des Bedauerns zu entziehen. — Mörike las, wie mir damals schien, vortrefflich; jeder Anflug von Dialekt war dabei verschwunden. Auch hier aber hatte ich Gelegenheit zu bemerken, welch' hohe Stellung der Dichter bei seinen Jugendgenossen einnahm und wie sie überall nur das Schönste und Beste von ihm erwarteten. Schon 1823 schreibt Bauer in den erwähnten Briefen an ihn: „Aber dies ist mir lieb, daß nur dann dein ganzes wunderbares Selbst vor mir steht, wenn sich die gemeinen Gedanken wie müde Arbeiter schlafen legen, und die Wünschelruthe meines Herzens sich zitternd nach den verborgenen Urmetallen hinabsenkt. Die Poesie des Lebens hat sich mir in dir verkörpert, und Alles, was noch gut an mir ist, sehe ich als ein Geschenk von dir an;“ und an einer anderen Stelle: „Du bist mir schon so heilig, wie ein Verstorbener.“ — Der jetzt gegenwärtige Hartlaub folgte der Vorlesung mit einer verehrenden Begeisterung, die er augenscheinlich kaum zurückzuhalten vermochte. Als eine Pause eintrat, rief er mir zu: „Aber, i bitt Sie, ist das nun zum aushalte!“ — Ich selbst freilich war von dieser Meister-Dichtung, in der mir nur eine Partie, die mit den

Wasserspielen, weder damals noch später hat lebendig werden wollen, nicht weniger freudig ergriffen. Daß außer einzelnen Gedichten, wie „Erinna an Sappho“[54] oder „Besuch in der Carthause“[55] diesem Werke kein weiteres mehr von ähnlicher Bedeutung folgen sollte, ahnten wir damals nicht.

Nach beendeter Vorlesung wandte das Gespräch sich auf den „Maler Nolten“, dessen erste Auflage vergriffen war. Der Verleger beabsichtigte eine neue; aber Mörike wollte den unveränderten Abdruck nicht gestatten; er hatte schon damals eine Umarbeitung desselben begonnen, welche er trotz der ihm noch vergönnten zwei Decennien nicht vollenden sollte. Es wollte ihm nicht gelingen, bekannte er; er habe sogar das Buch schon einmal vor Ungeduld an die Wand geworfen. — Als wir Anderen ihm dann zuredeten, er möge sich doch lieber neuen Schöpfungen zuwenden, meinte er, es werde doch kein Maler, dem Gelegenheit gegeben sei, ein Bild zu wiederholen, mit Bewußtsein dieselben Verzeichnungen wieder hineinmalen. — Und so ist er denn fortgefahren, Zeit und Kräfte an dem ihm fremd gewordenen Werke zu erschöpfen.[56]

Durch die Erwähnung Kerner's[57], den aufzusuchen mir leider, trotz Mörike's dringender Empfehlung, der einmal festgestellte Reiseplan verwehrte, geriethen wir in das nicht nur in Schwaben leicht aufzuritzende Reich der Geister.[58] Mörike, der die Sache ernst nahm, behielt sich vor, mir bei besserer Gelegenheit brieflich desfallsige Mittheilungen aus seinem eigenen Leben zu machen. Aber bekanntlich war er kein zu starker Briefschreiber; erst viele Jahre nachher durch einen meiner Söhne, der ihn als Tübinger Student mehrfach in seinem derzeitigen Wohnorte Nürtingen besuchte, habe ich etwas von diesen Vorgängen erfahren, welche nach dessen Aussage Mörike ihm mit einer die Nachtruhe gefährdenden Meisterschaft erzählt hatte.

Eine Reihe derselben steht in unmittelbarer Beziehung zu Kerner's seltsamem Buche: „Die Seherin von Prevorst.“[59]Nachdem nämlich der Dichter nicht lange zuvor mit Mutter und Schwester von seinem Pfarrhause zu Cleversulzbach Besitz genommen, geht er eines Sommernachmittags in sein Weinbergshäuschen hinauf, um dort, wie es komme, ein bischen zu lesen oder zu schlafen. Zufällig hat er unter seinen Büchern die erwähnte „Seherin“ gegriffen und liest darin — die Geschichte steht S. 274 — was einem Pfarrer H. zu C. und dessen Nachfolger S. im Pfarrhause mit einem spukenden Amtsvorgänger Namens R—sch begegnet ist. Eben am Eindämmern, fährt es ihm durch den Kopf: „Ganz dieselben Wahrnehmungen hast du ja auch gemacht!“ Die Anfangsbuchstaben der Pfarrer und der nächsten Vorgänger passen ebenfalls; nur der Name des Spukenden ist ihm nicht bekannt. Eiligst begiebt er sich auf sein Studirzimmer und schlägt im Kirchenregister nach; und da steht es! „Rabausch“

hatte der Pfarrer geheißen, der hier vor längerer Zeit gelebt und über den noch allerlei finstere Erzählungen im Schwange gingen. — Von der Zeit an hätten er und seine Hausgenossen die Aeußerungen des Geistes mit Aufmerksamkeit beobachtet.

Diese Hinneigung des Dichters zu einer von der Wirklichkeit getrennten, geheimnißvoll in sich abgeschlossenen Welt ist ein bezeichnender Zug seines Wesens, das überall dahin drängt, sich von der in fluthender Bewegung tosenden Welt des Tages zurückzuziehen.

Bei einem Abendspaziergange durch die Stadt wurde mir die Steinfigur des Hutzelmännleins[60] gezeigt, welche oben an der Ecke eines Hauses[61] hukte; weiterhin trat Mörike in einen Laden und kaufte mir ein paar weiße Kreidestifte, deren ich mich, wie er zu thun pflege, zum bequemen Niederschreiben poetischer Productionen auf eine Schiefertafel bedienen möchte.

Am anderen Vormittage kramte unser Gastfreund allerlei, besonders handschriftliche Raritäten aus: so, trotz seiner Abneigung gegen dessen Persönlichkeit, ein sehr durchcorrigirtes Gedicht von Heine; mehrere von Hölderlin[62], darunter eines aus der Zeit seines Irrsinns, aber auch ein Concept des schönen Gedichtes „An Heidelberg"; endlich kam ein Blatt mit allerhand colorirten Zeichnungen. So viel ich mich entsinne, sollte es von einem alten Zeichenlehrer aus dem vorigen Jahrhundert stammen; Mörike, der eine mir entfallene Classenbenennung für diese Art von Künstlern gebrauchte, hatte selbstverständlich den Mann nicht gekannt; aber während er auf die verschiedenen altfränkischen Dinge aufmerksam machte, mit denen der Bogen bedeckt war, begann er, leise und behaglich redend, mit dramatischer Lebendigkeit die Figur des alten Herrn in immer deutlicheren Zügen vor uns hinzustellen, so daß ich es zuletzt mit Augen vor mir sah, wie das fettige Zöpflein sich auf dem blanken Rockaufschlage hin und wieder rieb. — Nach einem Gemälde von Orplid, das nach Bauer's Angabe in Mörike's Besitz sein sollte, erkundigte ich mich vergebens; es schien nicht mehr vorhanden. Dagegen sah ich eine Zeichnung[63], welche den Dichter in seiner früheren Jugend als einen besonders schönen Knaben zeigte. Das lithographirte Bild von Weiß[64], so viel mir bekannt, das einzige aus den kräftigeren Mannesjahren des Dichters, schien mir nicht ganz ähnlich; auch Mörike selbst meinte das.

Gegen Mittag kamen meine Eltern, mit denen ich am Nachmittag nach Heilbronn und dann anderen Tags den Neckar hinab nach Heidelberg zurückfahren sollte. — Die nordischen Leute schienen Mörike zu gefallen; als wir mit ihm und seiner Schwester einen Spaziergang durch die Stadt und die umliegenden Anlagen machten, faßte Mörike mitten aus der Unterhaltung heraus mich unter den Arm und raunte mir zu: „Aber en passant, Sie habe recht liebe, liebe Eltern!" Und noch mehrmals kam er darauf zurück: „Ich komme noch nit aus mei Staunen und mei Freud; Sie habe wirklich prächtige Eltern!"

Noch sehe ich ihn mit meinem Vater, den alten Poeten und den alten Advocaten, in aufmerksamer Betrachtung vor der Schiller-Statue stehen; Beide die Hüte in den Nacken gerückt; der Eine mit seinem Regenschirm, der Andere mit seinem spanischen Rohr unter dem Arm. Plötzlich wendet Mörike sich zu mir und sagt mit großer Herzlichkeit: „Wisse Sie was? Ihr Herr Vater hat so was von einem alte Schweizer!" Dies Compliment, wofür er es ansehen mußte, da ihm die Schweizer nur als ideale Gestalten aus Schiller's Tell bekannt waren, konnte mein Vater unmöglich annehmen. „Ach wat," rief er lachend in unserem Plattdeutsch, „ick bün man en Westermöhlner Burjung!" Möglich, daß das nun wieder Mörike nicht verstanden hat. — Auch meine Mutter zu charakterisiren schien dieser ein freundliches Bedürfniß zu empfinden; sie habe „so etwas Klares, Leuchtendes, Liebe Erweckendes," meinte er.

Aber der Tag verging. Beim Abschiede empfing ich als Gastgeschenk von Frau Gretchen aus der Garderobe des Haustöchterchens ein paar gestrickte Schühchen für meine gleichaltrige kleine Tochter, von Mörike für meine Frau eine Art schelmischen Schönheitsdiploms[65], ein zierlich, jedoch verkehrt auf Glanzcarton gedrucktes Gedicht, wodurch die Adressatin genöthigt wird, damit vor den Spiegel hinzutreten:

„Und was kein Schmeichler ungestraft gewagt,
Ihr eigen Bild hat es ihr nun gesagt."

Er habe, bemerkte Mörike, das Blatt für Agnes Schebest machen lassen, pflege es aber auch wohl an andere würdige Personen zu verabreichen. — In seine Sammlung ist übrigens dies Gedicht nicht aufgenommen.*

Dann verließen wir Stuttgart, und ich habe Mörike nicht wiedergesehen; auch geschrieben hat er mir, außer einem Gruß auf seinem „Mozart"[66], nur noch einmal, da mich ein großes Leid[67] betroffen hatte. Grüße und kleine Sendungen[68] sind noch einzeln hin und wieder gegangen, bis dann der Tod auch dem ein Ende machte.

* *
*

E. Höfer[69] hat in einem nach des Dichters Tode erschienenen Aufsatze die Kundigen aufgefordert, zur Herstellung seines wirklichen Bildes beizutragen, mit dem Hinzufügen: denn die Spuren eines so stillen und engen Daseins, die

* Es findet sich vollständig abgedruckt in den Monatsheften; dritte Folge, Bd. VIII, S. 64.

selbst während des Lebens nur von Wenigen bemerkt und beachtet worden sind, pflegen nach dem Tode mit erschreckender Schnelligkeit vollends zu verschwinden.

Möge man denn zu den seitdem veröffentlichten werthvollen Aufzeichnungen von Kuh[70], Waldmüller[71], Fr. Notter[72] u. A. die vorstehende als eine, wenn auch bescheidene, Ergänzung gelten lassen. Nichts aber würde uns, nach meiner Ansicht, den Dichter lebendiger vor Augen führen helfen, als, worauf schon Notter hinsichtlich der Correspondenz mit Moritz Schwind hingewiesen hat, die Veröffentlichung einer Auswahl seiner Briefe[73]; denn selten dürfte sich in solchen so die Persönlichkeit des Schreibers ausprägen, und wiederum selten die menschliche und die dichterische Persönlichkeit sich in solchem Grade decken, wie dies bei Mörike der Fall ist.

Hoffen wir, daß bei einer zu erwartenden Gesammtausgabe diese Pflicht gegen den Dichter und sein Publicum nicht versäumt werde.[74]

Varianten I

Zu: Theodor Storm, „Meine Erinnerungen an E. Mörike"
Aus einem frühen, vergilbten Konzept (Original im Archiv der Theodor-Storm-Gesellschaft in Husum)

Zu S. 142, Zeile 1 ff.:

Ich habe ihm viel zu danken; nicht nur für die Erquickung, die mir immer wieder, nun seit über einem Menschenalter, aus seiner Dichtung fließt, auch dafür, daß er durch diese einer meiner Lehrer in der Erkenntniß des Wesentlichen und des Schönen gewesen ist.

Auf der alten Husumer Gelehrtenschule lasen wir freilich unseren großen Schiller, dessen Dramen auf dem Heuboden und zwischen Dachwinkeln von mir verschlungen wurden, auch von Göthe kannten wir neben Herman u. Dorothea noch „Mahadöh der Gott der Erde" u. andre einzelne Gedichte; sonst aber wußten wir wenig von deutschen Dichtern, außer etwa von den alten Herren, von denen die Hildburghausensche „Miniaturbibliothek der deutschen Klassiker" uns einzelne Brocken nebst lobpreisender Lebensbeschreibung zuführte. Daß es lebende Dichter gebe, noch dazu solche, welche ganz anders auf mich wirken würden, als selbst Hölty und Bürger, davon hatte ich mit achtzehn Jahren noch keine Ahnung.

Ich habe diesen Mangel an poetischer Nahrung bis zu meiner ersten Jünglingszeit nie bedauert; denn desto ungeschwächter war die Wirkung, als nun der Reichthum auch meiner eigenen Zeit mir plötzlich erschlossen wurde.

Dieß geschah auf dem Lübecker Gymnasium, in dessen Prima ich 1835 eintrat. Zunächst wurde ich durch die Retzschen Umrisse, welche mein Stubengenosse bei einem Schul-Vogelschießen im [ergänzt nach Varianten II:] ⟨Sachsenwalde⟩ als Preis errang, ⟨zu Goethes Faust geführt⟩.

Zu S. 142, Zeile 14:

Dann eines Herbstabends wurde ich von einem älteren Freunde in die Heinesche Stimmungspoesie eingeweiht. In einen altmodischen Stübchen im oberen Stockwerk, dessen Fenster auf die Trave gingen, zu dem man durch eine düstere kirchenhohe Außendiele gelangte, las er mit der ihm eigenen Feierlichkeit mir eines dieser wunderbaren Lieder nach dem andern:

„Das Schiff war nicht mehr sichtbar
Es dunkelte gar zu sehr."

So etwas hatte ich noch nie vernommen. — Schon lange ist der Freund für immer schlafengegangen; aber diesen Abend werde ich nie vergessen. Die Jüngeren, die mit Heines Liederbuch aufgewachsen sind, werden das wohl kaum begreifen. Aber dieses u. der Faust kamen nun nicht mehr von meinem Tische. Noch ein Buch kam hinzu: Eichendorffs „Dichter u. ihre Gesellen"; aber den Einfluß der Eichendorffschen Lyrik erfuhr ich doch erst, als 1841 dessen gesammelte Werke erschienen.

Zu S. 142, Zeile 27:
Da war Tiefe und Durchstehtigkeit Humor u. Grazie, deutsche Innigkeit mit einem Hauch antiker Poesie, der musikalische Zug des Liedes und doch ein klar umrissenes Bild darin; . . .
Zu S. 143, Zeile 32:
(aus dem sich Gestalten . . .) wie des Schloßküpers Geister zu Tübingen oder der wahnsinnige Feuerreiter mit seiner rothen Mütze bis zur sinnlichen Deutlichkeit erhoben.
Zu S. 143, Zeile 33:
(Diese Poesie erregte ... den Wunsch,) die darin so lockend gezeigten heimlichen Gründe und Waldplätze aufzusuchen, die trotz aller poetischen Verklärung denn doch wirklich auf der Erde existirten.
Zu S. 144, Zeile 1:
Auch die Novelle „Maler Nolten" lasen wir, und die wunderbare seltne Schönheit der einzelnen Partieen, — Agnes „in ihrem Wahnsinn lieblich, wie kaum Ophelia", der Schauspieler Larkens in seiner hypochondren Verbannung zu niedriger Gesellschaft und die rohe Liebe seines Genossen, des Büchsenmeisters Lörmer, die wie Gold aus Schlacken aufblitzt — gewährten uns mehr als Entschädigung für die mystische Zwiespältigkeit der Dichtung . . .
Zu S. 144, Zeile 17:
Es versteht sich von selbst, daß ich auch die Sammlung „Iris" mit der köstlichen Märchen-Novelle „Der Schatz" in meinen Besitz brachte.
Zu S. 153, Zeile 8:
[mit Bleistift als „Stichwort" zur Charakterisierung Mörikes:] Neigung für in sich abgeschlossene Weltferne Orte

Varianten II

Zu: Theodor Storm, „Meine Erinnerungen an E. Mörike"
Aus einem späteren Konzept (Original im Archiv der Theodor-Storm-Gesellschaft in Husum)

Zu S. 142, Zeile 14:
Durch die Retzschen Umrisse, welche mein Stubengenosse bei einem Schul-Vogelschießen im Sachsenwalde als Preis davon trug, wurde ich zu Goethes Faust geführt; und mir war, als flögen nun erst die Thore der deutschen Dichtung vor mir auf.
Zu S. 143, Zeile 32:
(aus dem sich . . . Gestalten . . .) wie der gespenstische Feuerreiter mit der rothen Mütze oder der gräulichen Rübenfraß ergebene Halbgott, Suckelborst, der sichere Mann bis zur sinnlichen Deutlichkeit erheben.

Und außerdem in dieser engen Welt des wirkl. Lebens, welch ein Reichth⟨um⟩ an Ansch⟨auung⟩ u. Gest⟨a⟩lten
Zu S. 147, Zeile 4:
Im August 1855, während der traurigen Zeit, die ich nach dem Verlust der Heimath in dem großen Militair-Casino Potsdam verlebte, wo man zwischen all den Park-

Decorationen sich nach einem Kartoffelacker sehnt, der in unmittelbarem Verhältniß zu Menschenglück und Leben steht, wurde mir die Freude, mit meinen Eltern, die mich dort besuchten, eine Reise nach dem deutschen Süden zu machen.

Zu S. 149, Zeile 16:

Er war damals erst 51 Jahre alt; aber in seinen Gesichtszügen war etwas Erschlafftes, um nicht zu sagen Verfallenes, was bei seiner zarten Gesichtsfarbe u. seinem lichtblonden Haar nur um so mehr hervortrat (auch klagte er über Kränklichkeit)

Zu S. 149, Zeile 32:

„Eine Nacht-Uhr!“ sagte er indem er sinnend vor dem Bilde stand und zeigte auf einen Felsblock im Vordergrunde des Bildes, über den vom Mond beschienen ein rieselndes Wasser tropfenweis herabfiel.

Das war mir wie ein Blick in des Dichters geheimste Werkstatt; aber so viel ich weiß ist das schon halb keimende Gedicht niemals zur Entfalt⟨un⟩g gekommen.

Zu S. 152, Zeile 2:

In der That, ich war zur glücklichen Stunde gekommen.

Zu S. 152, Zeile 6:

der Nolten gehöre bereits, wie er nun einmal sei der deutschen Literatur an.

Zu S. 154, Zeile 21: [durchgestrichen]

So aber lautete es:

Ein artig Lob, du wirst es nicht verwehren,
Obwohl gewohnt, es jeden Tag zu hören.
Gern möcht' ich denn das platte „Du bist schön“
In lauter feinen Wendungen gestehn.
Doch wenn es mir an Worten nun gebricht,
Verschmäh ich auch ein listig' Mittel nicht.
Ich weiß mit wunderbarer Schrift zu necken
Und meine Meinung zierlich zu verstecken.
Damit ich aber gleich die Ungeduld versöhne,
Führ' ich mit meinem Blatt vor's Spiegelglas die Schöne;
Und was kein Schmeichler ungestraft gewagt,
Ihr eigen Bild hat es ihr nun gesagt.

Zu S. 154, Zeile 31:

[Hier endet diese Handschrift mit den Worten:]

Husum, im August
1876. — Th. Storm.

Theodor Storm: Notizen in einem blauen Oktavheft

Original in der Schleswig-Holsteinischen Landesbibliothek, Kiel, mit dem hs. Titel auf dem Umschlag:

„Was ich im Eisenbahn-
wagen auf der Reise von
Stuttgart nach Heidelberg
notirte, da ich von
Mörike zurückkehrte"

Eine Bemerk⟨un⟩g in Betr. des Nolten. Es ist mir von verschiednen Lesern des Buchs die Aeußerung begegnet, daß man bei dem Larkens die Darstellung oder wenigstens eine bestimmtere Andeutung der Begebenheiten vermisse, aus denen sich sein unseliges Schicksal entwickelt; — vielleicht mit einiger Berechtigung wegen der bedeutenden Stelle die ihm in der Erzähl⟨un⟩g angewiesen ist. Mir ist es, wie ich sehr wohl erinnere, ebenso gegangen; und erst später hat sich für mich persönlich die Lücke dadurch ausgefüllt, daß mir diese Figur in einem ähnlichen Verhältniß zum Dichter erschienen ist, in welchem der Werther zum Göthe steht; nur daß beim Larkens der Dichter das Stück Weges, das auch er gegangen sein mag, verbirgt, und ihn vor unsern Augen die nur letzte dunkle Hälfte gehen läßt, die er selbst durch seine größre Kraft, vielleicht zum Theil durch diese poetische Befreiung vermieden hat.

— Ich habe dieß mit solcher Bestimmtheit anempfunden, daß ich mich wundre, es noch in keiner Beurth⟨ei⟩l⟨un⟩g des Buchs gelesen zu haben. Natürlich meine ich nicht, Sie dadurch zu irgend einer Aendrung anzuregen. —

d(aß) wir zuletzt von selbst von unsrem Liebsten gesprochen

— — —

Vater

— — —

Kerner — Spuk — Bitte um die Mitth⟨ei⟩l⟨un⟩g — Blatt für Constanze Schönheistdiplom — Fanny und Lisbeth — Hartlaub — Mozart —

— — —

Ich habe übrigens diese Bemerkung, ([durchgestrichen:] die, wenn auch vielleicht unrichtig, doch von Interesse sein dürfte), dem Dichter selbst nur in der Voraussetzung mit geth⟨ei⟩lt (können), daß er (Sie) zugleich meine Versicherung annehme, wie sie keineswegs in der Erwart⟨un⟩g irgend einer Antwort von mir geschrieben worden. Nur wie der Ausschnitt aus einem Literaturblatt soll es in diesen Brief gelegt sein.

Erfahrungen verschwiegen die er an sich selbst gemacht, und nur die dunkelsten Consta⟨n⟩z⟨es⟩ wegen in seiner poetisch⟨en⟩ Figur mitgeth⟨ei⟩lt.

Gestatten Sie dieser Bemerk(un)g hier ein stilles Plätzchen.

— — —

Monaden des Leibnitz
Froschlaich!

Hartlaub:

„Sie komme zur glückl. Stunde. Der Eduard hat grade etwas fertig, was von überwältigender Schönheit ist."

E⟨ine⟩ Liebhaberei hab ich mit ihrem Hr. Vater gemein. Richtige Gold- und Silberfäde ziehe ⟨sie⟩ heraus und dann singen ⟨sie so leise⟩: sie wollen das Kind nicht wecken.

Große Gegenständlichk⟨ei⟩t

„Als ich da eben heraufgegangen bin, da hab ich mir die Stufe angesehen, und gedacht, ob wohl der Storm herüber gestiege ist".

(Heine)

„Er ist ein Dichter ganz und gar, aber nit eine Viertelstund könnt i mit ihm leben wegen der Lüge seines Wesens."

[mit Tinte:] Gelt, Alte, so haben wir ihn uns ungefähr gedacht.

Carl Mayer „Er kann nichts passire lassen, ohne es auf diese Art gespießt zu haben."

Hartlaub b. einer Lesepause: Ich bitte Sie, *ist* das nu auszuhalte [mit Tinte verbessert in: zum Aushalte]?

— — —

Nolten Umarbeit⟨un⟩g.

In Schillersheimatjahr die Geschichte vom Parrz u. Kurz habe er ihm Erkl⟨?⟩ gemacht. Er h⟨a⟩be sich von ihm entfernt, da er sich von sich selbst entfernt. So hatte er fortmachen sollen.

Eggers So eine Morgenvisite: wir sind nicht ordentlich warm geworden zusammen — man muß was zusammen esse oder trinken!

Der Wein aus dem Garten zu Mergentheim — der mir später eine leichte körperliche Buße auferlegte.

Gretchen in den braunen schönen Augen ein Ausdruck von demüthiger, stillauftretender Freundlichkeit u. Schelmerei. — Kränklichk⟨ei⟩t. Klage über zerrissene Zeit⟨.⟩ Ihr Mann habe viel Anlauf von Fremden. — mich um d. Arm fassend „Aber en passant Sie habe recht liebe, liebe Eltern."

— — —

Ich komm' noch nit aus mein Staunen und mei Freud, Sie haben wirklich prächt'ge Eltern."

Ihre Mutter hat so was Klares, Leuchtendes, Liebe Erweckendes

— — —

Wenn ich Jugend und Gesundheit hätte, ich möchte den Beiden (Heise u. Geibel) so recht feurig entgegenkommen, und mich recht mit ihne vermische.

— — —

[mit Tinte:] Das Bild Mondscheinnacht — der fallende Tropfen: Nachtuhr.

[es folgt eine Seite, auf der ein Rezept eingetragen ist, offenbar ein Pulver zur Magenberuhigung]

Gegenständlichkeit, es drängt ihn alles in anschaulichen Formen vor sich zu haben.

[mit Tinte:] Dialect spr⟨echen⟩

Wisse Sie, ich möcht's doch nit misse.

[mit Tinte:] Heine gr⟨oßer⟩ Dichter; aber keine Stund könnt ich mit ihm leben!

In Betr. Im Sonnenschein.

„Als (ich das gelesen), da habe ich gleich gesehen, das is so mit eim feine Pinsel ausgeführt. Das mußt du Satz für Satz lese."
— Wisse Sie drei Stellen möchte ich auf Porzellan gemalt habe.
Sie habe das an sich, so leise zu überraschen „... Es war eine andre Welt!"
Das Bild v. Orplid fehlt (Bauer S. 227)
Stimmungen der Mörikschen Lyrik — (Bauer IX, XII)

— — —

Knabenbild, das mir als besonders schön in d. Erinnerung steht.

— — —

Unsre Bilder

— — —

Glanzcartonn

— — —

Das verbrannte Trauerspiel XVII.

— — —

Oesterberg? Kloster = Stift?

— — —

— — —

[mit Tinte:] Sternb⟨e⟩rgs Aeußerung cf. Fischer Julian Schmidt.

— — —

ja selbst Gedichte, wie die Herbstfeier, in denen uns einzelne Strophen gleich einem schönen Kunstwerk griechischer Plastik anmuthen, sind auf schwäbischem Grund- u. Boden gewachsen und tragen noch den Duft der Heimathscholle.

[Nach sieben freien Seiten auf der letzten abgerissenen Seite mit Tinte offenbar wieder eine Rezeptanweisung:] liquor ferri dialysati soluti.

Anmerkungen

zu den Briefen Storm—Eduard Mörike

(Zu 1) Storm an Mörike (20. 11. 1850).
Abdruck nach dem Original im Goethe- und Schillerarchiv, Weimar.

In der Kieler Landesbibliothek wird außerdem ein Brief „An Eduard Mörike (mit Sommergeschichten) Husum d. 20 Novb. 1850" aufbewahrt; er ist in Storms „Neues Liederbuch" (hs. Gedichtsammlung) auf S. 16 f. eingeklebt. Es muß sich um einen Entwurf handeln, da die Variante den Relativsatz („die in jeder Beziehung würdig ist") nicht enthält und nach „die" eine leere Stelle läßt bis „den Trank".

1 dieß Büchlein: „Sommergeschichten und Lieder" (Berlin: Duncker 1851), enthält von Storms Erzählungen: „Im Saal", „Der kleine Häwelmann", „Posthuma", „Marthe und ihre Uhr", „Immensee". Das Buch ist Constanze gewidmet unter dem Datum des 5. Mai 1850 (Constanze Storm, geb. Esmarch, 1825—1865). In der ersten Fassung von „Marthe und ihre Uhr" (1848) steht über Mörikes „Nolten", daß er „ihr Lieblingsbuch" war, in der späteren Fassung (1851) „machte großen Eindruck auf sie, so daß sie ihn immer wieder las," (vgl. Köster 8, S. 198).

2 Gedichte: Es handelt sich um die Ausgabe von 1838, die Wilhelm Hartlaub gewidmet ist; W. Hartlaub (1811—1888): mit Mörike auf dem Seminar in Urach und auf dem Tübinger Stift, dann Pfarrer, „der liebste, beste, einzige Freund", der ergiebigste Briefpartner.

3 Iris: Eine Sammlung erzählender und dramatischer Dichtungen von Eduard Mörike. Stuttgart: E. Schweizerbarts Verlagshandlung 1838. Darin: „Der letzte König von Orplid" und die Novelle „Miss Jenny Harrower". Vgl. Anm. 3, 19.

4 Nolten: Mörikes Roman „Maler Nolten", erste Ausgabe von 1832, Stuttgart: Schweizerbart.

5 Der sichere Mann: Mörikes „Märchen vom sichern Mann", 1838 entstanden.

6 die Sommerweste: aus Mörikes Gedicht „An meinen Vetter" (entstanden Juni 1837): „Er ist eine / Von den freundlichen Naturen / Die ich Sommerwesten nenne."

7 Larkens: die intrigante und genialische Freundesfigur im „Nolten".

8 Agnes: das von Nolten verlassene Mädchen.

9 Theodor Mommsen (1817—1903), Universitätsfreund Storms in Kiel, gab mit ihm und seinem Bruder Tycho Mommsen das „Liederbuch dreier Freunde" (erschienen 1843) heraus. Darin ein Sonett von Th. Mommsen auf Mörike. Wahrscheinlich stammt der erste Hinweis auf Mörike in diesem Kreise von ihm (vgl. Storms „Erinnerungen an Eduard Mörike", Anm. 8, S. 209 f.).

10 herbstkräftig: Anspielung auf Mörikes Gedicht „Septembermorgen"; ursprünglich „Herbstfrühe" (1827).

11 Die ächten Lieder: Vf. von mir nicht auszumachen. Es könnte sich um den Lü-

becker Ferdinand Röse handeln (1815—1859), im Freundeskreis genannt „Wanst". Vgl. Storms „Erinnerungen an die Lübecker Gymnasiastenzeit und an Ferdinand Röse" (Köster 8, S. 12 ff.; Goldammer, Werke 4, S. 525 ff.) und die Entwürfe zu „Meine Erinnerungen an Eduard Mörike" (hier S. 142 ff.). Auch die Lübecker Stadtbibliothek vermochte hierüber keine Auskunft zu geben.

[12] Mörikes „Idylle vom Bodensee" war 1846 bei Schweizerbart in Stuttgart erschienen; und am 15. 11. 1846 hatte Storm Constanze Esmarch geheiratet.

„Dicht am Gestade des Sees . . .": erster Vers der „Idylle vom Bodensee".

[13] den Blast abstieß: aus der „Idylle vom Bodensee", Vers 1455.

[14] neue Auflage der Gedichte: E. Mörike, Gedichte, zweite vermehrte Auflage, Stuttgart/Tübingen: Cotta 1848.

[15] Märchen vom sichern Mann: s. o. Anm. 5.

Peregrina: vgl. H. Mayne, Werke I, Lesarten S. 462/463, S. 466—468. Welche „Korrekturen" Storm meint, ist nicht auszumachen. Allein im „Märchen" handelt es sich um mehr als hundert.

[16] „Ach, nur einmal noch im Leben": das frühe Mozart-Gedicht auf die Arie aus „Titus"; Erstdruck 1846.

[17] der Sehrmann: aus Mörikes Gedicht „An Longus" (1841).

[18] goldne Rücksichtslosigkeit: Stormsche, nicht nur hier brieflich auftauchende Prägung, die später in das Gedicht „Für meine Söhne" (1854) eingegangen ist. Vgl. das Gedicht bei Köster 1, S. 179 und Brief Nr. 6 sowie Anm. 6, 17.

[19] Vgl. Mörikes Gedicht „Ländliche Kurzweil" (An Constanze Hartlaub) von 1842.

[20] Namensschwester meiner Frau: Constanze Hartlaub (1811—1888), Frau Wilhelm Hartlaubs.

[21] Hallische Jahrbücher: Hallesche Jahrbücher für deutsche Wissenschaft und Kunst, Herausgeber Th. Echtermeyer und A. Ruge. Gemeint ist der Band mit F. Th. Vischers Aufsatz über den „Nolten" (1839).

[22] eines Rettichs bedürfen: vgl. Mörikes Gedicht „Restauration" (1837).

[23] neue Heimath: Mergentheim, Mörikes erste „neue Heimath" nach Aufgabe der Pfarre in Cleversulzbach.

(Zu 2) Mörike an Storm (26. 5. 1853).
Abdruck nach dem Original in der Schleswig-Holsteinischen Landesbibliothek, Kiel.

Eine in Storms Auftrag von seiner Tochter Gertrud für J. Bächtold hergestellte Abschrift wird im Deutschen Literaturarchiv (Schiller-Nationalmuseum, Marbach) aufbewahrt. Storms Kommentar in seiner eigenen Handschrift: „Mörike's erster Brief auf meinen ersten v. 20. Novb. 1850".

[1] Vgl. den Brief Storms an Mörike vom 20. 11. 1850 (Nr. 1).

[2] beifolgenden Schriftchens: „Das Stuttgarter Hutzelmännlein", erschienen Mai 1853.

[3] Gedichte: im Band „Sommergeschichten und Lieder" (Berlin: Duncker 1851):
S. 31: „Von Katzen" (Erstdruck 1849)

S. 36 „Käuzlein" (Erstdruck „Liederbuch dreier Freunde" 1843)
S. 41 „Waldweg" (Erstdruck 1851)
S. 100 „Du willst es nicht in Worten sagen" (Erstdruck in „Sommergeschichten und Lieder" 1851)
S. 102 „Die Zeit ist hin" (Erstdruck in „Sommergeschichten")
S. 109 „Einer Toten" (Erstdruck in „Sommergeschichten", Hs.: „Meiner Schwester am 10. Nov. 1847")
S. 119 „Lehrsatz" (Erstdruck in den „Sommergeschichten und Liedern", entstanden schon 1845)
S. 124 „O süßes Nichtstun" (Erstdruck in „Sommergeschichten")
S. 126 „Schließe mir die Augen beide" (Erstdruck in „Sommergeschichten").

[4] Gretchen ... meine liebe Frau: Margarethe von Speeth (1818—1903), in deren Elternhause Mörike und seine Schwester Clärchen (1816—1903) seit 1844 nach Mörikes vorzeitiger Pensionierung in Mergentheim wohnten. Heirat am 25. 11. 1851.

[5] D. Ed. Mörike: Am 5. 8. 1852 wurde Mörike zum Dr. phil. h. c. der Universität Tübingen ernannt.

(Zu 3) Storm an Mörike (12. 7. 1853).
Abdruck nach dem Original im Goethe- und Schillerarchiv, Weimar.

[1] zu einem ersten Buben noch zwei andre: Hans Storm, geb. 1848; Ernst Storm, geb. 1851; Karl Storm, geb. 1853.

[2] seit dem 5. Mai 1851: der 5. Mai war Constanzes Geburtstag.

Ihr Steindruckporträt von Weiß: Vgl. Storm an Brinkmann am 22. 3. 1852: „Von Mörike ist ein Porträt erschienen, das ich verschrieben habe" (Goldammer I, S. 153). Storm meint also den 5. Mai 1852, nicht 1851. Die Lithographie von Bonaventura Weiß von 1851 ist reproduziert bei Rath, vor S. 53.

[3] Christian Hieronymus Esmarch (1752—1820), Mitglied des Göttinger Hainbundes (vgl. darüber: Adolf Langguth, Chr. H. Esmarch u. der Göttinger Hainbund, Berlin: Paetel 1903).

Friedrich Voigt: Hölty (Roman: 1844).

[4] Hutzelmännlein: E. Mörike, Das Stuttgarter Hutzelmännlein, Stuttgart: Cotta 1853. „Die Liebeserklärung im Rauchfang": Seppes Werbung um die Schusterswitwe während des Aufhängens der Würste; — „der wackere Stiefelknecht": Geschenk des Hutzelmännleins an Doktor Veylland, den Hofmagier des Grafen; — „die Scene auf dem Seil": Seppe und Vroni verloben sich bei der Fürstenhochzeit auf dem Seil, auf dem sie (durch die Kunst des Hutzelmännleins) als Tänzer auftreten; — „Fett-Glanz-Stiefelwichs-Recept", das das Hutzelmännlein Meister Bläse in Aussicht stellt. Vgl. Maync, Werke III, S. 159.

[5] Figur des Volksglaubens: Mörike verwahrt sich im Brief an Storm vom April 1854 (Nr. 5) gegen die Deutung, daß er einen alten Sagenstoff als Motiv benutzt hätte (eine Meinung, die auch Uhland vertrat). Er habe vielmehr alles frei erfunden: „da auch in den hintersten Kammern meines Gehirns nicht die leiseste Spur empfangner Überlieferung zu finden ist."

6 „Die Märchen sind halt Nürnberger Waar" ist der Beginn von Mörikes Gedicht „An einen kritischen Freund".

7 Meine kleinen Situationsstücke: Storms „Sommergeschichten". „in Kühnes Europa ‚Aquarelle' genannt": Goldammer (I, S. 598) bringt die Sätze aus der Anzeige vom 29. März 1851 in extenso. Storm bezieht sich auf das darin enthaltene Bild „wie leichte Aquarellbilder". Übrigens übernimmt er auch das Wort „Situationsstück" aus der Anzeige.

„Europa. Chronik der gebildeten Welt". Wochenschrift im Geiste des Jungen Deutschland, 1833—1859, hrsg. von Lewald, dann von F. G. Kühne.

Im abschätzigen Sinne braucht Rud. v. Gottschall, als Kritiker pro domo berüchtigt, das Wort „Aquarellmaler" in seiner Rezension (1871) von Storms „Hausbuch" (in: Blätter für lit. Unterhaltung, Bd. 1, 1871, S. 14, wieder abgedruckt bei Bernd I, S. 119 f.). Auch Heyse verwendet die Metapher.

8 Die beiden Gedichte: „Einer Toten" und „Meiner Schwester am 10. Nov. 1847" im Band „Sommergeschichten und Lieder". Vgl. dazu Anm. 2, 3.

9 Katzen: gemeint ist das Gedicht „Von Katzen", vgl. ebenfalls Anm. 2, 3. Erstdruck in Biernatzkis Volksbuch auf das Jahr 1849.

10 kleine Sammlung meiner Gedichte: die in Kiel erschienene 1. Auflage: Th. Storm, Gedichte, Kiel: Schwers 1852.

11 im Text der Erstauflage (S. 46): „Die Kinder 1", Abends 2". Nach dem Brief präzisiert: „Die Kinder 1" = „Hans"; „Abends 2" = „Ernst". Im Text der Erstauflage: „Wenn deine strahlenden Augen lachen". Nach dem Brief korrigiert: „Wenn deine strahlenden Augen wachen".

12 S. 80: Die schwache Ballade „Morgane".

13 S. 155: Titel in der Erstausgabe: „In hoc signo vinces" (lat.: in diesem Zeichen wirst du siegen); in der zweiten Auflage der „Gedichte" (1856, S. 106) geändert in: „Im Zeichen des Todes".

14 Bürkner in Dresden: Hugo Bürkner (1818—1897). Vgl. auch Anm. 5, 2.

15 Verse beizulegen: gemeint ist Storms Gedicht „September 1850", dessen Text im Anschluß an diesen Brief abgedruckt ist. Vgl. Anm. 3 a, 1.

16 „Ein grünes Blatt" ... in einem Berliner Jahrbuche (Argo): Vgl. dazu Anm. 5, 5.

17 „Lebe wohl, du fühlest nicht": Gedicht von Mörike; erster Druck 1841 unter dem Titel: An***. Vgl. die Antwort Mörikes in Brief Nr. 5. Von Mörike nicht genannt unter den auf Gretchen bezogenen Gedichten.

18 Urania: Taschenbuch des Verlages Brockhaus, Leipzig 1810—1838. Im Band auf das Jahr 1834 Mörikes Novelle „Miss Jenny Harrower" (S. 311—339).

19 Iris: Eine Sammlung erzählender u. dramatischer Dichtungen von Eduard Mörike, Stuttgart: E. Schweizerbart's Verlagshandlung 1839. Enthält: „Der Schatz" (1836), „Die Regenbrüder" (1839 aufgeführt), „Der letzte König von Orplid" (Nolten), „Lucie Gelmeroth", neue Fassung von „Miss Jenny Harrower" (s. o. Anm. 18), „Der Bauer und sein Sohn".

20 „Des Vaters Geburtstag" von C. M. = Carl Eberhard Mörike, Bruder des Dichters.

(**Zu 3a**) Beilage zum Brief Storms an Mörike vom 12. 7. 1853 (Nr. 3)
Erstdruck nach dem Original im Goethe- und Schillerarchiv, Weimar.

1 „September 1850“: Storms Gedicht „Im Herbste 1850“ (Köster 1, S. 115). Erster Druck im Schleswig-Holsteinischen Musen-Almanach für 1851, hrsg. von H. Staacke und E. Goeders, S. 41, mit der Überschrift „Vermächtnis“; in die erste Ausgabe der „Gedichte“ (1852) nicht aufgenommen. Wiederabgedruckt in der „Argo“ 1854, S. 308 f.

(**Zu 4**) Storm an Mörike (1. 3. 1854).
Abdruck nach dem Original im Goethe- und Schillerarchiv, Weimar.

Der Briefumschlag ist erhalten und trägt in Storms Handschrift die Adresse: „Herrn Dr. Eduard Mörike in Stuttgart“.

1 Potsdam: Storm hatte schon im vorigen Brief vom 12. Juli 1853 (Nr. 3) geschrieben, daß er „in Begriff sei, nach Preußen überzusiedeln“. Über Storm in Potsdam vgl. z. B. Fontane, „Th. Storm“ (1853) in: Aufsätze zur Literatur, München 1963, S. 141 ff., und „Von Zwanzig bis Dreißig“: „Der Tunnel über der Spree“, 4. Kap. ‚Th. Storm‘, S. 192 ff., DTV: München 1973 und München: Nymphenburger Verlagshandlung 1967, S. 149—305.

2 Album: das Album ist erhalten und befindet sich im Besitz der Nachkommen des Dichters (Kopie im Storm-Archiv in Husum). Aus ihm sind auch die drei Silhouetten Mörikes, Clärchens und Magarethes entnommen, die hier neben S. 73 reproduziert werden. Das „Album“ enthält u. a. Mörikes Abschrift von „Früh wann die Hähne krähn“ (Stuttgart 21. April 1854), von Karl Mayer „Manch bunter Blumenknaul“ (Auf einem Besuche in Stuttgart d. 18. Octbr 1854), von Justinus Kerner „Weiß nicht, woher ich bin gekommen“ (Weinsberg im *unglücklichen April* 54 [auf Rickeles Tod zu beziehen]) sowie von Uhland die Abschrift von „Die linden Lüfte sind erwacht“ („Frühlingsglaube“).

3 „Früh wenn die Hähne krähn“: Das Gedicht „Früh wann die Hähne krähn“ hat den Titel „Das verlassene Mägdlein“ und ist im Mai 1829 entstanden. Die Abschrift Mörikes im „Album“ ist erhalten, datiert: 21. April 1854. Es war unter den Mörike-Gedichten Storms Lieblingston. Komposition von Hetsch in der Musikbeilage zum „Nolten“, später von Robert Schumann und Hugo Wolf komponiert.

4 „Das Stuttgarter Hutzelmännlein“: vgl. Anm. 3, 4 und „Meine Erinnerungen an Ed. Mörike“, Anm. 60 und 61.

5 „Quickborn“: von Klaus Groth (1819—1890), dem bedeutendsten Lyriker der Zeit im niederdeutschen Dialekt. Seit 1858 Dozent der Germanistik an der Universität Kiel. Der „Quickborn“ erschien 1852 (entstanden seit 1847). Storm war das Werk wesensverwandt. Den I. und II. Teil hat er selber angezeigt. (Teil I im: „Ditmarser und Eiderstedter Boten“ vom 22. 12. 1852, abgedruckt bei Goldammer, Werke 4, S. 561 f.; Teil II in „Itzehoer Nachrichten“ vom 17. 12. 1870; abgedruckt: Köster 8, S. 118 f., Goldammer, Werke 4, S. 599—601.) Dagegen hat er Groths hochdeutsche Gedichte („Hundert Blätter“, 1854) entschieden abgelehnt (im Literaturblatt des deutschen Kunstblatts, Sept. 1854); abgedruckt: Köster 8, S. 86—91; Goldammer, Werke 4,

S. 580—585. Erste Veröffentlichung der Briefe Storms an Groth durch Christian Jenssen, in: Schriften der Th.-Storm-Gesellschaft 4/1955, S. 31 ff. mit einer Einführung über die etwas schwankende Beziehung beider Dichter zueinander.

6 Johann Peter Hebel: Alemannische Gedichte (1803). Es steht zu vermuten, daß Storm sich eher auf die Übertragung ins Hochdeutsche (v. R. Reinick) bezieht, die 1851 in Leipzig mit den Illustrationen von L. Richter herauskam.

7 Argo: Es handelt sich um den ersten Jahrgang 1854 (Ende 1853 ausgegeben) des Jahrbuches, das ein Organ des „Tunnels über der Spree" war. Herausgeber des Bandes waren Th. Fontane und Fr. Kugler.

8 Meine Sachen darin: Storm hat im ganzen 8 Beiträge zur „Argo" 1854 gegeben. 5 davon wurden erwähnt Mörike im Dankbrief besonders. Vgl. diesen Brief vom 20. April 1854 (Nr. 5).

9 Paul Heyses Rabbiata: „L'Arrabbiata", eine seiner bedeutendsten und gattungskonformsten Novellen. Erstdruck unter dem Titel „La Rabbiata" in der „Argo" 1854, S. 1—22.

10 Fontanesche Bearbeitung der Percyballaden: Es handelt sich um 8 (der insgesamt 22) Balladen dieses Typs, die in die Zeit nach der 1. Auflage von Fontanes Gedichten fallen. Vgl. Ernst Kohler, Die Balladendichtung im Berliner Tunnel über der Spree, Berlin 1940, S. 267.

11 Paul Heyse im „Literaturblatt des deutschen Kunstblatts", der 1854—1857 von Friedrich Eggers redigierten Beilage zum „Deutschen Kunstblatt", am 12. Januar 1854 (S. 112 oben) über Mörike: „Wir unterscheiden ... deutlich hier den Einfluß der römischen Elegiker und des Catull, dort die Vorliebe für das deutsch Volkstümliche, hier wieder eine der späteren Goetheschen Beschaulichkeit und Würde eng verwandte Stimmung, dort einen abenteuerlichen Klang der Romantik. Und dennoch mutet uns alles wie eigen und neu an ... nirgends vermissen wir den mächtigen Hauch der Persönlichkeit, der das Fremdartige in die eigene Substanz aufschmilzt ... Ihn ergriff nur das Innerlichste, die geistige und sittliche Strömung, der er sich verwandt fühlte."

Kritik am Nolten, S. 115 ff.: „Er läßt seine Lieblinge durch die unerhörtesten Zufälle grausam untergehn und ruft ... alles Grauen einer dämonischen Welt zu Hilfe."

12 die dritte Auflage (der Gedichte): erst 1856 erschienen bei Cotta Mörikes „Gedichte" in der 3. verm. Auflage.

(Zu 5) Mörike an Storm (April 1854).
Abdruck nach dem Original in der Schleswig-Hosteinischen Landesbibliothek, Kiel.

Eine Abschrift dieses Briefes „von andrer Hand" (so Storm an Bächtold), die Storm für Bächtold anfertigen ließ und selbst mit kleinen handschriftlichen Verbesserungen und mit Anmerkungen versehen hat, wird im Deutschen Literaturarchiv/Schiller-Nationalmuseum in Marbach aufbewahrt.

1 Ohne Datum und Ortsangabe Mörikes. Von Storms Hand nachgetragen: „v. April 1854, nach Potsdam".Vgl. Storms Anm. 5 zu der Abschrift des Mörike-Briefes: „Der Brief ist, wie ich aus einer Zuschrift von Gretchen Mörike in den beigefügten ‚Ludwig

Bauer's Schriften Stuttgart 1847' sehe, von April 1854, wo ich Assessor am Kreisgericht in Potsdam war. Beigefügt waren außer diesen die 3 gen. Silhouetten und die handschriftlichen Gedichte von M., Mayer u. auch von Kerner, der das seinige datirt hatte: ,Weinsberg, im unglücklichen April 1854' dem Todesmonate seiner Frau. Der Thurmhahn war in einer Nummer einer schwäbischen Kirchenzeitung."

[2] Büchlein mit der süßen Schläferin: Vgl. Storms Bemerkungen zur Briefkopie, S. 11, Anm. 1: „Eine Bürknersche Zeichnung zu ,In Bulemanns Haus' auf dem Umschlag der ersten Ausgabe meiner Gedichte, Kiel, 1852, die ich M. geschickt hatte." Im Gedicht: Die „zierliche Kleine, die die Nacht vor ihrem Spiegelbild zubrachte und dafür im Grase den sonnigen Morgen verschläft".

Hugo Bürkner (1818—1897), Holzschneider, Kupferstecher und Radierer in Dresden. Vgl. dazu K. Meyer „Ein kostbares Storm-Bändchen", mit Abbildung des Umschlagbildes in: Schleswig Holstein 11/1972, Neumünster, Wachholtz, S. 288 ff.

[3] Schattenriß: Storm hat dann Daguerreotypen von sich und Constanze geschickt (vgl. Anm. 6, 2), die aber im Storm-Archiv nicht erhalten sind.

[4] Sommergeschichte: s. o. Anm. 1, 1.

[5] Das grüne Blatt: Storms Novelle „Ein grünes Blatt" war in der „Argo" von 1854 zum erstenmal gedruckt (S. 294—307).

[6] Argo: „Belletristisches Jahrbuch für 1854. Herausgegeben von Theodor Fontane und Franz Kugler, Dessau, 1854" (so Anm. 2 von Storms Hand zu der Briefabschrift).

[7] Über den verspäteten Empfang der Sendung vgl. die Anmerkung von Rath, S. 33, die erklärt, wie der langsame Weg vom Autorenauftrag an den Verleger, vom Verleger über die Buchhandlungen zum Empfänger sich vollzog.

[8] Märchen erzählte: vgl. Anm. 3 von Storms Hand zu der Briefabschrift: „M's Rath ist für die Buchausgabe im Wesentlichen befolgt worden."

[9] Herbst 1850: das Gedicht „September 1850", das Storm seinem Brief vom 12. 7. 53 (Nr. 3) beigelegt hatte. Vgl. Anm. 3 a, 1.

[10] Abschied: („Kein Wort, auch nicht das kleinste"). Erstdruck in der „Argo" 1854, S. 309 ff.

[11] Gode Nacht: („Över de stillen Straten"). Erstdruck in der „Argo" 1854, S. 312.

[12] Hetsch, Louis H. (1806—1872), Komponist eines Teils der Liedbeigaben zum „Nolten", s. u. Anm. 14.

[13] Kauffmann, Ernst Friedrich (1803—1856), Mathematiklehrer in Heilbronn und Stuttgart, Liederkomponist.

[14] eine Probe: die Erstausgabe des „Nolten" enthielt als Beilage 6 Liedkompositionen, darunter 4 von Hetsch.

[15] andere kleine Stücke: in der „Argo" 1854, S. 311 f., die Gedichte „Trost", „Mai", „Nachts" und „Aus der Marsch".

„mir ist wie Blume": Erstdruck in der „Argo" 1854, S. 311, mit dem Titel „Mai", in der 4. Ausgabe der Gedichte in „April" geändert.

[16] Gemeint sind die beiden Verse aus der 5. Strophe des Stormschen Gedichtes „Wohl rief ich sanft dich an mein Herz" (erster Druck 1852 in der 1. Ausgabe der Gedichte, S. 24 f.): „Und wenn dein letztes Kissen einst / Beglänzt ein Abendsonnenstrahl, ..."

[17] Quickborn: vgl. Anm. 4, 5 und Anm. 7, 15.

18 Theodor Fontane: Männer und Helden. Acht Preußenlieder von Th. Fontane Berlin 1850.

19 Karl Wolff (1803—1869), Rektor des Katharinenstifts, an dem Mörike nach Schwabs Tode Literatur lehrte. Lithographie von Emminger 1850, reproduziert bei Holthusen, S. 129.

20 Gustav Schwab (1792—1850), Theologe (zuletzt in Stuttgart Dekan und Konsistorialrat), war neben Uhland und Kerner der eigentliche Mittelpunkt des Kreises der Schwäbischen Spätromantiker. Passionierter Pädagoge und sehr betriebsamer Schriftsteller, hatte seine Hauptwirkung durch seine Nacherzählungen der „Schönsten Sagen des klassischen Altertums" (1833—1840) und der „Deutschen Volksbücher" (1836/1837) sowie durch seine Anthologien. Seine Literaturstunde am Katharinenstift ging auf Mörike über.

21 Verfasser des geistvollen Artikels im Berliner Kunstblatt: Paul Heyse, siehe Anm. 4, 11. Paul Heyses Artikel „Eduard Mörike" ist wieder abgedruckt in „Kritische Aufsätze aus den Jahren 1854—1858", Anhang zu Heyses „Jugenderinnerungen und Bekenntnisse", 2. Bd., S. 111 f., Stuttgart/Berlin 1912.

22 Nolten-Umarbeitung: siehe Anm. 6, 31 und 20, 3 sowie zu den „Erinnerungen" Anm. 56.

23 Über Heyses „L'Arrabbiata": siehe Anm. 4, 9.

24 Agnes Strauß, geb. Schebest: Frau des berühmten Theologen David Friedrich Strauß, Sängerin. Bild von ihr bei Rath, Tafel 7 (vor S. 83).

25 Märchen: „Das Stuttgarter Hutzelmännlein", vgl. Mörikes Brief an Hartlaub, Bebenhausen, 13. 10. 1863 (in: „Ed. Mörikes Briefe", ausgewählt und hrsg. von Karl Fischer und Rudolf Kraus, II. Bd., Berlin 1904, S. 286/287): Eine Notiz Uhlands „mein Märchen vom Blautopf betreffend". Mörike erinnert sich, daß ihn Uhland nach der Quelle aus der Volkssage für das Hutzelmännlein gefragt hat und daß er (M.) „das ganze Abenteuer bis diesen Augenblick für meine Erfindung gehalten habe" ... „Genug, die Anmerkung lautet folgendermaßen [aus dem Gedächtnis zitiert]: ‚Dieser Wunderstein lag indessen versenkt in unergründlicher Tiefe, bis ein schwäbischer Dichter neuerlich ihn, im Sonnenlichte spielend, am Rande des Blautopfs wieder gefunden.' "

Die richtige Fassung in Uhlands Schriften zur Geschichte der Dichtung und Sage, 8. Bd., Stuttgart 1873, S. 600, lautet: „Der alte Sagenstein, der noch einmal sein Spiel versuchen wollte, ward in die unergründliche Tiefe versenkt und nur erst in diesen Tagen hat ein schwäbischer Dichter die geheimnisvollen Mächte des Blautopfs wieder heraufbeschworen." Diese Formulierung ist so vorsichtig wie die von M. zitierte und schont offenbar bewußt M.s Glauben, die Sage nicht angelesen zu haben.

26 Quelle: Uhland druckt die Sage wörtlich nach der Zimmerschen Chronik ab, eine Seite (599) vor der Bemerkung über Mörike.

27 P. Heyse in seinem Mörike-Aufsatz (vgl. Anm. 4, 11 und Heyses „Jugenderinnerungen und Bekenntnisse", a. a. O., S. 119).

28 5. Mai: Constanze Storms Geburtstag.

29 Ludwig (Louis) Amandus Bauer (1803—1846), neben Hartlaub Mörikes intimster Jugendfreund (Rath, S. 38), beteiligt am ‚Orplid'-Mythos. Gesammelte Schriften, Stuttgart 1847. (Einziges) Bild bei Rath reproduziert, nach S. 38. Vgl. jetzt die Ausgabe: Ludwig Amandus Bauer, Briefe an Eduard Mörike, hrsg. von B. Zeller und H. U. Simon, Marbach 1976 (Marbacher Schriften 12).

30 unsere Silhouetten: erhalten in Constanzes Album; hier wiedergegeben neben S. 73 (Storm-Archiv, Husum). Geschnitten hat sie Luise Walther (1853—1917), geb. v. Breitschwert (vgl. Anm. 6, 6).

31 Die Weißische Lithographie: Dazu Storm in „Meine Erinnerungen an Ed. Mörike“: „Das lithographierte Bild von Weiß, soviel mir bekannt das einzige aus den kräftigeren Mannesjahren des Dichters, schien mir nicht ganz ähnlich.“ Die Lithographie von Bonaventura Weiß (1851) ist bei Rath, Tafel 4, S. 52/53, reproduziert.

32 Carl Mayer (1786—1870), höherer Jurist in Württemberg, das „biedermeierlichste“ Glied des Schwäbischen Dichterkreises, vorwiegend lyrischer Idylliker.

33 Und schauen auch von Thurm und Thore: Storms Gedicht „Im Herbste 1850“. Unter der Überschrift „September 1850“ Beilage zum Brief Nr. 3.

34 Blatt für Constanzens Album: Dort erhalten, s. o. Anm. 4, 2.

35 Justinus Kerner (1786—1862), Jugendfreund von David Friedrich Strauß und Friedrich Theodor Vischer, wurde 1819 Amtsarzt in Weinsberg, wo er sich nahe der alten Burg Weibertreu ein echt romantisches Refugium errichtete. Schon früh Mitarbeiter an Arnims „Zeitung für Einsiedler“ vereinigte er Dichtertum und Naturwissenschaft in seiner Person. Naturwissenschaft indessen im Sinne der Nachtseite Schuberts. Als weitbekannter und aufgesuchter Experimentator im parapsychologischen und mystischen Bereich (Magnetismus, Geisterbeschwörung) erwarb er sich auch ausgedehnte außerliterarische Publizität. Innigkeit und Humor zugleich prägen seine eigene Lyrik. Sein Haus wurde das gesellige Zentrum des „schwäbischen Dichterkreises“. Seine Ehe mit dem Rickele (Friederike Kerner, geb. Ehmann, † 16. 4. 1854) war von einer vorbildlichen Innigkeit. Ihren Tod hat er nicht verwunden. Storm hat bei Gelegenheit seines Besuches in Stuttgart die ihm von Mörike empfohlene Möglichkeit verpaßt, Kerner kennenzulernen.

36 Erinnerungsblatt von Kerner für Constanzes Album. Dort erhalten, s. o. Anm. 4, 2.

37 Uhlands Gedicht ist im Album erhalten, s. o. Anm. 4, 2.

38 Geburtstagswidmung: Anmerkung Storms zu der Abschrift des Briefes: „Ein Album für meine Frau, das zur Aufnahme von Erinnerungen an die damals verlorene Heimath und einiger Lieblingsgedichte lebender Dichter, die ich diese selbst zu schreiben bat (von M. ‚Früh, wenn die Hähne krähn‘; von Eichendorff ‚Möcht wissen, was sie schlagen‘; von Kugler ‚An der Saale hellem Strande‘ etc.) bestimmt war.“

39 Der Thurmhahn: gemeint ist hier der Zeitungsdruck in C. Knellers „Kunst- und Unterhaltungsblatt für Stadt und Land“ 1852 (dort Untertitel „Stilleben“ statt „Idylle“), wo S. 117—121 Mörikes Gedicht „Der alte Turmhahn“ zum erstenmal abgedruckt war. Vgl. auch Holthusen, S. 101 ff. Storms Urteil über den „Turmhahn“ im folgenden Brief Nr. 6. Vgl. auch Storm: „Meine Erinnerungen an Ed. Mörike“, Anm. 30.

40 Ach muß der Gram mit dunkelm Kranz: Mörikes Gedicht „Margareta“. Entstanden 1845.

41 O Vogel, ist es aus mit dir: Mörikes Gedicht „Auf den Tod eines Vogels“, 30. Aug. 1845.

42 „An Elise“, später „An Clärchen“: Die Freundin ist Gretchen v. Speeth. Entstanden 1845.

[43] Zitat aus Mörikes Gedicht „Aus der Ferne“: An Gretchen gerichtet. Entstanden 1845. Zitat richtig: „Weht, o wehet“.

[44] La Rabbiata = „L'Arrabbiata“ von P. Heyse, s. o. Anm. 4, 9.

(Zu 5a) Mörike an Storm (21. 4. 1854, Frachtzettel).
Erstdruck nach dem Original in der Schleswig-Holsteinischen Landesbibliothek, Kiel.

[1] Das Datum ergibt sich aus dem Poststempel auf der Rückseite des Frachtzettels und aus der Unterschrift „Stuttgart d 21 April 1854“; es bestätigt sich auch aus dem letzten Teil des vorhergehenden Briefes (Nr. 5): „Freitag den 21. Apr.“

[2] Wie sich aus dem vorhergehenden Brief ergibt, hat Mörike Storm L. Bauers „Gesammelte Schriften“ geschickt; vgl. Anm. 5, 29.

Storm erhielt das „Buch“ und die übrigen im vorhergehenden Brief genannten Geschenke zwischen dem 21. und 28. April (von Gertrud Storm wird fälschlich nur der 21. April genannt; nach der Handschrift in der Kieler Landesbibliothek verbessert). In dem Brief Storms an die Eltern erfahren wir Näheres: „Nun schickte er [Mörike] 1) die von ihm und seinen Freunden aus dem Nachlaß herausgegebenen Schriften ihres Freundes Professor Ludwig Bauer. Vorne drin steht: ‚Den lieben Freunden aus Schleswig-Holstein: Constanze und Theodor Storm‘. 2.) Schattenrisse von sich, seiner Frau und seiner Schwester Klärchen, 3) von seiner Hand geschrieben sein schönes ‚Früh, wenn die Hähne krähn‘. 4) Zwei Journalblätter, worin neue Gedichte von Mörike 5) Einen über Alles lieben und freundlichen Brief, 8 Seiten lang ...“ (bei Gertrud Storm, Briefe in die Heimat, Berlin: Curtius 1907, S. 41).

(Zu 6) Storm an Mörike (Okt/Nov 1854).
Abdruck nach dem Original im Goethe- und Schillerarchiv, Weimar.

[1] Erster Teil Anfang Okt. geschrieben, da Blatt 4 „Später. Mitte October“ datiert ist und dann die Datierungen „14. Novbr.“ und „15. Novbr“ folgen.

[2] „wir“: Daguerreotypbilder Storms und Constanzes, die weder im Bestand des Storm-Archivs in Husum noch in dem des Schiller-Nationalmuseums in Marbach auszumachen sind. Vgl. auch Anm. 17.

[3] Der 8. September 1854 war Mörikes 50. Geburtstag.

[4] 5. Mai: Constanzes Geburtstag. Vgl. Brief Nr. 4 und 5.

[5] Schattenrisse: vgl. Anm. 5, 30. Name auf der Kehrseite: Luise Walther, geb. von Breitschwert (1833—1917), Virtuosin im Silhouettenschneiden, Freundin Mörikes bis zu seinem Tode, hat laut Rath (S. 45) die Gewohnheit gehabt, die Namen der von ihr Porträtierten jeweils auf der Rückseite anzugeben.

[6] Steindruck: s. o. Anm. 3, 3.

[7] Häusliche Scene: Mörikes Gedicht „Häusliche Szene“ Erstdruck im „Salon“ 1852: das nächtliche Streitgespräch des Präzeptors Ziborius mit seiner jungen Frau in Disti-

chen über seinen Tick, Essig zu bereiten. Storm hatte für diese Art humanistischen Schwabenhumors keinen rechten Sinn. Vgl. aber Storm im Schlußteil seines Briefes an Mörike vom 2. 12. 55 (Nr. 11).

[8] Vgl. im Brief an Friedrich Eggers vom 3. Juli 1853: „— Noch eins! F[ontane] erweist mir zuviel Ehre, wenn er mich so nah an Mörike stellt, denn M[örike] ist in einer Beziehung selbst von den größten Poeten, Goethe nicht ausgenommen, ganz unerreicht; keiner hat so wie er neben der Tiefe des Gedankens auch die Tiefe des Ausdrucks und einen so wunderbar notwendigen Zusammenhang zwischen beiden; übrigens ist bei M. nicht außer acht zu lassen, was bis jetzt von der Kritik noch stets geschehen, daß er zuerst der Idylle (Situation) einen wirklich poetischen Gehalt gegeben" (Goldammer I, S. 193; Seidel, S. 25).

[9] Über Louis Bauer und das Storm geschenkte „Buch" vgl. Brief Nr. 5 und Anm. 5, 29 sowie 5 a, 2.

[10] „Der heimliche Maluff": eins der beiden Orplid-Dramen Bauers.

[11] Bauer über den „Nolten" an Mörike, 10. Nov. 1832: „Denn Nolten ist... ein Meisterstück, ausgezeichnet durch Wahrheit und psychologische Tiefe, während sich ein leiser, bänglicher Hauch von Poesie auch über die klarsten Züge des Gemäldes verbreitet. Denn unheilverkündend ist der ganze Horizont, der Noltens Leben umfängt... allmälig geht das düstre Vorgefühl in ein Grauen über... Um so wohlthuender wirkt die Ruhe, die der Erzähler zu erkennen gibt, und der feine Takt, mit welchem Alles motivirt wird und die gediegene Klarheit" (vgl. Anm. 9).

An Hartlaub 18. Nov. 1832:

„Ja dieser Nolten! So hat mich lange nichts befriedigt, begeistert, an die alte Zeit gemahnt! Diese meisterhafte Charakterzeichnung, dieses durchgearbeitete, wunderbar verschlungene Gewebe von Schicksalen und Gedanken... Und überall er, der liebe Mörike, mit dem Zauberdunste, der ihn begleitet, mit dem schuldlosen Kindersinne..."

[12] die von Heise besprochenen Schwächen: gemeint ist Paul Heyse im „Literaturblatt". Vgl. Anm. 4, 11. Heyse schließt: „Unsere Erschütterung wird nicht von dem Bewußtsein tragischer Notwendigkeit erhoben, sondern ein haarsträubendes Grauen überfällt uns, so viel Schönheit, reinen Willen und Gesundheit durch die Tücke spukhafter Mächte in den Abgrund des Elends versinken zu sehen. Dieser Eindruck ist so stark, daß er auf das ganze Buch verstimmend zurückwirkt."

[13] Mein „grünes Blatt": s. o. Brief Nr. 3 und Anm. 5, 5.

[14] Franz Kugler (1808—1858), Kunsthistoriker in Berlin, Mitherausgeber der „Argo" 1854, Mitglied des „Tunnels über der Spree", Schwiegervater Heyses. Über Fontanes und Kuglers „Einwand" vgl. Fontanes Briefe an Storm vom 11. 4. und 2. 5. 1853 (Goldammer I, S. 792—795).

[15] „Im Sonnenschein" mit „Marthe und ihre Uhr" und „Im Saal" in der Ausgabe: „Im Sonnenschein. Drei Sommergeschichten". Berlin: Duncker 1854.

[16] Theestunde: vgl. Storm in: „Meine Erinnerungen an Ed. Mörike".

[17] Die bisher verschollene Anlage mit dem Text der drei Gedichte (vgl. unter Nr. 6 a) hat P. Goldammer neuerdings nachgewiesen. Sie fand sich, vom Brief getrennt, zu dem sie gehört, im Goethe- und Schiller-Archiv in Weimar. Unter deren Veröffentlichungen sind die Gedichte als Faksimile schon 1961 erschienen. Die Mitteilung Goldammers ist um so interessanter, weil die Gedichtbeilage auch eine Randbemerkung Storms zu den „Typ"-Bildern enthält, die im gleichen Brief (mit der

„Kritik“ des Sohnes Hans) an Mörike abgesandt wurden. Ein entsprechender Aufsatz Goldammers erscheint jetzt in Schrift 26/1977 der „Schriften der Theodor-Storm-Gesellschaft“.

18 „gode Nacht“: s. Anm. 5, 11.

19 Emanuel Geibel: Storm schon seit der Frühzeit bekannt. Später von Storm aus eifersüchtig beurteilter Rivale. Vgl. Briefe Storm—E. Schmidt, bei Laage II, S. 96 f.

20 Hetsch: s. Anm. 5, 12 und 14.

21 Rosenzeit: Anfang des Mörike-Gedichts „Agnes“. Entstanden 1832. Auch von Brahms komponiert.

22 Elfenlied: Entstanden 1831. Auch von Hugo Wolf komponiert.

23 Tenorsänger: vgl. K. H. Sievers in Schriften der Th.-Storm-Gesellschaft 18/1969, S. 89—105, und Rud. Eucken, Lebenserinnerungen, S. 43.

24 die qu. Blätter von Mayer, Uhland und Kerner, im folgenden von Eichendorff und Kugler: im Album erhalten; vgl. Anm. 4, 2.

qu.: quästioniert, fraglich, in Rede stehend.

25 Hermann Kurz (1813—1873), Freund der meisten bedeutenden Schwaben, aus dem Tübinger Stift hervorgegangen, später Journalist und schließlich Universitätsbibliothekar in Tübingen; befreundet auch mit Heyse, der seine (zahlreichen) Werke herausgab und mit dem er seinerseits die vielbändige Sammlung „Deutscher Novellenschatz“ herausgab. Sein Verhältnis zu Mörike war nicht ohne Spannungen. Kurz kam, trotz seiner historistisch-epischen Neigungen, zu seiner Zeit nicht recht zur Geltung. Heute denkt man bei seinem Namen nur noch an die Romane „Schillers Heimatjahre“ (1843) und den „Sonnenwirt“ (1855). — Kurz schrieb sich zuerst Kurtz. —

Blättler: Gedicht in Hexametern. Blätteln = Blasen auf dem Blatt (hier: Wie ein junger Mensch damit in türkischer Gefangenschaft sein Glück macht). Storm kann das Gedicht nur aus den „Dichtungen“ von 1839 gekannt haben.

Neu gedruckt: Briefwechsel zwischen Hermann Kurz und Eduard Mörike, hrsg. von Jakob Bächtold, Stuttgart 1885, nochmals herausgegeben 1915 von H. Kindermann.

26 Argo: vgl. Anm. 4, 7 und 5, 6.

27 Jahrbuch schwäbischer Dichter und Novellisten: hrsg. von Mörike und W. Zimmermann, Stuttgart 1835. Darin von Mörike das Märchen „Der Schatz“ (S. 119—223).

28 Treuburg = Pseudonym für Fr. Th. Vischer. Die zweite Novelle ist „Cordelia“.

29 Nach Rath „ein kleiner Auflagenteil“ der „Iris“ mit dem lithographierten Porträt des jungen Mörike von J. G. Schreiner (1826). Reprod. bei Rath, Abb. 3 (zu S. 52).

30 Paul Heyse hatte im Mai 1854 Grete Kugler geheiratet; an dem Polterabend hatte auch Storm mit seiner Frau teilgenommen.

31 Nolten-Umarbeitung: „Sie haben, sozusagen, das Dispositionsrecht darüber verloren.“ Bekanntlich hat Mörike solchen Freundesrat nicht beachtet, vielmehr, wie Stifter mit der Romanfassung der „Mappe meines Urgroßvaters“, um eine zweite Fassung bis zuletzt gerungen, ohne damit fertig zu werden. Vgl. darüber Anm. 20, 3, zu den „Erinnerungen“ Anm. 56 sowie Storz, S. 136 f.

32 Friedrich Eggers (1819—1872), zeitweise einer der Hauptmatadore des „Tunnels über der Spree“ (vgl. dazu Fontane in „Von Zwanzig bis Dreißig“ und Anm. 4, 1 und 10). Er wetteiferte mit Fontane in englisch-schottischen Balladen und hat auch Anakreontika übersetzt. Sein Tunnel-Name war deshalb Anakreon. Doch ist es mit seiner Dichtung nicht weit her. Er wirkte vielmehr durch seine gesellig vermittelnde

Persönlichkeit. Auch Storm hat ihn im „Tunnel" kennengelernt und trat in Korrespondenz mit ihm (hrsg. von H. Seidel, Berlin: Curtius 1911). Er empfahl ihm auch, Mörike zu besuchen (vgl. bei Seidel, S. 59). Eine ausgezeichnete Charakteristik von Eggers findet sich in den Erinnerungen seines besten Freundes Heinrich Seidel („Von Perlin nach Berlin" 1894). Von 1850—1859 redigierte Eggers das von ihm gegründete „Deutsche Kunstblatt".

33 Bild von Weiß: vgl. Anm. 3, 3 und 5, 31.

34 „Immensee"-Separatausgabe: seit 1852 zahlreiche Einzelausgaben (vgl. Köster 8, S. 200), die 2. Aufl. erschien 1854 bei Duncker in Berlin.

35 „des Hauses Sonnenschein": Zitat aus Storms Gedicht „Die Kinder, 2". Erster Druck in „Gedichte", Kiel 1852, S. 103.

„Nun sitzt auf meinem Schoße still": frühere Fassung von „Die Kinder, 1" (später variiert in „Auf meinem Schoße sitzet nun"), ebenfalls „Gedichte", S. 103.

36 „Ein grünes Blatt" zuerst in der Argo (1854, S. 254—307); „Im Sonnenschein" zuerst in „Drei Sommergeschichten" (Berlin: Duncker 1854, S. 1—29).

37 „Eggerssches Kunstblatt": vgl. Anm. 4, 10.

38 Niendorfs „Lieder der Liebe": Marc Anton Niendorf (1826—1878), Lehrer, später Politiker und Gutspächter mit steten literarischen Ambitionen. Seinen Band „Lieder der Liebe", Berlin 1854, hat Storm im „Eggersschen Kunstblatt" (1854, S. 14 f.) rezensiert; wieder abgedruckt bei Köster 8, S. 69—74.

Julius von Rodenberg (1831—1914), er stammte aus Rodenberg in Hessen und hieß eigentlich Levy. Von 1864—1867 Feuilletonredakteur der Mode- und Frauenzeitschrift „Der Bazar", von 1867—1874 Herausgeber der Monatsschrift „Der Salon für Literatur, Kunst und Gesellschaft. 1874 gründete er die „Deutsche Rundschau", die er bis 1914 redigierte. Storm rezensierte im Eggersschen Kunstblatt (1854, S. 25 f.) „Lieder von Julius von Rodenberg" (2. Aufl. Hannover 1854); wieder abgedruckt bei Köster 8, S. 74—80.

Klaus Groth: „Hundert Blätter. Paralipomena zum „Quickborn", Hamburg 1854 Rezension durch Storm im „Eggersschen Kunstblatt" (1854, S. 75 f.); wieder abgedruckt bei Köster 8, S. 86—99.

39 Hetsch und Kauffmann: vgl. Anm. 5, 12 und 13.

40 Hutzelmännlein: vgl. Anm. 2, 2 und 4, 4.

41 Uhland, vgl. Anm. 5, 25.

42 Vischer: Kritische Gänge II, Tübingen 1844 (Hallische Jahrb. für deutsche Wissenschaft u. Kunst Jahrg. 1839):

Constanze „auch sie bleibt selbst im tiefen Falle eine poetische Erscheinung. Dieser Fall ist vollkommen motivirt, nichts Gemeines, nichts Unnatürliches drängt sich auf."

43 widerwärtig: vgl. den Brief Mörikes an Storm vom Okt/Nov. 1854 (Nr. 5).

44 Paul Heyses „Artikel" ist unter dem Datum des 28. Dez. 1854 im „Literaturblatt zum Deutschen Kunstblatt" S. 103 f. erschienen. Wieder abgedruckt in: Paul Heyse, „Jugenderinnerungen und Bekenntnisse", Bd. II: Aus der Werkstatt, S. 132 ff.; neuerdings auch bei Bernd I, S. 103—107.

45 Unsre Bilder: die Daguerreotyps, vgl. Anm. 2 und die Nachschrift zur Beilage (6 a).

46 Jean Paulsche Figur: bei Vischer, a. a. O., S. 237 f.: „In Larkens tritt Mörike würdig an J. Pauls Seite, und wenn er die Tiefe Horion's, Schoppe-Leibgebers nicht er-

reicht, so vermeidet er dafür auch die zu sichtbar eingemischte Philosophie und bleibt auch hier stets objektiv, plastisch."

(Zu 6a) Beilage zum Brief Nr. 6 (3 Gedichte)
Abdruck nach dem Original im Goethe- und Schillerarchiv; Weimar; bisher dem Brief Nr. 6 nicht zugeordnet.

Wie P. Goldammer neuerdings nachweisen konnte (vgl. seinen Aufsatz in den „Schriften der Th. Storm-Gesellschaft" 26/1977), gehört diese Gedichtbeilage zum Brief Storms an Mörike vom Anfang Oktober/15. November 1854 (Nr. 6). Durch den Hinweis auf das „berühmte" Bild in der Randnotiz der Gedichtbeilage und in der Nachschrift des Briefes wird dies ganz deutlich (vgl. auch Anm. 6, 17).

1 „Für meine Söhne": Erstdruck in: Deutsches Museum, hrsg. von Robert Prutz, vom 21. 12. 1854, S. 929 f.; im Oktober 1854 auch Paul Heyse mitgeteilt (vgl. Bernd I, S. 20); neu aufgenommen in die 2. Aufl. der „Gedichte" (Berlin: Schindler 1856), S. 116.

2 „Sommermittag": Erstdruck ebenfalls in: Deutsches Museum, hrsg. von R. Prutz, vom 21. 12. 1854, S. 930; neu aufgenommen in die 2. Aufl. der „Gedichte" (Berlin: Schindler 1856), S. 6.

3 „Schlug erst die Stunde": zum erstenmal in einem Brief vom 6. 2. 1852 als letzte Strophe eines längeren, nicht publizierten Gedichtes („Wo ward ein Traum zur Welt geboren...") an Brinkmann mitgeteilt (An seine Freunde, S. 35 f.); Erstdruck in der 2. Aufl. der „Gedichte" (Berlin: Schindler 1856), S. 89 als „Vor Tag 3".

4 das „berühmte Bild": Daguerreotyp von Storm; nicht erhalten. Vgl. Anm. 6, 2 und die Nachschrift zum Brief Nr. 6.

(Zu 7) Storm an Mörike (Nov./Dez. 1854, 5. 8. 1855).
Abdruck nach dem Original im Goethe- und Schillerarchiv, Weimar.

1 erster Brief: Storms Brief an Mörike vom 26. 5. 1853 (Nr. 1).

2 „Waldweg": zuerst erschienen in Biernatzkis Volksbuch auf das Jahr 1851 (S. 102 f.), von Mörike „angestrichen" in Storms „Sommergeschichten und Lieder" (Berlin 1851), S. 41 f.

3 Immermanns Münchhausen: gemeint ist die Gegenhandlung zur zeitkritischen Tendenzhandlung; bald von dieser abgetrennt unter dem Titel „Der Oberhof".

4 Onkel Ohm: Detlef Ohem (1801—1880), verheiratet mit der „jüngsten Vaterschwester" Helene Dorothea Storm (1802—1864)

„einer seiner Vorfahren hat einen holsteinischen Herzog in irgendeiner Schlacht herausgehauen und (dieser) ihm ... diesen Namen und Acker, Wald und Wiesen geschenkt": vgl. ähnlich in der Novelle „Renate" (Köster 5, S. 94; Goldammer, Werke 3, S. 98).

Tante Gude: Eva Katharina Gude Storm (1782—1854), ebenfalls eine Schwester des Vaters Joh. Cas. Storm.

Hans Storm („auf dem Vordamm“): 1809—1853;

Jürgen Storm: 1811—1894.

Vgl. die Beschreibung des „Bienen- und Immenhofes“ in der Novelle „Ein grünes Blatt“ (Köster 1, S. 318 ff.) und in der Novelle „Im Schloß“ (Köster 2, S. 112 f.).

5 Wo aber bin ich damals gewesen?: vgl. die ganz ähnliche Stelle in der Novelle „Im Schloß“ (Köster 2, S. 115 ff.).

6 E. Mörike, „Gedichte“, 2. Auflage 1848:

S. 73 Das verlassene Mägdlein
S. 74 Agnes
S. 186 Wo find ich Trost?
S. 30 Septembermorgen
S. 61 Gesang zu Zweien in der Nacht
(Erster Druck „Nachts“. Vgl. auch die Fassungen im „Spillner“ und im „Nolten“. Werkausgabe von H. Maync, Bd. 3, S. 386, und Bd. 2, S. 119 f. Storm hat sich hinsichtlich der 1. Auflage nicht geirrt)
S. 60 Heimweh
S. 138 Auf einer Wanderung
S. 240 Ach nur einmal noch im Leben
S. 53 Mein Fluß
S. 69 Schön-Rohtraut
S. 169 An einen Liebesdichter
S. 266 An meinen Vetter
S. 247 An Longus
„die Schweinsfüß“: Alles mit Maß
„Rettich“: Restauration

7 „An einen Klavierspieler“ = „Auf einen Klavierspieler“ (Hört ihn und seht sein dürftig Instrument!).

8 Vogel-Etude von Henselt: Adolf Henselt (1814—1889); vgl. den Untertitel von Storms Gedicht „Repos d'amour“: Etude par Henselt“.

9 Der Sehrmann: vgl. Anm. 1, 17.

„O Fluß, mein Fluß“: Anfang von Mörikes Gedicht „Mein Fluß“ (Erster Druck im „Morgenblatt“ 1828).

10 An Elise: Anm. 5, 42.

11 „Zwei Augen, schwarz als wie die deinen“: Zitat aus Mörikes Gedicht „Auf den Tod eines Vogels“, vgl. Anm. 5, 41.

12 Der Schluß meines „grünen Blattes“: Storm geht hier auf Mörikes Kritik in dem Brief vom 20. 4. 54 (Nr. 5) ein. Vgl. den Schluß der Novelle bei Köster 1, S. 327. Dieser Schluß bleibt offen: Abschied oder nicht?

13 In Heidelberg denke ich Freitag 10. August ... einzutreffen: vgl. Storms Brief an Constanze vom 12. 8. 55, aus dem hervorgeht, daß Storm Sonntag den 12. August 1855 in Heidelberg angekommen ist (Goldammer I, S. 277).

14 „muß ferne sein, muß ferne sein“: Zitat aus „Frau Adelheid“ im „Nolten“.

15 „Groth Quickborn“: Auf dem Umschlag der Briefantwort Mörikes an Storm nach Heidelberg findet sich Mörikes Bemerkung: „Ein Quickborn soll nicht fehlen“.

Storms Bericht über den Besuch in seinem Brief vom 29. 9. 1855 an Brinkmann enthält allerdings keinen Hinweis auf eine Groth-Lesung bei Mörike, auch nicht Storms spätere „Erinnerungen an Ed. Mörike". Es muß also in suspenso bleiben, ob Storm wirklich in Stuttgart aus dem „Quickborn" vorgelesen hat. Zum „Quickborn" vgl. Anm. 4, 5.

(Zu 8) Mörike an Storm (9. 8. 1855).
Abdruck nach dem Original in der Schleswig-Holsteinischen Landesbibliothek, Kiel.

Eine Abschrift dieses Briefes, die Storms Tochter Gertrud angefertigt und zu der Storm selbst Notizen für Bächtold angefügt hat, wird im Deutschen Literaturarchiv (Schiller-Nationalmuseum), Marbach, aufbewahrt.

1 Der Briefumschlag ist erhalten mit dem Poststempel „Stuttgart 9 Aug. 1855", mit der hs. Adresse „Herrn Assessor Theod. Storm aus Potsdam in Heidelberg. Poste restante" und mit der hs. Bemerkung Mörikes „Ein Quickborn soll nicht fehlen". Quickborn: vgl. Anm. 4, 5 und Anm. 7, 15.

2 Sonnabend: siehe Brief Nr. 7 (Schlußteil): der 13. August 1855. Im Gegensatz zu Brief Nr. 7, der Freitag, den 10. August, als geplanten Tag der Ankunft in Heidelberg vorsieht, ist Storm nach dem Brief an Constanze (Goldammer I, S. 277) erst am 12. August in Heidelberg eingetroffen und gibt dort Mittwoch d. 15. als seinen Reisetermin nach Stuttgart an, wohin die Eltern am 16. folgen sollten. Damit läßt sich Storms Brief Nr. 9 an Mörike ebenfalls auf den 12. datieren.

3 ... im Wartsaal des hiesigen Bahnhofs: Mörike konnte dann, durch seine Literaturstunde am Katharinenstift abgehalten, nicht selber am Bahnhof sein, sondern ließ sich durch Hartlaub vertreten, dem er einen lateinischen Ankunftsgruß mitgab.
Vgl. das lateinische „Briefchen", das Storm durch Hartlaub erhielt und das unter 9 a abgedruckt ist. Vgl. auch Storms Brief an Hartmut Brinkmann vom 28. 9. 55 (bei Goldammer I, S. 282 f.) und Storms „Erinnerungen an Ed. Mörike", hier S. 142 ff.

4 Profil: Constanze, die nicht mitkam. Anspielung auf das Daguerreotyp im Mörike-Besitz. In der Abschrift des Mörike-Briefes für Bächtold durch Gertrud Storm fügt Storm eigenhändig hinzu: „Ich hatte mein und meiner Frau Daguerrotyp zur Gegengabe für die Silhouetten an M. gesandt, das Bild meiner Frau im Profil." Siehe auch Brief Nr. 9, wo Constanze von Storm auch „mein süßes geliebtes Profil" genannt wird.

(Zu 9) Storm an Mörike (12. 8. 1855).
Abdruck nach dem Original im Goethe- und Schillerarchiv, Weimar.

1 Das genaue Datum ist nach Anm. 8, 1 der 12. August.

2 Mein süßes geliebtes Profil: Constanze Storm, vgl. Anm. 8, 4.

(Zu 9a) Mörike an Storm (15. 8. 1855).
Erstdruck nach der Abschrift des „Briefchens", die Storm selbst der Abschrift des Mörike-Briefes vom 9. 8. 1855 (Nr. 8) angefügt hat (im Deutschen Literaturarchiv/Schiller-Nationalmuseum, Marbach). Das Original ist nicht erhalten.

1 Mittwoch, der 15. 8. 1855, war der Tag, an dem Storm von Heidelberg nach Stuttgart reiste und Mörike besuchte (vgl. Anm. 8, 2 und Brief Nr. 9).

2 Storm hat seiner Abschrift des Mörike-Briefchens folgende Anmerkung (für Bächtold) hinzugefügt: „Auf dem Bahnhof in Stuttgart wurde ich von Pastor Hartlaub, der grade bei M. zum Besuch war, empfangen. Er gab mir nachstehendes Briefchen, das mit Bleistift geschrieben war."

Die Übersetzung des lateinischen Briefchens lautet: „Sei gegrüßt Theodor! Ich schicke, abgehalten durch mein öffentliches Amt, den liebsten Freund, damit er Dich an meiner Stelle empfange, Wilhelm Hartlaub, den Du kennst, den Gatten der schwäbischen Constanze. Sei gegrüßt! E. Mörike."

(Zu 10) Storm an Mörike (27. 8., 7. 10. u. 13. 10. 1855).
Abdruck nach dem Original im Goethe- und Schillerarchiv, Weimar.

1 ihr Diplom: Spiegelgedicht (in Spiegelschrift), Randzeichnungen von Nisle, 1839 (Einblattdruck, Lithographie). Das Original (Geschenk an Constanze) ist im vorl. Bd. abgebildet neben S. 72. Nach Storms „Erinnerungen an Ed. Mörike": „eine Art schelmischen Schönheitsdiploms, ein zierlich, jedoch verkehrt auf Glanzkarton gedrucktes Gedicht, wodurch die Adressatin genötigt wird, damit vor den Spiegel hinzutreten." Ursprünglich für Agnes Schebest, Sängerin, Gattin von D. F. Strauß. Später an „würdige Personen" von Mörike verschenkt. Der erste Vers lautet „Ein artig Lob, du wirst es nicht verwehren". Überschrift in den „Gedichten": „Einer Schönen". Siehe auch zu den „Erinnerungen" Anm. 65 und Variante II. Nisle war künstlerischer Mitarbeiter an der „Iris" gewesen. Beschreibung bei Maync, Werke I, S. 479.

2 Die Seligen: nach Sprachgebrauch zwischen Mörike und Hartlaub: Haydn und Mozart, Schiller und Goethe. Vgl. den Brief Storms an Brinkmann vom 28. September 1855 (Goldammer I, S. 280 ff.).

3 Rochusfest: vgl. Goethe, Sankt Rochus-Fest zu Bingen (Am 16. August 1814).

4 Brentanos Märchen: vor allem wohl gemeint die „Rheinmärchen" („ungefähr" 1811 entstanden; so der Herausgeber der „Gesammelten Werke" K. Viëtor, 1923).

5 Nolten, neue Auflage: vgl. Anm. 6, 31, Anm. 20, 3 sowie zu den „Erinnerungen" Anm. 56.

6 anmuthiges Jugendbild: die Zeichnung des Freundes J. G. Schreiner 1824 (vgl. Abb. bei Rath, Tafel 3, und Holthusen, S. 38).

7 Seherin von Prevorst: Justinus Kerners Werk „Die Seherin von Prevorst" erschien zuerst 1830. Es war in der geisterhungrigen Zeit eine Art Bestseller. Immermann verspottet dieses Unwesen im „Münchhausen" („Poltergeister in und um Weins-

berg"). Es handelt sich um die Förstertochter Friederike Hauffe, geb. 1801 in dem württembergischen Dorfe Prevorst. Vgl. Storm in „Meine Erinnerungen an Ed. Mörike" und dort Anm. 58 und 59.

8 Prof. Mommsen: Tycho Mommsen (1819—1900), Storms Universitätsfreund; vgl. das frühe „Liederbuch dreier Freunde" (Anm. 1, 9) und Anm. 8 zu den „Erinnerungen".

9 freundliche Annahme: Hartlaubs Distanzierung von Storms Person geht aus der Tatsache hervor, daß er den Dank Mörike übertrug.

10 Kriegslieder für die Preußische Armee: in dem nachfolgenden Spottvers verbirgt sich wohl eine satirische Anspielung auf Gleims vom grünen Tische aus gedichtete, zu ihrer Zeit vielgerühmte Kriegslieder von einem preußischen Grenadier (1758).

11 Mit meinem beifolgenden Büchlein: Storms Novelle „Angelika" (erster Druck zusammen mit „Ein grünes Blatt", vgl. Anm. 12). Das Urbild der Angelika ist Storms spätere zweite Frau, Dorothea Charlotte Jensen. Die Arbeit an der „Angelika" muß dem Dichter sehr sauer geworden sein; das (verlorene) Manuskript scheint die Spuren der schweren Mühe gezeigt zu haben (Köster 8, S. 220). Vgl. auch: Storm an Heyse am 8. 5. 55 (bei Bernd I, S. 24).

12 Erste überarbeitete Buchausgabe: Ein grünes Blatt, Zwei Sommergeschichten. Berlin: Schindler 1855, S. 45—72. Darin auch erster Druck von „Angelika" (S. 1—44). Ein Exemplar dieser Ausgabe, mit der handschriftlichen Widmung Storms „Frau Gretchen Mörike vom Vf." ist erhalten und wird im Deutschen Literaturarchiv/Schiller-Nationalmuseum in Marbach aufbewahrt.

13 Vischers Aufsatz: Fr. Th. Vischer „Strauß und die Wirtemberger". Erstdruck in den „Hallischen Jahrbüchern" 1838 (Kritische Gänge, 1844). Vischer wendet Schillers Kategorien des Naiven und Sentimentalischen (Reflexion) auf die Stämme an. Storm hat offenbar die — süddeutsche — Naivität auch für sich beansprucht und sich von der ‚norddeutsch'-Berliner Reflexion distanzieren wollen.

14 Friedrich Eggers: vgl. Anm. 6, 32.

15 Lübke: Wilhelm Lübke (1826—1893), Verfasser einer ihrer Zeit sehr verbreiteten Kunstgeschichte. Später Professor am Polytechnikum in Stuttgart. In den 50er Jahren in Berlin, wo Storm ihn im Hause Franz Kuglers kennenlernte.

16 Landschaft: vgl. Storms „Erinnerungen an Ed. Mörike": „Über dem Sopha... hing eine in Öl gemalte Mondscheinlandschaft; Mörike meinte, es stecke ein Gedicht darin. ‚Eine Nachtuhr!' sagte er und zeigte auf den Felsblock im Vordergrund des Bildes, über den, vom Mond beleuchtet, ein rieselndes Wasser tropfenweise herabfiel" (vgl. hier S. 149).

17 Am Strande: In Storms „Gedichten" mit der Überschrift: „Meeresstrand". Erster Druck in „Gedichte", 2. Aufl., Berlin: Schindler 1856, S. 7.

18 Vgl. Anm. 12.

(Zu 11) Storm an Mörike (2. 12. 1855).
Abdruck nach dem Original im Goethe- und Schillerarchiv, Weimar.

1 neue Auflage der Gedichte: 2. vermehrte Auflage, Berlin: Schindler 1856.

2 Hinzugekommen (zur 1. Auflage):

S. 6: „Sommermittag", Erstdruck im „Deutschen Museum", hrsg. von R. Prutz 1854
S. 7: „Meeresstrand", Erstdruck
S. 29: „Schlimmes Lieben", Erstdruck in „Deutsches Museum" 1854, später als „Geschwisterblut" in der 4. Aufl. der „Gedichte", 1864
S. 34: „Mondlicht", Erstdruck in den „Sommergeschichten und Liedern" 1851
S. 57: „Gode Nacht", Erstdruck in der „Argo" 1854
S. 72: „Aus der Marsch", Erstdruck in der „Argo" 1854
S. 73: „Am Aktentisch", Erstdruck
S. 83 Nr. 2: „Das ist die Drossel..." = „April", Erstdruck in der „Argo" 1854 mit der Überschrift „Mai"
S. 88: „Vor Tag", Erstdruck
S. 100: „Im Herbste 1850", Erstdruck im Schlesw. Holst. Musen-Almanach 1851
S. 103: „Gräber an der Küste", Erstdruck
S. 111: „Weihnachtsabend 1852", Erstdruck
S. 113: „Abschied 1853", Erstdruck in der „Argo" 1854
S. 116: „Für meine Söhne", Erstdruck in „Deutsches Museum", hrsg. von R. Prutz 1854
S. 154: „An die Freunde", Erstdruck, aber mit Vertauschung der 2. und 3. Str. im „Liederbuch dreier Freunde"
S. 165: „Zur silbernen Hochzeit", Erstdruck
S. 183: „Was ist ein Kuß?" Erstdruck im „Liederbuch dreier Freunde"
„Zueignung": später „Trost" überschrieben, Erstdruck in der „Argo" 1854.

3 Das Gedicht S. 29 ist das Gedicht „Schlimmes Lieben" (später „Geschwisterblut"), das Storm im Wettstreit mit der Ballade „Stanislaw Oswiecim" geschrieben hat, die Kugler im Berliner „Tunnel" vorgetragen hatte. Vgl. Anm. 5.

4 Tunnels: Die berühmte literarische Gesellschaft in Berlin „Der Tunnel über der Spree", in die Storm während seiner Potsdamer Zeit Eingang fand und der zu gleicher Zeit auch Fontane, Eggers, Heyse und Kugler angehörten. Der literarische Klub kritisierte und zensierte vor allem eben entstandene Werke seiner Mitglieder, wie die erhaltenen Protokolle ausweisen, übrigens auf ziemlich schulmeisterliche Art.

Vgl. Fontane in „Von Zwanzig bis Dreißig" sowie Joachim Krüger: Das Archiv des Tunnels über der Spree und die Fontane-Sammlung, in: Forschen und Wirken, Festschrift zur 150-Jahr-Feier der Humboldt-Universität, Berlin 1960, Bd. III, S. 439 bis 445.

5 das abschriftlich beiliegende (es ist nicht gedruckt) Gedicht Kuglers: „Stanislaw Oswiecim" (die Beilage mit der Abschrift ist verlorengegangen). Storm hat dieses Gedicht und sein Motiv offenbar stark beschäftigt. Vgl. seine ausführliche Interpretation von Kuglers Ballade in dem Brief an Eggers vom 6. 2. 53: „Bei K. hat die Schwester sich der Leidenschaft ergeben und stirbt am Schluß des Gedichtes, bei mir bleibt sie leben und ergiebt sich am Schluß des Gedichtes" und vom 13. 3. 53: „Soll der Stoff einmal behandelt werden, so muß die Schönheit und Kraft der Leidenschaft dargestellt werden" (bei Seidel, S. 12 und 13). Zur Entstehungsgeschichte des Gedichtes vgl. auch Goldammer I, S. 687—692.

6 Morgenblatt: ursprünglich „Morgenblatt für gebildete Stände" (so 1807—1837); seit 1838 „Morgenblatt für gebildete Leser". Bedeutendes Literaturblatt des Cotta-Verlages.

[7] Hinzelmeier: Erster Druck unter dem Titel „Stein und Rose. Ein Märchen“ in Biernatzkis Volksbuch auf das Jahr 1851. Umarbeitung in der Schlesischen Zeitung 1855. Erste Buchausgabe: Berlin: Duncker 1857.

[8] Kritikus an der Spenerschen Zeitung: „Berlinische Nachrichten von Staats- und gelehrten Sachen“ Nr. 263 vom 9. 9. 1855 (Beilage).

[9] meinen jüngsten Bruder Aemil: Dr. Aemil Storm (1833—1897), später, ab 1858, Arzt in Husum.

[10] häusliche Scene: vgl. Anm. 6, 7.

(Zu 12) Storm an Mörike (3. 6. 1856).
Abdruck nach dem Original im Deutschen Literaturarchiv (Schiller-Nationalmuseum), Marbach.

[1] Argonauten: Mitarbeiter des Jahrbuches „Argo“ = Album für Kunst und Dichtung, hrsg. von Friedr. Eggers, Theodor Hosemann und Bernhard v. Lepel (vgl. Anm. 4, 7 und passim).

[2] Düsseldorfer Künstleralbum: seit 1850 „Deutsches Künstleralbum“.

[3] Rieffestahl: Wilhelm Riefstahl (1827—1888).

[4] Burger: Ludwig Burger (1825—1884).

[5] Hosemann: Theodor Hosemann (1807—1875); neben Menzel der bekannteste Illustrator der Zeit.

[6] Menzel: Adolf Menzel (1815—1905).

[7] Geibel: Emanuel Geibel (1815—1884).

[8] Victor Scheffel: Jos. Victor (v.) Scheffel (1826—1866): Der Trompeter von Säckingen, Versepos 1854; Ekkehard, histor. Roman 1855. Beide Werke waren Lieblingslektüre des gebildeten Bürgertums.

[9] keinen Korb: Mörike, damals schon zum absoluten Schweigen gegenüber Storm übergegangen (bis auf den einen kurzen Kondolenzbrief zu Constanzes Tod: Brief Nr. 17 vom 10. 6. 1865) hat auch diese Aufforderung nicht beantwortet. Vgl. Storms Brief an Eggers vom 13. 7. 1856: „Von Mörike merkwürdiger Weise keine Antwort“ (bei Seidel, S. 39; Goldammer I, S. 301).

[10] Mozart: vgl. Storms „Erinnerungen an Ed. Mörike“ und den Brief Storms an Eggers vom 16. 1. 1856: „Soeben erhalte ich vom Buchhändler Mörikes schöne Novelle ‚Mozart auf der Reise nach Prag‘ ... zugesandt“ (bei Seidel, S. 33). Der Band, den Storm erhielt, ist erhalten (im Schiller-Nationalmuseum, Marbach) mit der hs. Widmung „Theodor Storm in Potsdam mit tausend vorläufigen herzlichen Grüßen und Dank!“ In der Schleswig-Holsteinischen Landesbibliothek ist außerdem eine hs. Adresse erhalten mit der Aufschrift: „Sr. Wohlgeboren Herrn Assessor Theodor Storm in *Potsdam,* Waisenstr. 70. Absender Dr. E. Mörike in Stuttgart. Durch Verehrt. J. G. Cotta'sche Buchhandlg. *Durch Güte der Riegel'schen Bhl.*“ In Storms Handschrift ist unten rechts vermerkt: „Mit dem *Mozart* erhalten 16 Januar 1856 Th. St.“

[11] Hinzelmeier: vgl. Anm. 11, 11 und 13, 2.

[12] Illustrationen: Storm hätte gern eine illustrierte Ausgabe zustande kommen sehen. Ludwig Richter sollte sie für den Verlag von Alexander Duncker in Berlin

illustrieren, scheint aber wenig Lust gehabt zu haben; Storm an L. Pietsch am 30. 9. 1856: „Richters sehr skizzenhafte Entwürfe waren in der äußerlichsten Manier gehalten" (in: Blätter der Freundschaft, hrsg. von Pauls, Heide, 2. Aufl. 1943, S. 30). Der Plan kam in der Folge nicht zustande, obwohl auch Pietsch Skizzen zum „Hinzelmeier" entwarf (ebenfalls an L. Pietsch, 30. 9. 1856, bei Pauls, S. 29).

13 Kuglers treffliche Verurtheilung der Angelika: die Mitteilung dieser Verurteilung an Mörike ist nicht erfolgt. Gertrud Storm zitiert Kuglers „Angelika-Kritik" in ihrer Storm-Biographie (Bd. II, Berlin: Curtius 1913, S. 48 f.). Darin findet sich u. a. der Satz: „Sie laufen Gefahr, sich ins Subjektive zu verlieren."

14 Meine definitive Anstellung: Storms Anstellung als Kreisrichter in Heiligenstadt erfolgte zum 1. 9. 1856. Storm blieb in Heiligenstadt bis März 1864, um dann als Landvogt nach Husum zurückzukehren.

15 Landschaftbildes: vgl. Anm. 10, 16 und Storms „Erinnerungen an Ed. Mörike".

(Zu 13) Storm an Mörike (20. 9. 1856).
Erstdruck nach dem Original in der Houghton Library, Harvard University, Cambridge/Massachusetts (USA).

1 Auf dem Umschlag findet sich die hs. Adresse: „Herrn Dr. Eduard Mörike in Stuttgart Alleenstr. N. 9" und die hs. Bemerkung: „Anbei 1 Exl. des Hinzelmeier geb.". Das Datum steht am Schluß des Briefes.

2 Duncker: Alexander Duncker (1813—1897), Berliner Verleger, der die „Sommergeschichten und Lieder" (1851) verlegt hatte und den „Hinzelmeier" illustriert verlegen sollte (Erste Buchausgabe: Hinzelmeier. Eine nachdenkliche Geschichte. Berlin. Duncker 1857). Der Plan war September 1856 noch nicht gescheitert, vgl. Anm. 11, 7 und 12, 11.

3 Nicht F. Th. Vischer, sondern Joh. Georg Fischer (1816—1897), Lehrer an der Stuttgarter Realschule, dazu Poet.

4 L. Richter: s. Anm. 12, 12.

5 Immensee, illustrirte Ausgabe (die 4te): gemeint ist die 5. Aufl. von „Immensee" mit Illustrationen von Ludwig Pietsch und einer Lithographie („Titelbild") von Wilhelm Riefstahl, die 1857 bei Duncker in Berlin erschien. Pietsch (1824—1911), auch intensiver Briefpartner Storms, hat ebenfalls „Unter dem Tannenbaum" (1863) illustriert.

6 Karl Eduard Kretschmar (1807—1858) aus Leipzig, Xylograph, auch für L. Richter tätig.

7 Riefstahl: Wilhelm Riefstahl (1827—1888), vgl. Anm. 12, 3.

(Zu 14) Storm an Mörike (3. 2. 1859).
Abdruck nach dem Original im Goethe- und Schillerarchiv, Weimar.

1 Alexander v. Wussow (1820—1889) kam kurz nach Storm nach Heiligenstadt (1857). Vgl. F. Stuckert (S. 74): „Der auch zum Grübeln neigende Mann hat in Er-

gänzung und Widerspruch zu der Herausbildung von Storms Weltanschauung beigetragen." Über die gelegentlichen politischen Differenzen siehe Vinçon, S. 75 f.

2 Briefe zur Post: Mörike hat, wie auch auf diesen Brief Storms auf den beigelegten Brief des Landrats A. v. Wussow nicht reagiert. Text und Stil des landrätlichen Briefes lassen es als erklärlich erscheinen, daß Mörike ihn ignorierte.

3 neues Buch ... mit 4 kleinen Stücken in Prosa, „Auf dem Staatshof", „Wenn die Äpfel reif sind", „Posthuma" und „Häwelmann": gemeint ist der Band „In der Sommer-Mondnacht", Novellen, Berlin: Schindler 1860. „Auf dem Staatshof" war zuerst in der „Argo" (1859). „Wenn die Äpfel reif sind" war schon vorher in der „Argo" (1857), „Posthuma" und „Der kleine Häwelmann" in den „Sommergeschichten und Liedern" (1851) erschienen.

4 des Hölderlinschen Liedes: Mörike gab im Düsseldorfer Künstleralbum, 9. Jg. (1859), nach der Hs. das Gedicht „An meine Verlobte" als Relique von Hölderlin heraus. Fußnote Mörikes: „Das vorliegende Stück des geisteskranken Dichters ist während seines langen Aufenthalts in Tübingen, wo ich ihn in Gesellschaft W. Waiblingers besuchte, um 1823 entstanden, und ich erhielt es von dem letztern in Hölderlins Handschrift. Es hatte keinen Titel." Es handelt sich um die Ode „Wenn aus dem Himmel hellere Wonne sich / herabgießt ..." (bei Beissner, Hölderlins Sämtliche Werke, Große Stuttgarter Ausgabe, Bd. II, S. 269). Andere Datierung Mörikes (2mal) „um 1824 entstanden" (s. Beissner, a. a. O., II 2, S. 900/901).

5 die Schwester: Cäcilie Storm (1829—1863).

6 mein jüngster Bruder: Dr. Aemil Storm (1833—1897).

7 Braut: Charlotte Esmarch (1834—1910).

(Zu 14a) Beilage zu dem Brief Storms an Mörike vom 3. 2. 1859 (Nr. 14): Brief A. v. Wussows an Mörike.
Abdruck nach dem Original im Goethe- und Schiller-Archiv, Weimar.

1 Mörike hatte Storm den Band der Erstausgabe „Mozart auf der Reise nach Prag" (Stuttgart und Augsburg: Cotta 1856) mit hs. Widmung nach Potsdam geschickt, vgl. Anm. 12, 10.

2 „Ach könnt' ich doch auf Bergeshöh'n": Zitat aus Goethes „Faust" I.

(Zu 15) Storm an Mörke (23. 11. 1862).
Abdruck nach einer Abschrift im Deutschen Literaturarchiv (Schiller-Nationalmuseum), Marbach.

Die Abschrift stammt von dem Tübinger Germanisten Wilhelm Ludwig Holland. Das Original, das Rath (S. 109 f.) wahrscheinlich noch vorgelegen hat, ist verschollen. Auch im Nachlaß W. L. Hollands in der Tübinger Universitätsbibliothek ist es nicht auffindbar.

[1] schweigsamer Mann: Mörike hat seit Storms Besuch in Stuttgart, der hier schon 7 Jahre zurücklag, auf Storms Briefe und Buchsendungen brieflich nicht mehr reagiert, nur noch den unvermeidlichen Kondolenzbrief zu Constanze Storms Tod geschrieben (Nr. 17 vom 10. 6. 1865).

[2] „Auf der Universität": Erster Druck, Münster: Brunn 1863. Er ist Mörike mit den Worten zugeschrieben: „Eduard Mörike in alter Liebe und Verehrung zugeeignet."

[3] Lucie Storm, geb. am 12. August 1860 in Heiligenstadt.

[4] ein Sechstes: Elsabe Storm (1863—1945).

(Zu 16) Storm an Mörike (3. 6. 1865).
Abdruck nach dem Original im Goethe- und Schillerarchiv, Weimar.

[1] Worte, die Dante über seine Hölle schrieb: der vielzitierte Vers aus dem Inferno der „Divina Comedia": „Lasciate ogni speranza voi ch'entrate."

[2] Storm war am 12. 3. 1864 nach der Befreiung Schleswig-Holsteins als Landvogt in seine Heimatstadt Husum zurückgekehrt.

Geschwisterpaar: der Arzt Dr. Aemil Storm und seine Frau Charlotte, geb. Esmarch.

[3] unser siebentes Kind: am 4. Mai 1865 wurde Gertrud Storm geboren (1865 bis 1936).

[4] Familiengruft: Storm-Woldsen-Gruft auf dem St. Jürgen-Friedhof in Husum; heute noch neben dem St. Jürgen-Stift erhalten.

[5] Über Constanzens Tod und Begräbnis ähnlich in anderen Briefen, z. B. an Heyse (bei Bernd I, S. 26).

[6] Gedicht: „Genrebild" von Karl Heinrich Preller. Storm zitiert dieses Gedicht in seiner Rezension: Lieder und Episteln von K. H. Preller (Köster 8, S. 81 f.) im Literaturblatt des Deutschen Kunstblattes, Jg. 1, S. 26 f. (6. April 1854), aus dem Band „Neunzig Lieder und neun polemische Episteln von Karl Heinr. Preller", Hamburg 1854 (S. 5). Die betreffende Zeile in Prellers Gedicht lautet: „Hinter ihm liegt Arbeit, vor ihm Arbeit."

[7] Bild unserer geliebten Toten: das Daguerreotyp, von dem in den Briefen Nr. 6, 7, 8, 9 die Rede war.

[8] Kreidebild: das Bild von Storms Malerfreund Ludwig Pietsch (Reprod. bei Rath, Abb. 12, vor S. 111).

[9] Ihre Kinder: Mörikes zweite Tochter Mariele wurde am 28. 1. 1857 geboren.

[10] Büchlein: Vereinigung der drei Märchen „Die Regentrude" (Erstdruck 1864), „Bulemanns Haus" (Erster Druck 1864), „Der Spiegel des Cyprianus" (Erster Druck 1865) in einer Buchausgabe unter dem Titel „Drei Märchen" bei W. Mauke Söhne in Hamburg 1865.

[11] Erinna an Sappho", 1863, eins der schönsten Gedichte Mörikes in antiker Form. Schwind erklärte sich außerstande, eine Zeichnung dazu herzustellen.

(Zu 17) Mörike an Storm (10. 6. 1865).
Abdruck nach dem Original in der Schleswig-Holsteinischen Landesbibliothek, Kiel.

Eine Abschrift dieses Briefes (durch Gertrud Storm) wird im Deutschen Literaturarchiv (Schiller-Nationalmuseum), Marbach, aufbewahrt.

1 Über der Abschrift dieses Briefes durch Gertrud Storm (für Bächtold) hat Storm selbst eingefügt:

„Den folgenden und letzten Brief, den ich von M. erhielt, schrieb er mir auf die Anzeige, daß meine Frau, Constanze geb. Esmarch, im Wochenbett (damals wieder in Husum, mit meiner Tochter Gertrud, der Abschreiberin vorstehender deutscher Briefe) gestorben sei. Er sandte mir auf meine Bitte das Daguerotyp der Verstorbenen, das ich ihm einst mit meinem Bilde gesandt hatte, zurück."

[„deutscher" bezieht sich auf die Handschrift].

2 In Ihrem letzten Büchlein: (in Gertrud Storms Abschrift von Storm als Anmerkung hinzugefügt: „Auf der Universität"). Storms Novelle „Auf der Universität" war 1863 als Buchausgabe bei Brunn in Münster erschienen mit der Widmung: „Eduard Mörike in alter Liebe und Verehrung zugeeignet." Vgl. den Brief Nr. 15. Daß Mörike auf die Zuschreibung erst jetzt, unter dem Zwange des Kondolenzbriefes reagiert, ist besonders bezeichnend für seine Distanzierung von Storm seit dessen Besuch in Stuttgart.

3 Reize Storm'scher Malerei: vgl. Anm. 3, 7.

(Zu 18) Storm an Mörike (6. 7. 1865).
Abdruck nach dem Original im Deutschen Literaturarchiv (Schiller-Nationalmuseum), Marbach.

1 vervielfältigen lassen: davon ist nichts bekannt.

2 mutterloses Kind: Gertrud Storm (1865—1936), die spätere Storm-Biographin.

3 jungen Mädchen: vgl. dazu Gertrud Storm II, S. 115 und 127: „Den Hausstand führte Auguste J., ein junges, prächtiges, geistig bedeutendes Mädchen, das mit allen Kindern, großen und kleinen, vortrefflich zu verkehren wußte." Aus einem Brief Storms an seinen Sohn Hans vom 13. 2. 1867 ist der Familienname „Jebens" zu entnehmen (S. 26).

4 zu sagen, was ich leide: Goethe, Trilogie der Leidenschaft, Motto der „Elegie":

„Und wenn der Mensch in seiner Qual verstummt,
Gab mir ein Gott zu sagen, was ich leide."

5 „Ein Sterbender" (Köster 1, S. 173 f.). Erster Druck im „Deutschen Dichterbuch aus Schwaben", Stuttgart 1864. Die Verse 47—50 nachträglich eingefügt (Briefe an seine Frau, S. 159): „Hier diese Räume, wo du einst gelebt . . ."

6 Kunsthändlerisches Unternehmen des Herrn Spiro: Mörike hat (verständlicherweise) nicht reagiert.

7 J. G. Fischer: vgl. Anm. 13, 3.

8 Dem Brief hat Storm diese 4 Strophen zu seinem Gedicht „Tiefe Schatten"

(Köster 1, S. 107 f.) angefügt, die er kurz nach dem Tode seiner Frau Constanze niedergeschrieben, aber so nicht in die gedruckte Fassung übernommen hat. Vgl. dazu auch Köster 8, S. 148 ff.

(Zu 19) Storm an Mörike (10. 11. 1870).
Abdruck nach dem Erstdruck von Hermann Binder in: „Oberdeutschland". Eine Monatsschrift für jeden Deutschen, V. Bd. Stuttgart: Okt. 1921—März 1922, S. 291 ff.

Vgl. dazu die Bemerkung des Herausgebers Herm. Binder: „Das Original des Briefes ist im Besitz des Herrn Professor Dr. Kretschmar in Stuttgart, eines Neffen von Mörikes bekanntem Urfreund Wilhelm Hartlaub. Es war offenbar der letzte Versuch Storms, den brieflichen Kontakt noch einmal zu beleben."

1 Storms zweitältester Sohn Ernst (1851—1913) studierte in Tübingen Jura und besuchte Mörike mehrmals in Nürtingen, wo dieser damals (1870—1871) lebte. In den Briefen an seine Kinder, die Gertrud Storm herausgegeben hat (Braunschweig: Westermann 1916), erwähnt Storm diese Besuche mehrfach:

„Ernst ... wollte in den Festtagen E. Mörike in Nürtingen wieder einmal besuchen, was dicht bei ist und was er nach Michaelis zu seiner großen Genugtuung schon einmal getan" (an Lisbeth am 21. 12. 1870).

„Wo bleibt Dein Brief an Großvater, wo Dein Bericht über die Mörike-Fahrt?" (an Ernst am 22. 4. 1871).

„Beiläufig die letzte Möriksche Spukgeschichte gefällt mir noch am besten; dieser unflätige Geist ist wirklich excellent; und wahrhaft unheimlich das Zuschmettern der nicht mehr existenten Tür" (an Ernst am 22. 5. 1871).

„Nett, daß Du wieder bei Mörikes warst. Seine Einwendungen in puncto Hausbuch sind bis auf die Pfarrers Woche, die zwar harte, nachlässige Verse enthält, aber doch trefflich herauskommt, wohl gegründet" (an Ernst am 21. 6. 1871) (bei Gertrud Storm, S. 196, S. 132, S. 136, S. 137).

2 Unsre ältesten Töchter: gemeint sind Fanny Mörike (1853—1913) und Lisbeth Storm (1855—1899).

3 Hausbuch aus deutschen Dichtern seit Claudius. Eine kritische Anthologie, Hamburg: Mauke 1870. Storms Vorrede: bei Köster 8, S. 112—117. Storm hatte seit Ende 1868 daran gearbeitet und darin, S. 439 ff., 13 Gedichte von Mörike abgedruckt.

4 nicht in passender Zeit: bezieht sich auf den deutsch-französischen Krieg. Vgl. Vinçon, S. 113.

5 M. Solitaire: pseud. für Woldemar Nürnberger (1818—1869), Schlesier, als Literat vorwiegend Novellist. Storm hielt viel von ihm. Vgl. „Solitaire", Köster Bd. 8, S. 121. Heyse dagegen: „Ein Brilliant von zweifelhaftem Werth" (im Brief an Storm vom 25. 9. 81, bei Bernd II, S. 83).

6 Matthisson (1761—1831): Nachfahre der empfindsamen Naturlyrik des 18. Jahrhunderts bis in die Epoche der Romantik.

7 Joh. Gaudenz v. Salis-Seewis (1762—1834), Freund Matthissons und Lyriker desselben ‚Genres'.

8 Trumpf: Storm verweist auf seine Bemerkung zu Mörikes Gedichten im „Hausbuch" (S. 439): „Es kann noch immer nicht stark genug betont werden, daß Mörikes Gedichte in keiner Bibliothek fehlen dürfen, in der unsere poetische Literatur wenn auch nur andeutungsweise vertreten ist."

9 E. Niendorf: Emma Niendorf, pseud. für Emma v. Suckow (1807—1876), sehr betriebsame Literatin, Reiseschriftstellerin, enge Beziehungen zum Schwäbischen Dichterkreis. Ihr Buch „Lenau in Schwaben" (1855) behandelt sein letztes Lebensjahrzehnt. Herm. Binder nennt Emma Niendorf „Storms geschwätzige Quelle". Sie war mit Kerner 1838 auch bei Mörike in Cleversulzbach.

10 Joseph Stoll: Jos. Ludw. Stoll (1778—1815), Wiener Literat, Lustspieldichter, Regisseur, Mitherausgeber der Zeitschrift „Prometheus", in der Goethes „Pandora" erschien. Verbummeltes Genie, Beziehungen zu Uhland und Kerner. Ihm gilt Uhlands Gedicht „Auf einen verhungerten Dichter" (1815).

11 Es ist ein Band davon erschienen: J. L. Stoll, Poetische Schriften, 1. Bd., Heidelberg 1811.

12 Theobald Kerner (1817—1907), Justinus Kerners Sohn, der Hüter des Kernerhauses in Weinsberg.

13 das urkräftige Behagen: Anspielung auf Goethes „Faust" I, Vers 536.

14 „Zerstreute Kapitel": ursprünglich geplanter Titel „Aus der grauen Stadt am Meer", vgl. Storms Brief an den Braunschweiger Verleger Westermann vom 2. 9. 1870 (Goldammer, Werke II, S. 24) und an Professor K. Th. Pyl vom 14. 11. 1870 (ebendort, S. 29). Köster schreibt dazu Bd. 8, S. 247: „Die Zusammenfassung einer Gruppe von Stormschen Dichtungen unter dem — übrigens nichtssagenden — Titel ‚Zerstreute Kapitel' habe ich aufgegeben, denn unter dieser Bezeichnung hat der Dichter bald diese, bald jene Werke vereinigt." In Westermanns Monatsheften, Bd. 31 (Febr. 1872), veröffentlichte Storm als „Zerstreute Kapitel": „Aus Husumer Geschichtsquellen", Skizzen sekundärer Art (I ,II). Der Plan zieht sich bis in den Nachlaß hinein.

15 Johann Casimir Storm (1790—1874) wurde am 26. 4. 1870 80 Jahre alt.

16 Schillerstatue: von dem dänischen Bildhauer B. Thorwaldsen (1768—1844), auf dem damaligen Schloßplatz in Stuttgart, heute Schiller-Platz.

(Zu 19a) Storm an Mörike (Foto mit Widmung).

Erstdruck nach dem Original im Deutschen Literaturarchiv (Schiller-Nationalmuseum), Marbach.

1 Storm hat das Foto wahrscheinlich am 10. Oktober 1870 an seinen Sohn Ernst abgeschickt. Da dieser Mörike in Nürtingen schon „nach Michaelis" (= 29. September) besucht hat (vgl. Storms Brief an Lisbeth vom 21. 12. 70, in: Briefe an die Kinder, S. 196), ist es möglich, daß er das Foto erst bei seinem zweiten Besuch Anfang 1871 übergeben hat (vgl. Storms Brief an Ernst vom 22. 4. 71: „wo ⟨bleibt⟩ Dein Bericht über die Mörike-Fahrt?", in: Briefe an die Kinder, S. 132).

2 Das Foto trägt auf der Vorderseite — wahrscheinlich von Storm — die hs. Aufschrift „Theod. Storm", auf der Rückseite die hs. Widmung und die gedruckte Firmenangabe „Photographisches Atelier von R. Ström, Husum".

Anmerkungen

zu den Briefen Storm—Margarethe Mörike

(Zu 20) Margarethe Mörike an Storm (29. 12. 1876).
Abdruck nach dem Original in der Schleswig-Holsteinischen Landesbibliothek, Kiel.

[1] Sendung: am 12. 12. 1876 sandte Storm nach Mergentheim mit der handschriftlichen Widmung (vgl. Rath, S. 125) die Buchausgabe der drei Novellen: „Ein stiller Musikant", „Psyche", „Im Nachbarhause links" (Braunschweig 1876).

[2] „Arco" = „Argo", vgl. Anm. 4, 7.

[3] Exemplar des neuerstandenen Nolten: Es handelt sich um die von Julius Klaiber nach Mörikes Tod durchgeführte Umarbeitung des „Nolten", die dem Ganzen einen unauthentischen Charakter gab. Julius Klaiber (1834—1892) war ein Neffe Wilh. Hauffs, Gymnasiallehrer in Stuttgart und Mitarbeiter des „Morgenblatts". Er hat sich auch um die 4. Aufl. von Mörikes Gedichten bemüht und 1867 über Mörike vorgetragen. Seebaß charakterisiert Klaibers Rolle so: „er gehörte zu den wenigen Vertrauten Mörikes in seinen letzten Jahren und gab nach dem Tode des Dichters die zweite Bearbeitung vom ‚Maler Nolten' heraus. Zu Mörikes Lebzeiten bemühte er sich selbstlos und unermüdlich, für dessen gesammelte Werke einen Verleger zu finden" (S. 511). Klaiber leistete überdies Assistentenhilfe zu Mörikes „Anakreon". Vgl. auch Anm. 56 zu den „Erinnerungen".

(Zu 21) Storm an Margarethe Mörike (12. 1. 1877).
Abdruck nach dem Original im Deutschen Literaturarchiv (Schiller-Nationalmuseum), Marbach.

[1] neuerstandener Nolten: vgl. Anm. 20, 3. Storm hat sich am 20. Juni 1880 Keller gegenüber (mit Bezug auf dessen Neufassung des „Grünen Heinrich") verhalten kritisch zu dieser Umarbeitung des „Nolten" geäußert: „Auf die Bände Ihres ‚Grünen' freue ich mich und werde gewiß lesen, da meine kleine Arbeit abgesandt ist. Ich habe dann zwei solche Umarbeitungen im Schranke; auch Mörikes ‚Nolten'. Es tut einem manches weh beim Lesen; die persönliche (d. h. in bezug auf den Autor) und die künstlerische Teilnahme treten in den Vordergrund. Im Schranke steht das Neue bei den alten Originalen, und man steht oft davor in langem Sinnen" (bei Goldammer: Keller, S. 58).

[2] im Frühling des Jahres, in dessen Herbst . . .: Storm ging die Ehe mit Constanze Esmarch am 15. Sept. 1846 ein; Constanze starb am 20. Mai 1865.

[3] Gedenkblatt: „Meine Erinnerungen an Eduard Mörike".

4 mein Sohn der Jurist: Ernst Storm (1851—1913). Mit Bezug auf dessen Studienzeit in Tübingen: „zu Ihnen pilgerte“: nach Nürtingen, wo Mörike mit seiner Frau 1870—1871 wohnte. Vgl. Anm. 19, 1.

5 fünf Schwestern: Lisbeth Storm (geb. 1855), Lucie (geb. 1860), Elsabe (geb. 1863), Gertrud (geb. 1865), Friederike (geb. 1868).

6 Würzburg: Dort studierte damals Storms ältester Sohn Hans Medizin. Storm wollte ihn zum Examen bringen. Vgl. den Brief Storms an Paul Heyse, 2. Ostersonntag 77 (Bernd II, 27 f.) sowie den Briefwechsel Storm—Erich Schmidt (Laage I, S. 24 ff. und 126 f.).

7 Vom Tode auch Ihrer jüngsten Tochter: Marie Mörike (1857—1876).

8 Mein Vater: Johann Casimir Storm (1790—1874).

9 Frau Do: Dorothea Jensen, Storms zweite Frau (1828—1903); Heirat am 13. 6. 1866.

(Zu 22) Margarethe Mörike an Storm (24. 4. 1877).

Abdruck nach dem Original in der Schleswig-Holsteinischen Landesbibliothek, Kiel.

1 Zusendung: „Meine Erinnerungen an Eduard Mörike“.

2 Referendar Ernst ... Nürtinger Besuche: als Student bei Mörike; vgl. den vorigen Brief an M. Mörike vom 12. 1. 1877 und Anm. 19, 1.

3 Mergentheim ... so nahe war: vgl. Storms Würzburg-Besuch im vorigen Brief Anm. 6.

4 Marie Mörike: 1857—1876.

5 gedrucktes Gedenkblatt: Storms „Meine Erinnerungen an Eduard Mörike“.

6 buchhändlerische Manipulation: siehe Storms Antwortbrief vom 1. Sept. 1877 und Anm. 23, 5.

7 Die Totenmaske des Dichters wurde durch den Bildhauer Johannes Hoefelich abgenommen; sie wird heute im Schiller-Nationalmuseum in Marbach aufbewahrt.

Das Grabdenkmal Mörikes auf dem Prager Friedhof in Stuttgart ist abgebildet bei Holthusen, S. 158. Das Portraitrelief auf dem Grabmal wurde 1904 in den neuen Stein eingefügt von Rudolf Dietelbach. Vgl. auch Storms Brief an Margarethe Mörike vom 1. 9. 77 (Nr. 23) und den Brief Margarethe Mörikes an Storm vom 12. 1. 78 (Nr. 24).

8 Professor Mörike: 1856 wurde Eduard Mörike mit dem Titel „Professor“ ausgezeichnet.

(Zu 23) Storm an Margarethe Mörike (1. 9. 1877).

Abdruck nach dem Original im Deutschen Literaturarchiv (Schiller-Nationalmuseum), Marbach.

1 Gemeint ist Storms Novelle „Carsten Curator“. Erster Druck: Westermanns Monatshefte, Bd. 44/1878, S. 1—38.

[2] Stiefmutter: Frau Dorothea Storm, geb. Jensen (1828—1903), seit 1866 Stiefmutter der 7 Kinder von Constanze, seit 1868 Mutter des 8. Kindes, Friederike Storm. Vgl. die Novelle „Viola tricolor".

[3] Aufsatz: „Meine Erinnerungen an Eduard Mörike".

Bedenken: vgl. Margarethe Mörike im vorigen Brief („so schwäbisch reden ..." und über eine „buchhändlerische Manipulation").

[4] Gemeint sind die Bleistiftnotizen, die Storm „im Eisenbahnwagen auf der Reise von Stuttgart nach Heidelberg notirte, da (er) von Mörike zurückkehrte". Zum erstenmal veröffentlicht im vorliegenden Bd., S. 159 ff.

[5] Titelauflage: vgl. Rath, S. 136: „Bezieht sich auf die im Jahre 1876 aus den Resten der 5. Aufl. der Gedichte Mörikes — 1873 erschienen — hergestellte sogenannte 6. Aufl. Es ist ein allgemeiner Irrtum der Biographen, daß die 5. Aufl. aus Resten der 4. Aufl. (1867) als Titelauflage hergestellt wurde. Am 28. 4. 1873 quittierte Mörike über den Empfang des Honorars von 200 fl. für die erste Hälfte der 5. Aufl.; diese eigenhändige Quittung wurde als Autograph im Katalog 226 der Firma J. A. Stargardt in Berlin vor Jahren ausgeboten." Die 3. Auflage von Storms Gedichten 1859 war übrigens ebenfalls nur eine Titelauflage der 2. von 1856 (s. Köster 8, S. 128).

[6] Georg Scherer (1824—1909), Lit. Professor in Stuttgart, später in München. Befreundet mit W. Jensen und W. Raabe. Gab eine Reihe Volkslied-Sammlungen heraus. Sein Briefwechsel mit Storm ist nicht frei von Stuttgarter Klatsch über Mörikes Eheunglück, bei dem auch Storm nicht sehr vornehm reagierte. Vgl. die Briefe Storms an Scherer, hrsg. von F. Stuckert, in Schriften der Theodor-Storm-Gesellschaft 3/1954, S. 15 ff. Dort (S. 55) Scherer am 21. 12. 1873: „Das ganze Unglück ist die Folge großer Schwäche und nervöser Reizbarkeit, vor allem der Intriguen der Schwester Clara".

[7] Die Gesamtausgabe von Mörikes Schriften ist 1878 erschienen. Vgl. Anm. 24, 5.

[8] ein Band Mörikescher Briefe: siehe diesen weiteren Briefwechsel passim. Vgl. auch Hartlaub an Clara Mörike 6. 8. 1877. Hartlaub zitiert aus Storms „Erinnerungen": „Nichts würde uns Mörike so vergegenwärtigen, als die Veröffentlichung einer Auswahl seiner Briefe" und fährt fort: „Wahr! Freilich dem Sinne unsers Freundes wäre es ganz entgegen. Eduard hat viele, große, herrliche Briefe geschrieben, wenn wir sie alle hätten, und zwar nicht gedruckt, sondern in seiner unvergleichlichen Handschrift!" (zitiert nach Rath, S. 120 f.), vgl. Anm. 46, 3 und 49, 5 ff.

[9] Knabenbild: Originalzeichnung des Freundes Joh. Georg Schreiner (bei Rath, Tafel 3, nach S. 52; bei Holthusen, S. 38).

[10] Zeichnung von Orplid: von L. Bauer (vgl. Anm. 5, 29) erwähnt. Die Zeichnung ist verschollen.

(Zu 24) Margarethe Mörike an Storm (12. 1. 1878).
Abdruck nach dem Original in der Schleswig-Holsteinischen Landesbibliothek, Kiel.

[1] Würzburg: vgl. Storms Brief an Margarethe Mörike vom 12. 1. 1877 (Nr. 21) und Anm. 21, 6.

[2] Denkmal: vgl. Anm. 22, 7.

3 Wilhelm Rösch: vgl. Maync, S. 535.

4 Professor Donndorf: der 1835 in Weimar geborene Albert Donndorf war wohl der repräsentativste der Rietschel-Schüler, Mitarbeiter an dessen berühmtem Luther-Denkmal in Worms. Von Donndorf stammen u. a. auch das Bach-Denkmal in Eisenach und die Statue Carl Augusts in Weimar.

5 Göschensche Verlagshandlung: zu der tatsächlich erschienenen Göschen-Ausgabe (E. Mörike: Gesammelte Schriften, 4 Bde., Stuttgart 1878) vgl. Maync, S. 541.

6 Briefband: vgl. Brief Storms an Margarethe Mörike vom 1. 9. 1877 (Nr. 23) und Anm. 23, 8.

7 viele Leute Eduard besuchten: *so* Margarethe Mörike. Für viele galt Mörike als „Anachoret". Raabe hat nicht gewagt, ihn zu besuchen.

8 Scheerer: Georg Scherer, vgl. Brief Storms an Margarethe Mörike vom 1. 9. 1877 (Nr. 23) und Anm. 23, 6.

9 Wilhelm Schulz: Publizist. Mörike erwähnt ein Buch von ihm in seinem Brief an Hartlaub vom 20. 3. 1843, das Buch „Der deutsche Michel" mit Zeichnungen von Disteli (bei Fischer/Krauß, Bd. II, S. 66).

10 Joh. Georg Fischer (1816—1897): seine Gedichte sind von Mörike beeinflußt.

(Zu 25) Storm an Margarethe Mörike (30. 4. 1878).
Abdruck nach dem Original im Deutschen Literaturarchiv (Schiller-Nationalmuseum), Marbach.

1 Mörikes Denkmal: vgl. Maync, S. 535; siehe auch den Brief Margarethe Mörikes an Storm vom 24. 4. 77 sowie Anm. 22, 7. Junger Künstler: Wilhelm Rösch. Vgl. Anm. 24, 3.

2 Schwind: 1. Ausgabe des Briefwechsels Mörike—Schwind von Jakob Bächtold 1891 (unvollständig); 2. Ausgabe: Briefwechsel zwischen Eduard Mörike und Moriz von Schwind, hrsg. von H. W. Rath, Stuttgart 1918, 2. verm. Auflage 1920.

3 Scherers Schwiegermutter: Frau von Seeht, bei der Lisbeth wohnte und Mörikes gewohnt hatten. Über die Differenz mit seiner Schwiegermutter vgl. F. Stuckert in: Schriften der Theod.-Storm-Gesellschaft 3/1954, in den Briefen Storms an Scherer vom 21. 12. 1877 und 15. 1. 1878.

4 Vgl. Anm. 21, 6. Storms ältester Sohn Hans war damals Arzt in Heiligenhafen.

5 Gemeint ist die Buchausgabe „Neue Novellen" (Berlin: Paetel 1878), die die Novellen „Renate" und „Carsten Curator" enthielt.

Carsten Curator: Erster Druck Westermanns Monatshefte, Bd. 44 (April 1878), S. 1—38. Köster 8, S. 261 f. dazu: „In Briefen an Heyse 24. 11. 1877, an Pietsch 15. 9. 1877, an Erich Schmidt 24. 9. 1877, an Gottfried Keller 27. 2. 1878 ... gestand er (Storm) zu, daß die Wirkung der Novelle eher peinlich, als tragisch sei, weil er die ‚figura movens', d. h. den Sohn ... mit zu wenig poetischem Gehalt geschildert und nun wider bessere Erkenntnis, bewußt, wie unter einem Bann arbeitend, in falscher Richtung fortgeschrieben habe..." An Erich Schmidt 27. 9. 1877 „Es handelt sich darin überhaupt nicht um Schuld und Sühne; sondern um eine Naturnothwendigkeit, die sich zu einem unabwendbaren Fatum gestaltet und den Schuldlosen in Mitschuld hineinreißt; auch der Sohn, der dieß veranlaßt, ist rückwärts durch sein Blut gebunden." An Erich Schmidt 25. 5. 1878: „Im Leben wie in der Poesie können wir wohl das *Glück* entbehren, aber nicht die *Hoffnung*, und die fehlt in meiner Dichtung..." (vgl. die Briefe und Anmerkungen bei Bernd III, S. 32, und bes. ausführlich bei Laage, Bd. 1, S. 62 und 94 sowie Anm. S. 146 und 158).

Renate: Erster Druck Deutsche Rundschau Bd. 15/1878. Storm an Gottfried Keller am 27. 2. 1878: „Das getragene Pathos der alten Sprache hat mich verführt, es noch einmal zu gebrauchen; aber ich verspreche, es nicht wieder zu tun" (bei Goldammer: Keller, S. 11).

(Zu 26) Margarethe Mörike an Storm (4. 7. 1878).
Abdruck nach dem Original in der Schleswig-Holsteinischen Landesbibliothek, Kiel.

[1] Schwind-Briefe: vgl. Anm. 25, 2.

[2] Reinsburgstraße 5: Wohnung der Frau v. Seeht in Stuttgart, bei der Lisbeth Storm wohnte.

[3] Zerwürfnis Scherers: vgl. Anm. 25, 3.

[4] Examen: Hans Storm, der älteste Sohn, hatte im Sommer 1877 in Würzburg endlich sein medizinisches Examen bestanden (vgl. den Briefwechsel Storm— Erich Schmidt, hrsg. von K. E. Laage, besonders Bd. I, S. 53 und S. 126.

(Zu 27) Margarethe Mörike an Storm (30. 12. 1878).
Erstdruck nach dem Original in der Schleswig-Holsteinischen Landesbibliothek, Kiel.

[1] neues Werk: vgl. Storm am 30. 4. 1878 an Margarethe Mörike (Nr. 25) und Anm. 25, 5.

[2] Lisbeth Storm führte ihrem Bruder Hans, dem Mediziner, eine Zeitlang den Haushalt in Heiligenhafen.

(Zu 28) Margarethe Mörike an Storm (8. 10. 1880).
Erstdruck nach dem Original in der Schleswig-Holsteinischen Landesbibliothek, Kiel.

[1] Frau von Seeht, Schwiegermutter Georg Scherers (vgl. Anm. 25, 3).

[2] Zusendung: „Die Söhne des Senators". Erster Druck Deutsche Rundschau, Bd. 25/1880, S. 1—28.

[3] Enthüllung des Mörike-Denkmals: am 30. 2. 1878. Die Rede hielt F. Th. Vischer. Vgl. Maync, S. 535, und Margarethe Mörike an Storm am 24. 4. 77 sowie Anm. 22, 7.

[4] Fanny war verlobt mit dem Uhrmacher Georg Hildebrand.

[5] Storm war Anfang 1880 von Husum nach Hademarschen (zwischen Heide und Itzehoe) umgesiedelt.

(**Zu 29**) Storm an Margarethe Mörike (20. 10. 1880).
Abdruck nach dem Original im Deutschen Literaturarchiv (Schiller-Nationalmuseum), Marbach.

1 Lucie Storm (1860—1935) war verlobt mit dem (kath.) Pharmazeuten Kirchner. Vgl. dazu bei Bernd II, S. 183 f., und hier den Brief vom 23. 8. 1881 (Nr. 33) sowie Anm. 33, 3.

2 Storm war Anfang 1880 von Husum nach Hademarschen umgezogen.

Jüngster Bruder: Dr. Aemil Storm (1833—1897), Arzt in Husum.

Zweiter Bruder: Johannes Storm (1824—1906), Holzkaufmann in Hademarschen, verheiratet mit Friederike Jensen (1826—1905), einer Schwester von Storms zweiter Frau „Do".

3 Gertrud Storm (1865—1936), die spätere Biographin Storms.

4 Friederike Storm („Dodo") (1868—1939).

5 Elsabe Storm (1863—1945).

6 der Jurist: Ernst Storm (1851—1932), der zweitälteste Sohn.

7 Hans Storm; der Mediziner (1848—1886), der dem Alkohol verfallen war, hatte seine Arztstelle in Heiligenhafen aufgeben müssen.

8 Mein „stiller Musikant" Karl (1853—1893): der jüngste Sohn des Dichters, „das Urbild des Musikmeisters mit seinem Konflikt des Verstehens und Nichtkönnens" (Köster 8, S. 255) in der Novelle „Ein stiller Musikant" (Westermanns Monatshefte, Bd. 38/1875, S. 449—464).

9 Kleine Novelle: „Die Söhne des Senators". Erstdruck in der „Deutschen Rundschau, Bd. 25/1880, S. 1—28.

10 „Beim Vetter Christian", Erstdruck im „Salon für Literatur, Kunst und Gesellschaft" 1874.

(**Zu 30**) Margarethe Mörike an Storm (23. 12. 1880).
Erstdruck nach dem Original in der Schleswig-Holsteinischen Landesbibliothek, Kiel.

1 Erzählung aus Ihrer Familie: damit ist Storms Brief vom 20.—27. 10. 1880 (Nr. 29) gemeint.

2 Lisbeth Storm heiratete 1879 den Witwer Pastor Haase in Heiligenhafen. Vgl. den Brief Storms vom 20. 10. 1880 (Nr. 29).

3 Louise: gemeint ist Lucie Storm. Vgl. den Brief Storms vom 20. 10. 1880 (Nr. 29).

(**Zu 31**) Storm an Margarethe Mörike (1. 1. 1881).
Erstdruck nach dem Original im Stadtarchiv Stuttgart (Sammlung Dr. Fritz Kauffmann)

Rath weist (S. 150) nur auf einen vermutlich „kurzen Brief" hin, der „nicht mehr vorhanden" ist und von dem er nur das dem Briefe beigelegte Foto kennt (vgl. Anm. 1).

[1] Das Originalfoto, das dem Brief beilag, ist heute verschollen. Es befand sich zuletzt im Besitz von Rath, der es in seiner Ausgabe als Nr. 1 reproduziert hat; die hs. Widmung auf der Rückseite lautete (nach Rath): „Frau Margarethe Mörike mit herzlichem Gruß. Hademarschen, 1. Januar 1881. Theodor Storm." Vgl. Foto neben S. 120.

[2] brüderliches Haus: das Haus des Bruders Johannes Storm in Hademarschen.

[3] Die Novelle „Der Herr Etatsrat" hatte Storm vor dem 15. November 1880 zu schreiben begonnen und gehofft, sie „vor Weihnachten" fertigzustellen (an Heyse 15. 11. 80, bei Bernd II, S. 65). Storm hat die Novelle aber erst im Februar 1881 beendet. Die Novelle erschien dann im August 1881 in Westermanns Monatsheften, Bd. 50, S. 529—557.

(Zu 31a) Margarethe Mörike an Storm (4. 2. 1881).
Erstdruck nach dem Original in der Schleswig-Holsteinischen Landesbibliothek, Kiel.

[1] Bild: vgl. Anm. 31, 1. Vgl. auch den Brief Storms vom 20. 10. 1880 (Nr. 29).

[2] Etatsrath: vgl. Anm. 31, 3.

(Zu 32) Margarethe Mörike an Storm (3. 8. 1881).
Erstdruck nach dem Original in der Schleswig-Holsteinischen Landesbibliothek, Kiel.

[1] Der Herr Etatsrath: vgl. die beiden vorigen Briefe und Anmerkungen.

[2] Frau Dr. Mörike: diese Verwandten sind Mörikes Vetter Apotheker Dr. med. Carl Mörike und Frau Marie in Neuenstadt. „Seiner feinsinnigen Gattin Sangeskunst" hat Mörike in dem Gedicht ‚An Marie Móricke geb. Seyffer' und den Versen ‚Auf zwei Sängerinnen' gefeiert (Maync, S. 266 f.).

[3] Frau Elsbeth: gemeint ist Lisbeth Haase, geb. Storm.

[4] Brautpaare: Lucie Storm und ihr Verlobter Kirchner (vgl. Anm. 29, 1) und Ernst Storm und Marie Krause (vgl. Brief Nr. 33).

[5] Sohn: Hans Storm. Vgl. was Storm über ihn im Brief vom 20. 10. 1880 (Nr. 29) berichtet. Er war seit Anfang 1881 Arzt in Frammersbach bei Lohr.

[6] Scherers: vgl. Storms Briefe vom 1. 9. 1877 (Nr. 23) und vom 30. 4. 1878 (Nr. 25) sowie Anm. 23, 6.

[7] Frau von Seeht: vgl. Anm. 25, 3.

(Zu 33) Storm an Margarethe Mörike (23. 8. 1881).
Abdruck nach dem Original im Deutschen Literaturarchiv (Schiller-Nationalmuseum), Marbach.

[1] Ernst Storm besuchte, als er in Tübingen Jura studierte, mehrmals Mörikes in Nürtingen, wo diese von 1870 bis 1871 lebten. Vgl. Anm. 19, 1.

[2] Maria Krause (1863—1932). Heirat mit Ernst Storm am 1. 8. 1883.

[3] Vgl. den Brief Storms an Hermann Kirchner: „... Für mich aber die Hauptsache ... ist noch eine andere. Was bei Eingehung Eures Verhältnisses für mich nur ein beunruhigendes Bedenken war, ist allmählich zur Überzeugung angewachsen: Du und Lucie sind beide in der christlichen Religion aufgewachsen, aber diese Religion hat leider, einen äußeren von Menschen gezimmerten Apparat um sich, der auf katholischer Seite weit mächtiger ist, als die Religion selbst; das ist „die Kirche"; und dieser Apparat trennt die Christen von den Christen... Du, mein lieber Hermann, ... kannst den innern und äußern Zusammenhang mit der römisch-katholischen Kirche nicht entbehren. Deine Kirche, wie Deine Verwandtschaft würde in der Ehe mit Dir meine nicht allein im Protestantismus geborne, sondern in meinem Hause, wo freies selbstverantwortliches Denken als erste selbstverständliche Lebensbedingung gilt, aufgewachsene Tochter still oder offen zum Katholicismus drängen..." (bei Bernd II, S. 184).

[4] Vgl. Gottfried Kellers Brief an Storm über Heyses schlechte Gesundheit vom 16. 8. 1881 (bei Goldammer, S. 79). Heyse besuchte anschließend an seinen Sylt-Aufenthalt Storm in Hademarschen. Vgl. den Briefwechsel bei Bernd II, S. 77—83 und die entsprechenden Anmerkungen.

[5] Etatsrath: vgl. den Brief Storms an Erich Schmidt vom Sept. 1881: „Das moralisch oder aesthetisch Häßliche wird — wo es nicht zu einer gewissen Schreckensgröße aufsteigt, erst dadurch in Kunst, in specie Poesie verwendbar, daß der Künstler es im Spiegel des Humors zeigt, gleichsam es durch den Humor wiedergeboren werden läßt, dadurch entsteht das, was wir das „Groteske" nennen (bei Laage II, S. 50; vgl. auch die Anm. dazu S. 181). Vgl. auch die Stelle aus dem Brief Storms an die Gräfin Emilie Reventlow: „Der ‚Etatsrath' ... ist eine äußerst herbe und in ihrer schroffen Objectivität wohl etwas pessimistische Geschichte; an kräftiger Herausarbeitung der Gestalten aber darf sie wohl zu meinem Besten gerechnet werden." (F. Trömel, in: Schriften der Theodor-Storm-Gesellschaft 25/1976, S. 32.)

[6] Mit „Wiederabdruck" der „Erinnerungen" ist die erste Buchveröffentlichung gemeint, in: Theodor Storms gesammelte Schriften, Bd. 14, Braunschweig: Westermann 1882, S. 143—173.

[7] Die Zeichnung von der Insel Orplid ist verschollen.

[8] Knabenbild von Mörike: Zeichnung des Freundes Joh. Georg Schreiner (abgebildet bei Rath, Tafel 3, und Holthusen, S. 38).

[9] photographisch ... vervielfältigt: von Margarethe Mörike später besorgt. Siehe die Briefe 50—53 a.

(Zu 33a) Ernst Storm an Margarethe Mörike (Beilage zu dem Brief Storms an Margarethe Mörike vom 23. 8. 1881).
Abdruck nach dem Original im Deutschen Literaturarchiv (Schiller-Nationalmuseum), Marbach.

[1] Storms „Hausbuch aus deutschen Dichtern seit Claudius. Eine kritische Anthologie" war 1870 zum erstenmal bei Mauke in Hamburg erschienen. Diese Ausgabe ist hier wohl auch gemeint (vgl. Anm. 19, 1).

(Zu 34) Margarethe Mörike an Storm (30. 11. 1881).
Abdruck nach dem Original in der Schleswig-Holsteinischen Landesbibliothek, Kiel.

1 reiche Frau Mörike: vgl. den Brief Margarethe Mörikes an Storm vom 3. 8. 1881 (Nr. 32) und Anm. 32, 1.

2 glückliches Brautpaar: Ernst Storm und Marie Krause. Vgl. den Brief Storms an Margarethe Mörike vom 23. 8. 1881 (Nr. 33).

3 Lisbeth Haase, geb. Storm, verheiratet mit Pastor Haase („Pfarrhaus zu Heiligenhafen").

4 Über die Auflösung der Verlobung seiner Tochter Lucie vgl. Storms Brief an Margarethe Mörike vom 23. 8. 1881 (Nr. 33) und Anm. 33, 3.

5 Hans Storm, der Arzt, hatte nach seinem Scheitern in Heiligenhafen und beim Rotterdamer Lloyd in Frammersbach bei Lohr eine neue Arztstelle gefunden. Vgl. Storms Brief an Margarethe Mörike vom 20. 10. 1880 (Nr. 29) und vom 23. 8. 81.

6 Heyse: vgl. die Briefe Storms an Margarethe Mörike vom 24.—25. Sept. 1882 (Nr. 35).

7 ich erinnere mich noch gut seiner zarten Gestalt: Über Heyses Besuch bei Mörike 1857 vgl. den Artikel im Rechenschaftsbericht des Schwäbischen Schillervereins (S. 108); er beruht auf Briefauszügen: „Er (Heyse) hatte gehofft, Mörike 1856 persönlich kennen zu lernen, ein Wunsch, der sich erst im nächsten Jahre bei einem Besuch in Stuttgart erfüllen sollte." Vgl. auch Mörikes Brief an Heyse 5. 11. 1857: „Heut will ich von Herrn Ebner hören, wie Sie nach Hause gekommen sind..." (bei Seebaß, S. 262). Herr Ebner soll der Verleger sein, bei dem Heyse wohnte. Demnach wäre der Besuch um den 1. November herum anzusetzen, obwohl eine exakte Angabe fehlt.

(Zu 35) Storm an Margarethe Mörike (24/25. 9. 82).
Abdruck nach dem Original im Deutschen Literaturarchiv (Schiller-Nationalmuseum), Marbach.

1 Novelle: „Hans und Heinz Kirch". Erster Druck Westermanns Monatshefte, Bd. 53, S. 1—39 (Okt. 1882). Wie hier an Marg. Mörike („Den Stoff zu der beiliegenden Novelle fing ich mir...") schrieb Storm am 18. 12. 81 an Paetel: „den Stoff in der kleinen Ostseestadt Heiligenhafen im Pfarrhause meiner Tochter eingeheimst" (Köster 8, S. 273).

2 Gertrud Storm (1865—1936), Storms spätere Biographin.

3 Dodo: Friederike (1868—1939), Tochter aus zweiter Ehe mit Dorothea (Do) Jensen.

4 Paul Heyse besuchte im August 1881 das Ostseebad Haffkrug, dann Westerland auf Sylt. Vom 13.—16. September war er in Hademarschen, vgl. den Brief Storms an Margarethe Mörike vom 23. 8. 1881 (Nr. 33) und Anm. 33, 4. Über Heyses Besuch bei Storm vgl. Storms Tagebuchnotiz (zitiert bei Bernd II, S. 190).

5 Elsabe, mit Kosenamen Ebbe (1863—1945).

6 „Frau Adelheid": Mörike-Gedicht im „Maler Nolten", von Storm ungenau zitiert: „Frau Adelheid, zu dieser Zeit in ihrem Bettlein reine..."

(**Zu 36**) Margarethe Mörike an Storm (21/26. 9. 1882).
Erstdruck nach dem Original in der Schleswig-Holsteinischen Landesbibliothek, Kiel.

1 Arbeit: Storms Novelle „Hans und Heinz Kirch", vgl. Storms Brief vom 24/25. 9. 1882 (Nr. 35) und Anm. 35, 1.

2 Bildchen: Photographien von Gertrud und Dodo Storm (vgl. Storms Brief vom 24/25. 9. 1882).

3 Leiden: Verdauungsschwäche, vgl. Storms Brief vom 24/25. 9. 1882 (Nr. 35).

4 Louise: Lucie Storm.

5 Hochzeitfest der Tochter Fanny bei den Verwandten des Mannes in Blaubeuren (15. 10. 1882).
Georg: Georg Hildebrand (1852—1907), der Bräutigam.

(**Zu 37**) Margarethe Mörike an Storm (13. 5. 1883).
Erstdruck nach dem Original in der Schleswig-Holsteinischen Landesbibliothek, Kiel.

1 Die Briefkarte von Storm (nach Rath, S. 160, vom 11. Mai 1883) ist nicht erhalten.

2 Paketchen: Zeitschriftenabdruck der Novelle „Schweigen". Erster Druck: Deutsche Rundschau, Bd. 35/1883, S. 161—202. Heyse drückte am 9. 5. 1883 seinen Beifall aus, trotz seiner Bedenken gegen den wenig überzeugenden Schluß. Vgl. bei Bernd III, S. 50: „Dein ‚Schweigen', Liebster, ist trotz alledem Gold. Gegen das Ende ist eine Legirung mit unedlerem Metall nicht zu verkennen ... dies Alles ist viel zu uneinfach."

3 Kunde von der Entbindung Ihrer Frau Tochter: vgl. Storm an Margarethe Mörike am 17. 5. 1883 (Nr. 38). Am 24. 9. 1882, also noch an dem Tage, an dem Storm seinen Brief an Margarethe Mörike angefangen hatte (Nr. 35), hatte Lisbeth eine Tochter bekommen: Constanze Haase (1882—1922).

4 Ordensdekoration: gemeint ist die Verleihung des bayrischen Maximilianordens an Storm. Vgl. dazu bei Bernd III, S. 204 f., und den Brief Storms an Margarethe Mörike vom 17. 5. 1883.

5 Neu-Ulm: Wohnort von Georg und Fanny Hildebrand.

(**Zu 38**) Storm an Margarethe Mörike (17. 5. 1883).
Abdruck nach dem Original im Deutschen Literaturarchiv (Schiller-Nationalmuseum), Marbach.

1 Vgl. Anm. 37, 3.

2 Ludwig Graf zu Reventlow (1824—1893), Landrat in Husum, mit Storm be-

freundet. cf. Schriften der Th. Storm-Gesellschaft 25/1976, S. 25 ff.

Bruder: Dr. Aemil Storm (1833—1897), Arzt in Husum.

3 Erich Schmidt (1853—1913), Privatdozent in Würzburg, wo Storm ihn 1877 im Hause der Schwiegermutter kennenlernt und Erich Schmidt nach den Gesprächen seine „Erinnerungen an Th. Storm“ (Würzburg, 9. II—4. III, 1877) aufzeichnet (bei Laage I, S. 15—19). 1877 Professor in Straßburg, 1880 in Wien, 1885 Direktor des Goethe-Archivs in Weimar, 1886 Professor für deutsche Sprache und Literatur in Berlin. Sein „Lessing“ erschien 1884 und 1892. Seinen Briefwechsel mit Storm hat Karl Ernst Laage in zwei Bänden in dieser Briefreihe kritisch herausgegeben (I. Bd. 1972, II. Bd. 1976).

4 Maximilians-Orden: Vgl. Anm. 37, 4. Mörike wurde nach Justinus Kerners Tode auf Geibels Vorschlag zum Mitglied des „Ordens für Wissenschaft und Kunst“ ernannt.

(Zu 39) Margarethe Mörike an Storm (20. 7. 1883).
Erstdruck nach dem Original in der Schleswig-Holsteinischen Landesbibliothek, Kiel.

1 Neu-Ulm: Wohnort von Georg und Fanny Hildebrand, geb. Mörike.

2 Knäblein: Eduard Hildebrand.

3 neueste Novelle „Schweigen“: vgl. Margarethe Mörike an Storm vom 13. 5. 1883 (Nr. 37).

4 Enkeltochter: Constanze Haase (geb. 24. 10. 1882). Vgl. Storms Brief vom 17. 5. 1883 (Nr. 38).

5 Schwiegersohn: Pastor Haase kam nicht nach Hamburg.

6 Vermählung Ihres Herrn Sohnes: Ernst Storm heiratete am 1. 8. 1883 in Tondern Maria Krause, die Tochter des dortigen Seminarlehrers. Rath, S. 166 zu Nr. 41: „Storm an Margarethe Mörike schildert die Hochzeitsfeier seines Sohnes Ernst. Der Brief ist nicht mehr vorhanden.“

7 Ihr Bild: vgl. Storms Brief an Margarethe Mörike vom 4. 2. 1881 (Nr. 31) und Anm. 31, 1.

(Zu 40) Storm an Margarethe Mörike (30. 7. 1883).
Abdruck nach Rath, S. 164 (Nr. 39), der Originalbrief ist verschollen.

Das Deutsche Literaturarchiv/Schiller-Nationalmuseum, Marbach (Mörike-Archiv), hat den Herausgebern über den Verbleib dieses Briefes folgende Angabe gemacht:

„Leider ist der gesuchte Brief von Storm an Margarethe Mörike (30. 7. 1883) weder in unserem eigenen Besitz noch in dem auswärtigen Material, das im Mörike-Archiv erfaßt ist, nachzuweisen. Nach den Vorbemerkungen von H. W. Rath in dem Storm-Mörike-Briefwechsel, S. 10, war Rath selbst im

Besitz dieses Briefes. In der Versteigerung der ‚Sammlung H. W. Rath' durch die Firma Müller & Gräff, Stuttgart, am 29. und 30. 6. 1932 taucht der Brief auf unter der Nr. 486 — ‚Storm, Theodor, 1817—1888. Eigenh. Br. m. U. 4 p. 8°, dat. Hademarschen, 30. 7. 1883. Mit eigenhändigem Briefumschlag. An Frau Prof. Mörike Cleversulzbach. Freundschaftlicher Brief an die Witwe des Dichters.'"
Der Abdruck dieses Briefes muß daher hier nach Rath erfolgen.

1 Rath, S. 165 f.: „Storm adressierte diesen Brief ‚an Frau Prof. Mörike geb. v. Speth in Cleversulzbach, Württemberg' ... In Cleversulzbach war Mörike 1834—1843 Pfarrer ... Der Brief kam indessen — da Cleversulzbach vom Postamt in Neuenstadt am Kocher bestellt wird — ... durch Auskunft im Mörikeschen Frauenstift richtig an die in Neu-Ulm weilende Adressatin."

2 Vgl. Anm. 39, 6.

3 „Alte Kunden": ursprünglicher Titel (Arbeitstitel) der Novelle „Zur Chronik von Grieshuus" Erster Druck Westermanns Monatshefte, Bd. 57/1884, S. 1—24 und 149—175.

4 Storms ältester Sohn Hans hatte seine Arztstelle in Frammersbach bei Lohr aufgegeben und eine neue Stelle in Wörth am Main angenommen. Seine Schwester Lucie (1860—1935) führte ihm bis 1885 den Hausstand.

(Zu 41) Margarethe Mörike an Storm (6. 8. 1883).
Erstdruck nach dem Original in der Schleswig-Holsteinischen Landesbibliothek, Kiel.

1 Dieser Brief Storms, der die Hochzeit schildert, ist nicht erhalten, laut Rath, S. 166 zu Nr. 41.

2 Louise: Lucie Storm; vgl. Storms Brief vom 30. 7. 1883 (Nr. 40).

3 kleine Arbeit: wohl die Novelle „Alte Kunden" (später mit dem Titel „Zur Chronik von Grieshuus"). Vgl. den Brief Storms an Margarethe Mörike vom 30. 7. 1883 (Nr. 40) und Anm. 43, 1.

4 Cleversulzbach: Siehe vorigen Brief Storms vom 30. 7. 1883 und Anm. 40, 1.

(Zu 42) Margarethe Mörike an Storm (28. 9. 1883).
Erstdruck nach dem Original in der Schleswig-Holsteinischen Landesbibliothek, Kiel.

1 Oberer Rand beschnitten. Daher Datierung nach Rath, S. 166.

2 Ernst Storms Hochzeit mit Maria Krause in Tondern. Vgl. Anm. 39, 6.

3 Der Brief Margarethe Mörikes an Ernst Storm ist nicht erhalten.

4 Vgl. Anm. 40, 4.

5 Eduard Hildebrand, Sohn ihrer Tochter Fanny.

(**Zu 43**) Storm an Margarethe Mörike (27. 8. 1884).
Abdruck nach dem Original im Deutschen Literaturarchiv (Schiller-Nationalmuseum), Marbach.

[1] Storms Novelle „Zur Chronik von Grieshuus" erschien im Oktober und November 1884 (in Westermanns Monatsheften, Bd. 57, S. 1—24 und 149—175).

[2] Storms Erzählung „Es waren zwei Königskinder", Erstdruck unter dem Titel „Marx" in der Zeitschrift „Vom Fels zum Meer", Stuttgart: Spemann 1884/5, I, S. 256—269. Erst die Buchausgabe trug den endgültigen Titel (Berlin 1888).

Heyse nannte die Dialekt-Stellen auch nach der Korrektur, die Margarethe Mörike vermittelte, „ein böses Schwäbisch" (in seinem Brief an Storm vom 15. 3. 1888, bei Bernd III, S. 168). Heyse hat dann eine Überarbeitung der schwäbischen Dialektstellen veranlaßt (bei Bernd III, S. 171 f.).

[3] Lucie und Elsabe führten dem ältesten Bruder Hans, dem Arzt, in Wörth am Main den Hausstand und suchten ihm, dem Alkoholiker, Halt zu geben, was jedoch mißlang. Storm mußte seine beiden Töchter Pfingsten 1885 zurück„beordern".

[4] Elisabeth, geb. 4. 7. 1884.

(**Zu 43a**) Beilage zum Brief Storms an Margarethe Mörike vom 27. 8. 1884.
Erstdruck nach dem Original im Deutschen Literaturarchiv (Schiller-Nationalmuseum), Marbach.

Storm hat hier die Dialektstellen seiner Novelle „Es waren zwei Königskinder" so, wie er sie mit seinem Sohn Karl entworfen hatte, Margarethe Mörike zur Verbesserung vorgelegt, um sie — verbessert — in sein Manuskript einzufügen, das dann unter dem Titel „Marx" zum erstenmal abgedruckt wurde in: „Vom Fels zum Meer" (Spemanns Illustrierte Zeitschrift für das Deutsche Haus, Stuttgart: W. Spemann, I. Bd. 1884/85), S. 256 bis 269. Der Erstdruck zeigt nicht nur die starken mundartlichen Veränderungen und Verbesserungen, sondern auch kleine Ergänzungen, die Storm selbst dann noch vorgenommen hat.

Für den Druck in den „Gesammelten Schriften", zu denen im März 1888 die ersten Korrekturbogen vorlagen, erbat sich Storm von Heyse die „Purifizierung" des Erstdruck-Textes (vgl. Storms Brief an Heyse vom 19. 3. 1888: bei Bernd III, S. 169 f.), die Heyse dann auch lieferte mit dem Brief vom 23. 3. 1888 (bei Bernd III, S. 171 f.).

[1] *Der Stuttgarter Bäcker:* Der Text dieser Stelle lautet im Erstdruck:

„Ho, meine Herre, was geits denn? Se alamiere ja das ganze Haus! Lassen's das Zinselwerk und ganget's hoim! // Totgeschlage? Die hättet Se kenne lebe lau! // Ach, Herr Franz, d' Schabe hänt mer no nia nex vo meim kurze Schlof abisse!" (Vom Fels zum Meer 1884/85, S. 258)

Die später durch P. Heyse vorgeschlagenen Verbesserungen finden sich bei Bernd III, S. 171.

[2] *Der Canstatter Nachtwächter:* Der Text dieser Stelle lautet im Erstdruck: „He, Sie! Was machet's denn für Heidi? Des ischt net Brauch all'hie! // Do hänt Se's Schusters Rappe au scho angspannt." (Vom Fels zum Meer 1884/85, S. 259)

Die von P. Heyse vorgeschlagenen Verbesserungen finden sich bei Bernd III, S. 171.

[3] *Der Waiblinger Bäckermeister:* Der Text dieser Stelle lautet im Erstdruck: „Ach, meine Herre, Sie send ja scho frueh auf! // Was der Tausend, scho vo Stuegert? Des wär! // No net, meine Herre, aber bald! Habet's die Güt' und ganget's derweil in d'Stube! // Ja freile, die Herre verstande des besser, und schö isch gwea, des soll mer niemand net b'streite! Mer hänt hie au en Gsangverein, aber der goht no im Sommer manchmol furt, verstehet's, wenn's a Fahneweih oder so ebbes geit. I g'hör au derzue, weil i zu dene Ausflüg d'Wecke und d'Hörnle liefere! // Mei Sach! Isch alles scho in Richtigkeit, und jetzt dank i ebe reacht schöa für den schönen Morgegrueß!" (Vom Fels zum Meer, S. 259/260)

Die später von P. Heyse vorgeschlagenen Verbesserungen finden sich bei Bernd III, S. 172.

[4] *Der Wirt vom Dorfe:* Der Text dieser Stelle lautet im Erstdruck: „Wissen Se no, wia mer mitanander g'fahre sen? Se hänt wolle nach Stugert aufs Konservatori! Wo kommens itzt denn gar so früeh schon her? Aber treten die Herre rein, d'Luft goht kuel vom Thal her. // No, wie goht's? Was machet Se denn? Se send e bißle schmäler worren da herum. // Des wär'! Ei was Se saget! // Ei was, machet Se koi Geschicht! I hab ja net den allermindsten Zweifel." // Noi, so was! Ebbes so Schöns! Wo hänt Se des denn profitiert? Aber halt! // I hol mei Weib! Ah, wia di jung gwea isch, hot se au gsunge wia Lerchvogel! Und mei Tochter, dia hot Klavierstund beim Lehrer hier; ei so singet's halt uns no emol! // Verakkordiert's mit enander! // Nu Ihr Herre, was haben's ausgefunde? // Nu Weib, wenn's emol net sei ka! Schenk dene Herre ihre Schaale voll, se hänt no'n weite Weag z'mache." (Vom Fels zum Meer, S. 260/261)

Vgl. bei Bernd III, S. 172.

[5] *Die Frau Wirthin dort:* Der Text dieser Stelle lautet im Erstdruck: „Wisse Se! mer hänt e Hauzich heut im Dorf. Do, wenn Se singe thätet, des wär e Freud! S'ischt en alte Liabschaft, 's Bräutigams Vater hot net wölle, und er het Guet g'hett, aber nu liegt er drüben im Kirchhof, a brav's Steinle über sich, und heut werdens zusammenthan! Gelt, Ihr Herre, wenn Ihr dort a Stündle Euere Gsetzlein wollt zum Beste gebe! Ei, wir tanze halt aa eins zusamme!" (Vom Fels zum Meer, S. 261)

Die später von Heyse vorgeschlagenen Verbesserungen vgl. bei Bernd III, S. 172.

[6] *Die Stuttgarter Tischlermeistertochter:* Der Text dieser Stelle lautet im Erstdruck: „Wie kannst mi nur so lieb hab'n? / Ach, i weiß, i bin ja nimmer schön! / Was sagst, Adolf? Das versteh i nit! Ja freili, Adolf; aber nu halt' ein! // I hab' dir was z'sagen, Adolf; drum bin i herkommen, 's druckt mirs Herz ab, aber i muß, i muß! O, Adolf, i möcht' di so hinmache; aber aa mi selber mit! // Laß mi bei dir sein, nur bei dir sein! morgen will i dir alles schreibe!" (Vom Fels zum Meer, S. 263/64)

Die später von Heyse vorgeschlagenen Verbesserungen vgl. bei Bernd III, S. 172.

[7] *Ein Brief von ihr:* Der Text dieser Stelle lautet im Erstdruck:

„Ich hab' gestern Abschied von dir nommen, Adolf, du bist mein Einzechts auf der Welt; aber es gang doch so nit meh; dein Vater ist ein fürnehmer Gelehrter und ich bin nur ein Meistertochter, das paßt nit zsammen. — Ich schick dir auch dein liebs Bild wieder, das du mir geschenkt hast; ich darfs nit anschaun mehr. Aber behalt du meines, ihr Männer habt a stärkere Natur. O mei Schatz, mei lieber Schatz, und so b'hüt di Gott viel tausendmal!" (Vom Fels zum Meer, S. 265) „Um meinethalb! und ich hab doch nichts 'than, als meine Pflicht!" (Vom Fels zum Meer, S. 269)

Die später von Heyse vorgeschlagenen Verbesserungen dazu vgl. bei Bernd III, S. 172.

[8] *Stuttgarter alter Polizeidiener:* Der Text dieser Stelle lautet dann im Erstdruck:

„D'Soldate send wüescht mit em verfahre', nu — — Sie werdet's selber sea." (Vom Fels zum Meer, S. 266)

[9] *Schilderwache:* Der Text dieser Stelle lautet dann im Erstdruck:

„Se dürfet do koin so Lärme mache! // So machet Se tapfer, denn sottiche Sache derfet mer net dulde." (Vom Fels zum Meer, S. 265)

(Zu 44) Margarethe Mörike an Storm (1. 9. 1884).
Erstdruck nach dem Original in der Schleswig-Holsteinischen Landesbibliothek, Kiel.

1 Gratulation zum Erstgeborenen Töchterchen Ihres Erstgeborenen: Irrtum! Hans war der älteste Sohn (1848—1886). Gemeint ist Ernst (geb. 1851), seit 1883 verheiratet mit Marie Krause aus Tondern. Töchterchen: Elisabeth, geb. 4. 7. 1884.

2 Wörth: vgl. den Brief Storms vom 30. 7. 1883 (Nr. 43) und Anm. 43, 3.

3 Ihre neue poetische Arbeit: „Es waren zwei Königskinder". Vgl. Storms Brief vom 27. 8. 1884 (Nr. 43) und Anm. 43, 2.

(Zu 45) Margarethe Mörike an Storm (9. 9. 1884).
Erstdruck nach dem Original in der Schleswig-Holsteinischen Landesbibliothek, Kiel.

1 beifolgende Karte: Karte des Revisors Schmieg, der glaubt, Storms Dialekttext „sei fast recht" (vgl. weiter unten im Text!).

(Zu 46) Margarethe Mörike an Storm (7. 1. 1885).
Erstdruck nach dem Original in der Schleswig-Holsteinischen Landesbibliothek, Kiel.

1 Sendung: Storms Novellen „Es waren zwei Königskinder" (vgl. Brief Storms an Margarethe Mörike vom 27. 8. 1884 und Anm. 43, 2) und „Zur Chronik von Grieshuus" (vgl. denselben Brief und Anm. 43, 1).

Rath, S. 169, zu Brief 46: „Storm sendet mit einem Begleitbriefe, der nicht erhalten ist, seine neuesten Schöpfungen ‚Es waren zwei Königskinder' und die ‚Chronik von Grieshuus'."

2 Schöpfung von etwas Neuem: Anspielung auf die Novelle „John Riew", die im Märzheft der Deutschen Rundschau, Bd. 42/1885, S. 321—358, veröffentlicht wurde.

3 Herausgabe von Briefen durch H. Hartlaub: Offenbar hatte Storm in dem verlorenen Brief gefragt, ob eine Veröffentlichung des Briefwechsels Mörike—Wilhelm Hartlaub beabsichtigt sei. Vielleicht hatte Storm schon von Bächtolds Absicht, Mörike-Hartlaub-Briefe in seiner Mörike-Biographie zu benutzen, gehört (vgl. den Brief Nr. 49 und Anm. 49, 4 und 5). Diese Briefe wurden dann aber erst 1938 von Gotthilf Renz herausgegeben (vgl. Anm. 49, 5).

(Zu 47) Margarethe Mörike an Storm (11. 10. 1885).
Erstdruck nach dem Original in der Schleswig-Holsteinischen Landesbibliothek, Kiel.

1 Geschenk: Storms Novelle „John Riew"; sie war im März 1885 unter dem Titel „Eine stille Geschichte" in der Deutschen Rundschau, Bd. 42, S. 321—358, erschienen.

2 Enkel: Eduard Hildebrand, war im Januar 1885 gestorben.

3 Frl. Louise: Lucie Storm, die ihrem Bruder Hans Storm in Wörth am Main den Hausstand führte (vgl. Anm. 43, 3).

(Zu 48) Margarethe Mörike an Storm (12. 3. 1886).
Erstdruck nach dem Original in der Schleswig-Holsteinischen Landesbibliothek, Kiel.

1 Ihre werthvolle Sendung: sie enthielt offenbar die Novelle „Ein Fest auf Haderslevhuus". Erster Druck mit dem Titel „Noch ein Lembeck": Westermanns Monatshefte, Bd. 59/1885, S. 80—117 (vgl. auch den folgenden, hier schon angekündigten Brief Storms vom 16. 3. 1886 und Anm. 49, 1).

Rath meint, daß diese Sendung auch die Novelle „John Riew" enthalten habe (S. 169), die Margarethe Mörike aber wohl schon mit dem Brief vom 11. 10. 1885 erhalten hatte. Daß diese Sendung ohne Begleitbrief oder -zeilen gewesen ist (Rath, S. 169), widerlegt der Text: „Und welch eine zweite Herzensfreude haben Sie mir in Bälde zugesichert!"

Buchausgabe :„John Riew", „Ein Fest auf Haderslevhuus". Zwei Novellen. Berlin 1885 („Meinem Freunde Erich Schmidt gewidmet"). Einzelausgabe: Berlin 1886.

(Zu 49) Storm an Margarethe Mörike (16. 3. 1886).
Abdruck nach dem Original im Deutschen Literaturarchiv (Schiller-Nationalmuseum), Marbach.

1 Gemeint ist die neue Fassung der Novelle „Noch ein Lembeck" unter dem neuen Titel „Ein Fest auf Haderslevhuus", Berlin 1885.

2 Aus engen Wänden: Es handelt sich um die so zuerst überschriebene Novelle „Bötjer Basch". Erstdruck: Deutsche Rundschau, Bd. 49, S. 1—37, Oktober 1886. Vgl. den Brief Storms an Margarethe Mörike vom 25. 9. 1886 (Nr. 50) und Anm. 50, 1.

3 Erich Schmidt: siehe den Brief Storms an Margarethe Mörike vom 17. 5. 1883 und Anm. 38, 3.

4 Jakob Bächtold (1848—1897) brachte es nach dem Studium auf deutschen Universitäten und praktischer Schultätigkeit zum Ordinarius der Germanistik in Zürich, wo er eine angesehene Lehrtätigkeit ausübte. Der Ostschweizer war Freund Gottfried Kellers, zugleich dessen Biograph und Herausgeber. Er hat nicht nur zum ersten Mal den Briefwechsel Mörikes mit Hermann Kurz (1885) herausgegeben, sondern auch den Briefwechsel Storms mit Mörike, freilich nicht fehlerfrei und kaum kommentiert. Seine Ausgabe des Briefwechsels mit Schwind (1891) ist nicht vollständig. Vgl. den Brief Storms an Margarethe Mörike vom 30. 4. 1878 und Anm. 25, 2.

Über den Briefwechsel Bächtolds mit Storm und die hier angesprochene Empfehlung Erich Schmidts vgl. den Briefwechsel Storm—Erich Schmidt (bei Laage II, S. 116, 122, 230 und 233).

Storm hatte Bächtold tatsächlich („ich bot ihm dazu die Benutzung meiner Briefe von M. an") seine Mörike-Briefe — in der Abschrift vor allem seiner Tochter Gertrud — zur Verfügung gestellt. Diese Abschriften kamen später in den Besitz von Professor Erich Schmidt in Berlin und wurden von diesem 1909 dem Schiller-Nationalmuseum als Geschenk übergeben (vgl. den Brief E. Schmidts vom 8. 11. 1909, ebendort).

5 Briefe an Hartlaub: vgl. den Band „Freundeslieb' und Treu'", 250 Briefe Eduard Mörikes an Wilhelm Hartlaub (Auswahl), hrsg. von Gotthilf Renz in Tübingen, Leipzig: Leopold Klotz Verlag 1938. Aus der Einführung, S. 11: „Hartlaub hat die Briefe seines Freundes von Anfang an sorgfältig aufgehoben und sie noch selbst in sechs Bände binden lassen. Man hat diese Briefsammlung nicht mit Unrecht Mörikes Selbstbiographie genannt. Sie ist um so echter und glaubwürdiger, als ja bei keiner Zeile an eine spätere Veröffentlichung gedacht worden ist..." Zur Begründung der Auswahl, S. 12 (Konstanze Hartlaub Jan. 1886 an Clara Mörike): „... Deine Hauptfrage ist: Sollen die Briefe veröffentlicht werden? Da muß ich hauptsächlich Wilhelms ausdrücklichen Wunsch anführen. In den letzten Wochen seines Lebens fragte ich ihn ausdrücklich, ob er Eduards Briefe drucken lassen wolle. Da sagte er entschieden: ‚Ja, ich will es! Sie sollen auch anderen zur Freude dienen... Aber natürlich, es müßte eine große Auslese veranstaltet werden.'"

6 Briefe an Schwind: vgl. den Brief Margarethe Mörikes an Storm vom 4. 7. 1878 und den Brief Storms an Margarethe Mörike vom 30. 4. 1878 sowie Anm. 25, 2.

7 Heyse: zwei Briefe Eduard Mörikes an Heyse in der Ausgabe von Fischer und Krauß (2 Bde. 1903/1904); einige weitere sind veröffentlicht von Seebaß. Über Mörike und Heyse vgl.: O. Güntter im Rechenschaftsbericht des Schwäbischen Schillervereins 1914, S. 107 ff.

8 Kurz: die Briefe Mörike—Kurz wurden dann zum erstenmal veröffentlicht von Jakob Bächtold (Stuttgart 1885). Über Hermann Kurz vgl. Anm. 6, 25.

9 Zwei Briefe Bächtolds an Margarethe Mörike werden im Schiller-Nationalmuseum in Marbach aufbewahrt.

(Zu 50) Storm an Margarethe Mörike (25. 9. 1886).
Abdruck nach dem Original im Deutschen Literaturarchiv (Schiller-Nationalmuseum), Marbach.

1 „Aus engen Wänden": Titel der Novelle „Bötjer Basch" in der Deutschen Rundschau, Bd. 49 (Okt. 1886), S. 1—37.

2 Über Storms Reise nach Weimar vgl. Brief Storms an Margarethe Mörike vom 16. 3. 1886 (Nr. 49) und den Briefwechsel Storms mit Erich Schmidt (bei Laage II, S. 123 ff.).

3 Hans Storm starb am 5. 12. 1886 in Aschaffenburg und wurde dort begraben.

4 Hans Adolf Storm (geb. 18. 5. 1886), später Kinderarzt in Gelsenkirchen.

5 Knabenbild: die oft erwähnte Zeichnung von Schreiner, 1824 datiert, wiedergegeben z. B. bei Holthusen, S. 38.

6 Bächtold: vgl. den Brief Storms an Margarethe Mörike vom 16. 3. 1886 (Nr. 49) und Anm. 49, 4.

7 die zweite Novelle: „Ein Doppelgänger". Erster Druck: Deutsche Dichtung, hrsg. von K. E. Franzos, Bd. I (1887).

(Zu 51) Margarethe Mörike an Storm (26. 10. 1886).
Erstdruck nach dem Original in der Schleswig-Holsteinischen Landesbibliothek, Kiel (nur einige Abschnitte bei Rath).

1 neuestes Geschenk: vgl. Storms Brief vom 25. 9. 1886 (Nr. 50): „Aus engen Wänden" (= „Bötjer Basch").

2 Gemeint ist die zweite auch unter „kleinen Leuten" spielende Novelle „Ein Doppelgänger"; vgl. Storms Brief vom 29. 9. 1886 (Nr. 50).

3 Gemeint ist Hans Storm, der Arzt, der in Wörth a. M. an einem Lungenleiden erkrankt war; er starb am 5. 12. 1886.

4 Louise = Lucie Storm.

5 Bleistiftzeichnung: vgl. den vorigen Brief Storms an Margarethe Mörike (Nr. 50) und Anm. 50, 5.

6 Bächtold: vgl. Storms Briefe an Margarethe Mörike vom 16. 3. 1886 und vom 25. 9. 1886, besonders Anm. 49, 4.

(Zu 52) Storm an Margarethe Mörike (6. 11. 1886).
Abdruck nach dem Original im Deutschen Literaturarchiv (Schiller-Nationalmuseum), Marbach.

Diesen Brief hat Storm seiner Tochter Dodo diktiert, nur letzter Abschnitt eigenhändig.

1 verzierten Brief: am Briefkopf findet sich eine floreale Dekoration, entweder Zeichnung oder vielleicht auch Pflanzenpressung.

2 Mörikes Knabenbild: die oft erwähnte Zeichnung von Schreiner (1824).

[3] Eichendorffs Enkelin: Margarethe Freiin von Eichendorff (1859—1937). Vgl. dazu auch Bernd III, S. 177.

[4] Die beifolgende Photographie von mir im Sommer dieses Jahres gemacht: diese Photographie ist nicht erhalten und nicht bekannt. Auch Rath bringt darüber nichts.

[5] Dr. Bächtold: siehe die vorangehenden Briefe Storms.

(Zu 53) Margarethe Mörike an Storm (9. 11. 1886).
Erstdruck nach dem Original in der Schleswig-Holsteinischen Landesbibliothek, Kiel (nur einige wenige Abschnitte bei Rath).

[1] Sendung: Brief vom 6. 11. 1886 (Nr. 52) und Photographie von Storm.

[2] Handarbeit: Zeichnung (oder Schmuck von gepreßten Pflanzen) auf dem Briefbogen (Brief vom 6. 11. 86, Nr. 52).

[3] Bächtold: siehe Storms Briefe vom 16. 3. 1886 und 6. 11. 1886 mit den Anmerkungen.

[4] Besitz Hartlaubs: siehe Storms Brief an Margarethe Mörike vom 16. 3. 1886 und 25. 9. 1886 sowie Anm. 49, 5.

[5] Schwinds Briefe: siehe Storms Briefe an Margarethe Mörike vom 30. 4. 78 und 16. 3. 86 sowie Anm. 25, 2.

[6] David Friedrich Strauß: Über Strauß und Mörike (mit 12 Briefen) vgl. H. Maync in der Deutschen Rundschau 29/1903, S. 94 ff. und S. 477.

[7] Friedrich Theodor Vischer: Den Briefwechsel zwischen Mörike und Vischer hat A. Rappe 1952/1953 in den Veröffentlichungen der Deutschen Schillergesellschaft (18/19) herausgegeben.

(Zu 53a) Margarethe Mörike an Storm (Visitenkarte).
Erstdruck nach dem Original in der Schleswig-Holsteinischen Landesbibliothek, Kiel.

[1] Die Visitenkarte war wahrscheinlich den „Bildchen“ von Eduard Mörike beigelegt (vgl. Anm. 2), die Margarethe Mörike für Storm hatte anfertigen lassen. Vgl. auch die vorhergehenden Briefe (Nr. 50, 51, 52 und 53) sowie Anm. 50, 5.

[2] Das Datum ist erschlossen aus den Briefen Margarethe Mörikes an Storm vom 9. 11. 86 (Nr. 53: „nun aber darf ich jeden Tag sie [die Bildchen] zu bekommen hoffen, und dann sollen sie sogleich zur Post“) und vom 7. 1. 87 (Nr. 54: „die Photographiebildchen ... ob sie wohl *gut* und zu Ihrer Befriedigung dort ankommen?“).

[3] Bildchen: vgl. Anm. 2 und Anm. 50, 5.

[4] Aschaffenburg: vgl. Storms letzten Brief (Nr. 52): „Hans lebt auch noch, sein Bruder... hat ihn aber nur soweit transportfähig gefunden, daß er ihn in das städtische Krankenhaus in Aschaffenburg bringen konnte, wo er in einem netten Zimmer, unter barmherzigen Schwestern, gut untergebracht ist.“

[5] Aufdruck auf der Visitenkarte. Der handschriftliche Text ist ohne Namensunterschrift.

(Zu 54) Margarethe Mörike an Storm (7. 1. 1887).
Erstdruck nach dem Original in der Schleswig-Holsteinischen Landesbibliothek, Kiel.

1 Hans Storm war inzwischen (am 5. 12. 1886) im Krankenhaus in Aschaffenburg gestorben. Vgl. den folgenden Brief.

2 Photographiebildchen: von der häufig erwähnten Zeichnung, die Joh. Georg Schreiner 1824 von Mörike angefertigt hat (Abb. bei Rath, Tafel 3, und bei Holthusen, S. 38).

3 Baechtold: vgl. die vorangehenden Briefe vom 16. 3. 1886 an und Anm. 49, 4.

(Zu 55) Storm an Margarethe Mörike (9. 1. 1887).
Abdruck nach dem Original im Deutschen Literaturarchiv (Schiller-Nationalmuseum), Marbach.

Diesen Brief hat Storm seiner Tochter Lisbeth Haase diktiert. Nur die Schlußzeilen sind eigenhändig.

1 Hans Storm: geb. 25. 12. 1848, gest. 5. 12. 1886.

2 Knabenbilder: vgl. Anm. 54, 2.

(Zu 56) Margarethe Mörike an Storm (3. 9. 1887).
Erstdruck nach dem Original in der Schleswig-Holsteinischen Landesbibliothek, Kiel.

1 Geburtsfest: Storm feierte am 14. 9. 1887 seinen 70. Geburtstag. Vgl. darüber Gertrud Storm in: Theodor Storm, Bd. II, S. 229—236.

2 neuere Geistesarbeit: vgl. den Brief Storms an Margarethe Mörike vom 25. 9. 1886 (betr. „Ein Doppelgänger"): „... hoffe ich Ihnen ganz im Januar oder Februar 87 anbieten zu können." Vgl. Anm. 50, 7.

(Zu 57) Storm an Margarethe Mörike (11. 6. 1888).
Abdruck nach dem Original im Deutschen Literaturarchiv (Schiller-Nationalmuseum), Marbach.

1 Storms letzte Novelle „Der Schimmelreiter". Erster Druck in: Deutsche Rundschau, Bd. 55/1888, S. 1—34 und 161—203.

2 Dies sollte einer der letzten Briefe sein, die Storm schrieb. Er starb am 4. Juli 1888.

3 Schwarzplättchen: Volksname der Mönchsgrasmücke.

4 Ebbe: Elsabe Storm (1863—1945).

5 die begeistertsten Zurufe: Paul Heyse an Storm am 2. 5. 1888: „Nur einen Glück-

wunsch, lieber Alter, zum ‚Schimmelreiter'. Ein gewaltiges Stück, das mich durch und durch geschüttelt, gerührt und erbaut hat. Wer machte Dir das nach! ..." (bei Bernd III, S. 173).

Der Brief von Erich Schmidt an Storm ist verlorengegangen. Er ist zitiert bei H. Meyer in „Monatshefte für Deutschen Unterricht" 32, Dez. 1940, Wisconsin (USA), S. 378, in einem Brief Storms an Tönnies vom 9. 5. 1888: „Ich staune über die Wucht und Größe, die Sie dafür aufzubieten hatten, alles Strand- und Meerhafte ist so sehr ersten Ranges, daß ich dem nichts überzuordnen wüßte, u. in der Seele des Mannes brandet's gleicherweise! Wundervoll die Vermischung des Abergläubisch-Geheimnisvollen mit dem fachkundigen Realismus, der da weiß, wie man Deiche baut u. s. w." (zitiert auch bei Laage II, S. 252; vgl. dort auch S. 148 f.).

(Zu 58) Margarethe Mörike an Storm (27. 6. 1888).
Erstdruck nach dem Original, das Dr. Laage im Besitz von Frau Elisabeth Spethmann, geb. Storm, einer Enkelin des Dichters, fand, als der vorliegende Briefband schon in der Druckkorrektur stand. Es ist der letzte Brief Margarethe Mörikes an Storm, der nunmehr eine bisher bestehende Lücke des Briefwechsels schließt.

1 Am 4. 7. 1888 starb Storm.

2 Gemeint ist der Zeitschriftendruck der Novelle „Der Schimmelreiter" in der Deutschen Rundschau Bd. 55/1888, S. 1—34, S. 161—203.

3 Margarethe Mörike war wegen Altersbeschwerden nach Neu-Ulm gezogen.

4 Vgl. Storms Ermahnung und Rat an Margarethe Mörike, Bächtold zu empfangen und zu unterstützen, vom 6. 11. 1886 (Nr. 52) und 9. 1. 1887 (Nr. 55).

5 Vgl. den Brief Storms an Margarethe Mörike vom 25. Sept. 86: „Die zweite auch unter ‚kleinen Leuten' spielende Novelle, von der der Anfang in K. E. Franzos neuer Zeitschrift gedruckt ist, hoffe ich Ihnen ganz im Januar oder Februar 87 schicken zu können" (= „Ein Doppelgänger" in: Deutsche Dichtung 1, 1886/87).

Anmerkungen

zu „Meine Erinnerungen an Eduard Mörike“

Abdruck nach dem Erstdruck: Westermanns Monatshefte, Bd. 41, S. 384 bis 392 (Jan. 1877). Laut Köster, Bd. 8, S. 291, im Sept. 1876 fertiggestellt und von Storm auch 1876 datiert. Es existiert noch ein Zweitdruck in „Theodor Storm's gesammelte Schriften“, Bd. 14, Braunschweig 1882 mit geringfügigen Abweichungen, die hier in Anm. 74 vermerkt werden.

1 alte Gelehrtenschule meiner Vaterstadt: Storm besuchte sie von 1826—1835.

2 Hildburghausensche Miniaturbibliothek der deutschen Classiker:
a) Familienbibliothek der deutschen Classiker,
b) National-Bibliothek der deutschen Classiker,
c) Cabinets-Bibliothek der deutschen Classiker,
d) Meyer's Groschen-Bibliothek der deutschen Classiker.

In den 30er und 40er Jahren sehr verbreitete Anthologien für das bürgerliche Haus. Druck und Verlag des Bibliographischen Instituts. Miniatur-Format hat davon allein die „Groschen-Bibliothek“.

3 Gottfr. A. Bürger (1747—1794) und Ludw. Christoph Heinr. Hölty (1748—1776), führende Dichter der Epoche des ‚Sturm und Drang‘.

4 Lübecker Gymnasium: Das Katharineum. Storm war dort von 1835—1837. Vgl. Storms „Erinnerungen an meine Lübecker Gymnasiastenzeit und an Ferdinand Röse“ (Köster 8, S. 12 ff.). Abgang zur Kieler Universität: 1837.

5 Ludwig Uhland (1787—1862). Seine Gedichte waren zuerst 1815 erschienen. Storm wird die spätere Ausgabe, die die neue Gedichtströmung von 1834 in sich einschließt, in der Hand gehabt haben, da er den Anteil der Balladen besonders betont.

6 durchstehender: vgl. O. Mensing, Schlesw. Holst. Wörterbuch, Neumünster 1925 ff., Band I: dörstahn eigentlich durchstehen, dann „vorhalten“, „anschlagen“, wat he seggt, dat steit dör, „steht fest“, „muß ausgeführt werden“. drink Fleedertee, dat steit dör, „hilft“, dat steit ni dör, „daraus wird nichts“. Dörstaherständer m. in der Imkerei „überwinternder Bienenstock“ (Hinweis von Frau Dr. Frauke Michalowsky-Peters).

Also: die Lyrik Mörikes von ursprünglicher und zugleich durchstehender Bedeutung ist — unter Verwendung des plattdeutschen Ausdrucks — Lyrik, die beständig sein wird, die durchhalten wird, die sich behaupten wird, die überwintern wird.

7 Ludwig Bauer: s. Anm. 5, 29, auch Anm. 6, 10 und 11.

8 Liederbuch dreier Freunde: Jugendwerk Th. Storms, Theodor und Tycho Mommsens 1843. Zu der Kieler „Clique“ gehörten vor allem Storm, Th. und T. Mommsen. Sowohl die Sammlung der schleswig-holsteinischen Sagen, die später Müllenhoff in seine Ausgabe übernahm (1845) — das war gut die Hälfte von Müllenhoffs Material — wie die eigene lyrische Produktion im „Liederbuch dreier Freunde“ (1843) war

ein „Cliquen-Unternehmen". Am ausführlichsten handelt über diese Zeit „Theodor Storms Briefwechsel mit Th. Mommsen", hrsg. von Hans Erich Teitge, Weimar 1966, S. 10 ff. Zum „Liederbuch dreier Freunde" vgl. neuerdings in Schriften der Theodor-Storm-Gesellschaft 23/1974, S. 62 ff.: Ingwert Paulsen „Das Liederbuch dreier Freunde". Vom gleichen Autor besorgt: Neudruck der Erstausgabe 1843, Husum 1974.

Die Beziehung zu beiden Mommsens blieb später nicht ungetrübt. Doch war Th. Mommsen auf der Feier, die Storm zu Ehren am 12. Mai 1884 in Berlin veranstaltet wurde. Von Theodor Mommsen muß übrigens Storm wohl zuerst auf Mörike hingewiesen worden sein.

9 Aus Mörikes „Gesang zu zweien in der Nacht" (aus der Nolten-Einlage „Der letzte König von Orplid"). Ungenau zitiert. Richtig bei Köster 8, S. 21:

Die sel'gen Feeen, die im Sternensaal
Beim Sphärenklang
Und fleißig mit Gesang
Die goldnen Spindeln hin und wider drehen.

Endgültige Fassung (vgl. Maync, Werke II, S. 489 ff.):

Von seel'gen Feen, die im blauen Saal
Zum Sphärenklang
Und fleißig mit Gesang
Silberne Spindeln hin und wider drehen.

10 Feuerreiter: Erstdruck im „Nolten". Ursprünglich „Romanze vom..." Vgl. Maync, Werke I, S. 461.

11 Emil Kuh: „Eduard Mörike. Ein Gedenkblatt". Wiener Abendpost, Jahrg. 1875, Nr. 134/135. Vgl. hierzu Anm. 70. Mit dem Mörike-Aufsatz wieder abgedruckt von Alfred Schaer „Emil Kuh's kritische und literarhistorische Aufsätze (1863—76)", Wien 1910.

12 Zitat richtig (aus Mörikes „Maler Nolten", 1832):

Rosenzeit! wie schnell vorbei,
Schnell vorbei
Bist du doch gegangen!

13 A. v. Sternberg: Alexander Freiherr von Ungern-Sternberg (1806—1868), baltischer Schriftsteller, der den Zeitbegriff des „Zerrissenen" populär machte. Seine ausgedehnte Produktion überschreitet z. T. die Grenze zur Trivialliteratur. Storm besuchte ihn im Herbst 1855 in Berlin (vgl. den Brief Storms an Brinkmann vom 28. 9. 55, bei Goldammer I, S. 286).

14 Über Vischer und seine „Kritischen Gänge" vgl. Anm. 1, 21, Anm. 6, 28 und Anm. 10, 13.

15 „Märchen vom sicheren Mann": vgl. Anm. 1, 5.

16 Peregrina: Der früh entstandene Gedichtzyklus, dem Nolten II beigefügt und dort auf die unheimliche Zigeunerin bezogen, geht auf die Tübinger Studienzeit Mörikes zurück; es war eine zutiefst gehende, nie ganz aufgeklärte Jugendleidenschaft zu Anna Maria Meyer, einer Schweizerin, die vagabundierend 1823 und 1824 in Tübingen und Heidelberg auftauchte. Zeitweise hat sie später der Sekte von Frau von Krüdener angehört. Vgl. Maync, S. 79—110, und W. Stadler, NZZ vom 4./5. Juli 1977.

17 Anspielung auf Mörikes Gedicht „Schulschmäcklein":

Aber seinen Versen merkt man an,
Daß der Verfasser lateinisch kann
Und schnupft.

18 maskirte fünfte: schon die fünfte Auflage war eine bloße Titelauflage der vierten. Vgl. Maync, Werke I, S. 451 ff. Vgl. auch Anm. 23, 4.

19 Über Storms „Sommergeschichten und Lieder“ vgl. Anm. 1, 1.

20 So im Brief vom 20. 11. 1850 (Nr. 1) zitiert. Vgl. Anm. 1, 11.

21 von Oestereich aus entgegengekommen: Meint Storm hier Emil Kuh?

22 Zitat aus Mörikes Brief vom 26. 5. 1853 (Nr. 2).

23 Ebenfalls Zitat aus Mörikes Brief vom 26. 5. 1853 (Nr. 2).

24 Potsdam: vgl. den Briefwechsel Storms mit Fontane, der von J. Steiner für die vorliegende kritische Briefbandreihe (E. Schmidt Verlag) vorbereitet wird. Einzelbriefe bei Goldammer. Vgl. z. B. den Brief vom 27. 3. 53 (I, S. 180 ff.).

25 Argo: vgl. Anm. 4, 7, Anm. 5, 5 und 5, 6.

26 Album: vgl. Anm. 4, 2.

27 Rickele: vgl. Anm. 5, 35.

28 Vgl. 5, 43. Die ganze Stelle ist ein Zitat aus Brief Nr. 5.

29 Trauerspiel: Titel nicht überliefert. Storz rät auf die Identität mit einem philosophischen Drama (S. 196), von dem Mörike im Brief an Mährlen vom 21. 5. 1832 spricht, Maync auf ein zu den Orplid-Dramen gehöriges (S. 149).

30 Thurmhahn: vgl. dazu Anm. 5, 39.

31 Thibaut: A. F. J. Thibaut (1772—1840), bekannter Rechtslehrer, seit 1806 in Heidelberg, u. a. auch Lehrer Eichendorffs.

32 Hainbundgenossen: Ein Mitglied des Bundes war Christ. Hieronymus Esmarch gewesen, aus der Familie von Storms Frau Constanze. Vgl. Anm. 3, 3.

33 Voß war 1805 nach Heidelberg übergesiedelt, wo er 1826 starb.

34 Catharineum: Mörike hatte 1851 als Nachfolger Schwabs eine Literaturstunde für die Schülerinnen der oberen Klassen im Katharinen-Stift übernommen, einer Gründung der Königin Katharina von 1818.

35 Zur Lithographie von Bonaventura Weiß s. Anm. 5, 31.

36 Wilhelm Hartlaub (1804—1885), langjähriger und treuester Freund Mörikes, Pfarrer wie er, auf dessen Urteil über seine Dichtungen er höchsten Wert legte; vgl. dic Einleitung dieser Ausgabe und Anm. 1, 2 sowie 49, 5.

37 Dorfpfarre: seit 1851 Wimsheim bei Leonberg.

38 Wohnung: vgl. den Brief Mörikes an Storm vom 20. April 54 (Nr. 5): „Unsre künftige Wohnung ... ist Alleen Straße Nr. 9.“

39 Monaden des Leibnitz: Die im 18. Jahrhundert populär gewordene Monadenlehre von Leibniz; Monaden sind ihm unteilbare „einfache Substanzen“, „Atome der Natur“, in deren Mikrokosmos panentheistisch die Gottheit sich spiegelt. Der Vergleich mit dem Froschlaich ist Mörikes grotesker Humor.

40 Karl Mayer: vgl. Anm. 5, 32. Er war auch in Constanzes Album vertreten (vgl. Anm. 4, 2). Der Ober-Justizrat in Waiblingen war Spezialist in kleinen „Naturbildern“.

41 Lichtbilder: Die Daguerreotypen des Ehepaares Storm; vgl. Anm. 6, 2.

42 **Silhouetten: vgl. Anm. 5, 30 und unsere Abb. neben S. 73.**

43 Mondscheinlandschaft: nicht auszumachen, auch in Marbach nicht.

44 Heine hatte sehr früh Mörike im „Schwabenspiegel" ironisiert. Mörikes Urteil hier ist ein Nachklang einer frühen kurzen Heine-Verehrung in der Tübinger Studienzeit. Storm über Heine vgl. Varianten I, S. 156, und bei Laage II, S. 98 f. und 116.

45 Geibel und Heyse: Beide Dichter waren Briefpartner Mörikes und Storms. Geibel hatte Mörike 1855, Heyse 1857 besucht.

46 „L'Arrabbiata": vgl. Anm. 4, 9.

47 „Im Sonnenschein": vgl. Anm. 6, 15.

48 Stellen daraus möchte ich auf Porzellan gemalt haben: vgl. Anm. 3, 7.

49 Töchterlein: Fanny Mörike, geb. 1855.

50 Sprache seiner schwäbischen Heimath: Margarethe Mörike wollte das nicht wahrhaben; vgl. Brief Nr. 22 und 23 und Storms „Notizen" im blauen Oktavheft.

51 ... Aus Finsternissen ...: Aus Mörikes Terzinen „Neue Liebe". Erstdruck im „Kunst- und Unterhaltungsblatt für Stadt und Land" (Stuttgart 1852). Vers 6 bei Mörike „wollte" statt „sollte".

52 Theetisch: vgl. Storm darüber im Brief vom Anfang Oktober 1854 (Nr. 6).

53 Die noch jugendliche Frau: Gretchen Mörike war damals 36 Jahre alt.

54 „Erinna an Sappho": Entstanden 1863; zum erstenmal veröffentlicht in „Deutsches Dichterbuch aus Schwaben" 1864, S. 278—280.

55 „Besuch in der Carthause": Entstanden 1861; zum erstenmal gedruckt in „Freya", II Bd., 1862, S. 353 f. Maync dazu: „Strauß hielt diese ‚humoristische Elegie' für eines der schönsten Gedichte Mörikes" (Maync, Werke I, S. 437).

56 Zur Umarbeitung des „Nolten" vgl. Anm. 6, 31 und 20, 3. Sie stammt von Julius Klaiber, einem Stuttgarter Gymnasiallehrer und Journalisten. Viele spätere Ausgaben bringen seine Überarbeitung, die fragwürdig bleibt. Vgl. auch E. Mörike, Werke und Briefe. Hist. krit. Gesamtausgabe, Bd. 3 (1967) und Bd. 5 (1971). Beide hrsg. von Herbert Meyer. Klaibers Vorwort (und Selbstapologie) ist vollständig abgedruckt bei Maync, Werke II, S. 485 ff.

57 Über Justinus Kerner vgl. Anm. 5, 35 und Anm. 10, 7.

58 Reich der Geister: Storm spielt auf die spätromantischen Experimente im Kreise Kerners und des Tübinger Professor Eschenmayer an. Bei „nicht nur in Schwaben" mag er auch an Brentano und die Visionärin Kath. Emmerich gedacht haben. Zu Storms eigener Stellung zu Spuk und Gespenstern vgl. den aufschlußreichen Brief an Th. Mommsen vom 1. Dezember 1842 bei Teitge, S. 40. Ebendort, S. 49, mit dem frühen Hinweis auf den „Schimmelreiter" (1843) und andere „unheimliche Gestalten".

59 Die Seherin von Prevorst: s. vorige Anm. und Anm. 10, 7. Untertitel: „Eröffnungen über das innere Leben des Menschen und über das Hereinragen einer Geisterwelt in die unsere" (1830).

„Was die Seherin aussprach, ist keine gemachte Philosophie eines gläsernen Verstandes, es ist die Offenbarung innerer Naturanschauung" (Vorwort zur Neuauflage, 1846).

Der Name der Seherin war Friederike Hauffe, Försterstochter aus dem Dorfe Prevorst („in romantischer Abgeschiedenheit" gelegen). Es muß sich um die „siebente Tatsache" der 2. Abteilung handeln. Der Name des Ortes ist dort K., der des Pfarrers H. und der seines Nachfolgers R. (nicht S.).

60 Steinfigur des Hutzelmännleins: Dazu Maync, S. 429: „Das schöne, alte Haus am Markt gegenüber dem ‚Adler', das sich durch seine Erker, Köpfe und Windfahnen,

sowie durch seine beiden baldachinbeschirmten Steinbilder der Jungfrau Maria und des riesenhaften St. Christoph mit dem Jesusknaben auf der Schulter bemerkbar macht, wird dem Helden des Märchens zum Wohnhaus gegeben — Mörike konnte es später Storm zeigen."

61 Ecke eines Hauses: Es handelt sich, nach freundlicher Auskunft des Stadtarchivs Stuttgart, um das 1944 völlig zerstörte sog. Hauflersche Haus (etwa 1400), Marktplatz 5. Das „Hutzelmännlein", das Storm noch sah, war die Consolfigur des Christophorus (um 1515). Die Figur hat sich erhalten und befindet sich heute im Lapidarium der Stadt Stuttgart. Mörike schreibt Herbst 1852 an die Schwester Klara und an Hartlaubs: „... Gestern auf einem kurzen Spaziergang durch die Stadt stand ich mit Gretchen einen Augenblick auf dem Markt vor dem alten Erkerhaus, welches am Schluß der Geschichte vorkommt und sah mir die zwei Heiligenbilder an den Ecken an (St. Christoph und Maria mit dem Kind und Johannes). Ich habe so viel Lokalitäten und Namen als möglich gebraucht" (bei Seebaß, S. 227).

62 Hölderlin: Über zwei Gedichte Hölderlins in seinem Besitz („An eine Verlobte" und „An Zimmern") gibt Mörike selber Rechenschaft in „Erinnerungen an Friedrich Hölderlin" in „Freya", Stuttgart 1863 (Maync, Werke II, S. 477 und Anm. S. 499). Zwei Abschriften von Mörikes Hand des Gedichtes „Heidelberg" befinden sich in Marbach.

Mörike hat das Gedicht auch in Schads Deutschem Musenalmanach 1856 publiziert. Vgl. darüber Hölderlin, Sämtliche Werke, ed. F. Beissner, II, 2, S. 14—15.

63 Zeichnung: die oft erwähnte Zeichnung von Schreiner (vgl. Anm. 29, 9).

64 Bild von Weiß: mehrfach erwähnt; vgl. Anm. 3, 2.

65 Schönheitsdiplom: vgl. Anm. 10, 1 und Varianten II, S. 158. Dies Exemplar befindet sich auf der Landesbibliothek in Kiel und wird hier neben S. 72 wiedergegeben.

66 Gruß auf seinem „Mozart": Er lautete: „Theodor Storm in Potsdam mit tausend vorläufigen herzlichsten Grüßen und Dank!" (Original im Schiller Nationalmuseum in Marbach erhalten.)

Storm erhielt „Mörikes schöne Novelle" am 16. Jan. 1856 (Brief Storms an Eggers vom 16. 1. 56 bei Seidel, S. 33).

67 großes Leid: Constanze Storms Tod (20. 5. 1866).

68 Storm sandte seine Photographie (Rath 16, nach S. 118) mit Widmung „Seinem lieben alten Eduard Mörike mit herzlichem Gruß. Husum, 10 Oktbr. 1870 Th Storm" (Original im Schiller-Nationalmuseum, Marbach), dann das „Hausbuch aus deutschen Dichtern seit Claudius" mit Widmung „Eduard Mörike mit herzlichem Gruß Husum 10 Novbr 1870 Th Storm" (Original mit Widmung im Deutschen Literaturarchiv Schiller-Nationalmuseum, Marbach). Vgl. Brief Storms an Ed. Mörike vom 10. Nov. 1870 (Nr. 19) und Brief Ernst Storms an Margarethe Mörike vom 24. August 1881 (Nr. 33).

Von Mörike, vielleicht durch den in Tübingen studierenden Sohn Ernst, der Mörike in Nürtingen besuchte, wurde Storm die Broschüre „Über neue Lyrik" von Emil Kuh empfohlen (vgl. Goldammer, Briefe II, S. 33: An Ada Christen vom 23. Juli 1871).

69 E. Höfer ...: Nachwort von Storm im 14. Bd. (1882) seiner Sämtl. Schriften nicht mitabgedruckt, vgl. Anm. 74 und bei Köster 8, S. 291.

Edmund Höfer (1819—1882), seit 1854 in Stuttgart, dort Herausgeber der „Hausblätter" (mit Hackländer).

[70] Emil Kuh (1828—1876): vgl. oben Anm. 11. Dazu „Zum Geburtstage Eduard Mörike's". Wiener Zeitung 1872, Feuilleton.

[71] Robert Waldmüller, pseud. für Eduard Charles Duboc (1822—1910) aus Hamburg. Ursprünglich Kaufmann, später Maler und Literat, zeitweise Präsident der Schillerstiftung in Dresden. Suchte den Kontakt mit Mörike und wurde von diesem besucht. Vgl. Maync, S. 510. Die Briefe Mörikes und seiner Familie an Duboc sind abgedruckt in: Euphorion 1965, S. 432 ff.

[72] Friedrich Notter (1801—1884), Ludwigsburg, Dichter und Übersetzer, Verfasser der Monographie „Eduard Mörike. Stuttgart 1875". Vgl. F. Notter, Eduard Mörike und andere Essays 1966, (Turmhahn-Bücherei. N. F. 8). Notter hatte Mörike schon als Knaben kennengelernt, sich aber während des Studiums in Tübingen im Gegensatz zu Mörike stark burschenschaftlich patriotisch engagiert. 1855 hatte er die philologische Hauptarbeit an der mit Mörike gemeinsam edierten Übersetzung von Theokrit, Bion und Moschos geleitet. Maync schildert (S. 484 f.) das spätere Verhältnis der alten Freunde: „So verkehrte Mörike viel mit Notter, der später gleichfalls in Wort und Schrift für ihn erfolgreich eintrat. Notter . . ., in 2. Ehe mit einer alten Freundin Mörikes, Karoline Schmidlin, verheiratet, (hatte) sein Haus zu einem Mittelpunkt geistiger Geselligkeit gemacht. Hier las Mörike seine Dichtungen zuerst einem größeren Kreise von 20 bis 30 Personen vor, auch lieh er anderen Dichtern wie P. Heyse seine Vortragskunst. Notter selbst, der früher mit Schelling Umgang gepflegt hatte, fand zumal als einer der geistergläubigsten Menschen mit seinen unzählbaren Träumen und Ahnungen bei Mörike stets das aufmerksamste Ohr."

[73] Storm drängte auch in seiner Korrespondenz mit Mörikes Witwe auf eine Briefausgabe. Margarethe Mörike hatte lange Bedenken. Vgl. die Briefe Storm—Margarethe Mörike (Nr. 49 und 52).

[74] Zu den Abweichungen des Zweitdrucks in den „Gesammelten Schriften" Bd. 14, S. 141—173:

S. 143, Zeile 36: *„in des Dichters Pfarrgarten"* statt „in Dichters Pfarrgarten" (so Storm selbst in den hs. Entwürfen)
S. 144, Zeile 24: *„und Beamten"* im Zweitdruck gestrichen
S. 144, Zeile 28: später (richtiger) *„kennen gelernt"* statt „kennen lernen"
S. 149, Zeile 22: im Zweitdruck *„vorgestellt"* statt „gedacht"
S. 152, Zeile 33: *„Nachfolger R . . ."* statt „Nachfolger S."
S. 152, Zeile 36: im Zweitdruck geändert: *„des Pfarrers und nächsten Nachfolgers"*
S. 153, Zeile 27: *„Rockkragen"* statt urspr. „Rockaufschlage".

Einige Normalisierungen der Orthographie (z. B. ‚Erwiederung' in ‚Erwiderung') und der Interpunktion („solch'" in „solch") und ähnliches treten auf, können aber auch auf den Verlagskorrektor zurückgehen; so auch Änderungen wie „von vorn herein" in „von vornherein", „Nachstehendes" in „nachstehendes", „anderes" in „Anderes", „huckte" statt „hukte".

Abkürzungs- und Literaturverzeichnis

Hier werden nur die in den Anmerkungen zumeist verkürzt zitierten Quellen und Monographien aufgeführt:

Bächtold	Mörike—Storm, Briefwechsel, hrsg. von Jakob Bächtold, Stuttgart: G. J. Göschensche Verlagshandlung 1891.
Bernd	Theodor Storm—Paul Heyse, Briefwechsel, Kritische Ausgabe, hrsg. von Clifford Albrecht Bernd, Berlin: Erich Schmidt Verlag, Bd. I 1969, Bd. II 1970, Bd. III 1974.
Fischer/Krauss	Eduard Mörike, Briefe, hrsg. von K. Fischer und R. Krauss, 2 Bde., Berlin: O. Elsner 1903/1904.
Goldammer	Theodor Storm, Briefe, 2 Bde., hrsg. von Peter Goldammer, Berlin und Weimar: Aufbau-Verlag 1972.
Goldammer: Werke	Theodor Storm, Sämtliche Werke in 4 Bänden, hrsg. von Peter Goldammer, Berlin und Weimar: Aufbau-Verlag, 2. Aufl. 1967.
Goldammer: Keller	Der Briefwechsel zwischen Theodor Storm und Gottfried Keller, hrsg. von Peter Goldammer, Berlin und Weimar: Aufbau-Verlag 1967 (2. Aufl.).
Heyse	Aus der Werkstatt. Jugenderinnerungen und Bekenntnisse, 2. Bd., 5. Aufl., Stuttgart und Berlin: J. G. Cottasche Buchhandlung Nachfolger 1912.
Holthusen	Hans Egon Holthusen: Eduard Mörike, dargestellt in Selbstzeugnissen und Bilddokumenten, Hamburg: Rowohlts Monographien 1971.
Köster	Theodor Storms Sämtliche Werke in 8 Bänden, hrsg. von Albert Köster, Leipzig: Insel-Verlag 1921.
Laage	Theodor Storm—Erich Schmidt, Briefwechsel, Kritische Ausgabe, hrsg. von Karl Ernst Laage, Berlin: Erich Schmidt Verlag, Bd. 1 1972, Bd. 2 1976.
Maync, Werke	Mörikes Werke, hrsg. von Harry Maync, 3 Bde., Leipzig und Wien: Bibliographisches Institut, Neue Ausgabe 1914.
Maync	Harry Maync, Eduard Mörike, Stuttgart: J. G. Cottasche Buchhandlung Nachfolger, 5. Aufl. 1944.
Rath	Briefwechsel zwischen Theodor Storm und Eduard Mörike, hrsg. von Hanns Wolfgang Rath, Stuttgart: Verlag von Julius Hoffmann [1919].
Renz	„Freundeslieb und Treu". 250 Briefe Eduard Mörikes an Wilhelm Hartlaub, hrsg. von Gotthilf Renz, Leipzig: Leopold Klotz Verlag 1938.
Schütze	Paul Schütze, Theodor Storm. Sein Leben und seine Dichtung, 1. Aufl. 1887, hier nach 3. Aufl., Berlin: Verlag Gebrüder Paetel 1911.

Seebaß	Eduard Mörike, Unveröffentlichte Briefe, hrsg. von Friedrich Seebaß, Stuttgart: J. G. Cottasche Buchhandlung Nachfolger 1941.
Seidel	Theodor Storms Briefe an Friedrich Eggers, hrsg. von H. Wolfgang Seidel, Berlin: Karl-Curtius-Verlag 1911.
Storz	Gerhard Storz, Eduard Mörike, Stuttgart: Ernst Klett Verlag 1967.
Stuckert	Franz Stuckert, Theodor Storm. Sein Leben und seine Welt, Bremen: Schünemann Verlag 1955.
Vinçon	Hartmut Vinçon, Theodor Storm in Selbstzeugnissen und Bilddokumenten, Hamburg: rowohlts Monographien 1973.
Gertrud Storm I, II	Gertrud Storm, Theodor Storm. Ein Bild seines Lebens. Bd. I: Jugendzeit, Berlin: Curtius 1912; Bd. II: Mannesalter, Berlin: Curtius 1913 (2. Aufl.).

Personenregister

Werkregister